21 LESSONS

FOR THE 21ST CENTURY

Yuval Noah Harari

今日简史

人类命运大议题

[以色列] 尤瓦尔·赫拉利 著

林俊宏 译

中信出版集团｜北京

图书在版编目（CIP）数据

今日简史：人类命运大议题 /（以）尤瓦尔·赫拉利著；林俊宏译 . -- 北京：中信出版社，2018.8（2022.6 重印）
书名原文：21 Lessons for the 21st Century
ISBN 978-7-5086-9209-8

I.①今… II.①尤… ②林… III.①社会发展史－通俗读物 IV.① K02-49

中国版本图书馆 CIP 数据核字（2018）第 144041 号

Copyright © 2018 by Yuval Noah Harari
Simplified Chinese translation copyright © 2018 by CITIC Press Corporation
ALL RIGHTS RESERVED
本书仅限中国大陆地区发行销售
本书中文译稿由台湾远见天下文化出版股份有限公司授权使用

今日简史——人类命运大议题
著者： ［以色列］尤瓦尔·赫拉利
译者： 林俊宏
出版发行：中信出版集团股份有限公司
（北京市朝阳区惠新东街甲 4 号富盛大厦 2 座 邮编 100029）
承印者： 北京盛通印刷股份有限公司

开本：787mm×1092mm 1/16 印张：21.5 字数：278 千字
版次：2018 年 8 月第 1 版 印次：2022 年 6 月第 30 次印刷
京权图字：01-2018-4349 书号：ISBN 978-7-5086-9209-8
定价：68.00 元

版权所有·侵权必究
如有印刷、装订问题，本公司负责调换。
服务热线：400-600-8099
投稿邮箱：author@citicpub.com

本书献给我的爱人伊茨克、母亲普尼娜,以及外祖母范妮
感谢他们多年来的爱与支持

目录

序 VII

第一部分 科技颠覆

第1章 理想的幻灭：从旧故事到新故事 003
从杀死蚊子到杀死思想 006
不断浴火重生的自由主义 009

第2章 就业：等你长大，可能没有工作 019
机器里的莫扎特 024
新工作？ 027
从剥削到无足轻重 032
什么是"全民"？ 036
什么是"基本"？ 037

第3章 自由：数据霸权与社会公平 041
听算法的就对了 043
"决策"这出戏 046

	汽车也懂哲学	052
	数字独裁	057
	人工智能和自然愚蠢	062
第4章	平等：谁该拥有数据	067
	数据归属	070

第二部分　政治挑战

第5章	社群：人类身体的价值	077
	线上与线下	079
第6章	文明：世界的大同	085
	德国人和大猩猩	090
	中世纪的奥运会	091
	至尊美元驭众人	096
第7章	民族主义：无法解决全球性问题	101
	核挑战	104
	生态挑战	106
	科技挑战	110
	地球这艘宇宙飞船	111
第8章	宗教：神祇只是为国家服务	115
	技术问题：基督教农业	116
	政策问题：伊斯兰教经济学	117
	身份认同问题：沙地上不可跨越的那条线	121
	如同婢女，侍奉着民族主义	124

目录

第 9 章　文化认同：开放与宽容　　　125
　　　　　从种族主义到文化主义　　　132

第三部分　绝望与希望

第 10 章　恐怖主义：切忌反应过度　　　141
　　　　　重新洗牌　　　143
　　　　　大空瓶里的小硬币　　　145
　　　　　当恐怖分子拥有核武器　　　148

第 11 章　战争：永远不要低估人类的愚蠢　　　153
　　　　　克里姆林宫的看法　　　156
　　　　　"在战争中取胜"已经成为一种失传的艺术　　　158
　　　　　愚蠢进行曲　　　160

第 12 章　谦逊：地球不是绕着你转　　　163
　　　　　弗洛伊德的母亲　　　165
　　　　　《圣经》以前的伦理道德　　　168
　　　　　盲信的诞生　　　172
　　　　　犹太教物理学和基督教生物学　　　174

第 13 章　神：不要妄称神的名　　　177
　　　　　无神论的伦理　　　179

第 14 章　世俗主义：面对你的不完美　　　183
　　　　　世俗主义的理想　　　184
　　　　　从世俗主义到教条主义　　　188
　　　　　看到自己的阴影　　　191

第四部分　真　相

第 15 章　无知：你知道的比你想象的少　197
　　权力的黑洞　200

第 16 章　正义：人类的道德困境　203
　　偷走河流　204
　　缩小规模，或者拒绝面对？　208

第 17 章　后真相时代：谎言万世永存　211
　　后真相物种　213
　　曾经的谎言，永远的真相　216
　　走出洗脑机　221

第 18 章　未来不是科幻小说：无法逃离的母体　225
　　活在盒子里　226
　　迪士尼不再相信自由意志　229

第五部分　生存下去

第 19 章　教育：改变是唯一不变的事　239
　　迫在眉睫　241
　　黑进人体　245

第 20 章　意义：人生不是虚构的故事　249
　　屋顶的重量　260
　　"信"出来的产业　261

目录

	身份认同的组合	269
	赫尔辛格的超市	274
	没有故事	279
	现实的考验	283
第 21 章	重新认识自己：人类心智的奥秘	287
	大脑与心智	290
致谢		297
注释		301

序

在一个信息爆炸却多半无用的世界，清晰的见解就成了一种力量。从理论上讲，人人都能参与这场以"人类未来"为主题的辩论并发表高见，但想要保持清晰的认识并不容易。而通常的情形是，我们根本没注意到有这场辩论，或者根本不清楚关键问题何在。很多人并没有太多的时间好好研究这件事，因为手边总有更紧急的事：上班、照顾孩子或者侍奉年迈的双亲。可是，历史不会因此就对你更宽容。就算你因为忙着让孩子吃饱穿暖而缺席这场有关人类未来的辩论，你还是躲不过最后的结果。这实在太不公平了。但是，谁又能说历史是公平的呢？

我只是个历史学家，并没办法供人衣服、给人食物，但希望能提出一些清晰的见解，尽量让人们能够公平地参与这场辩论。只要有人，哪怕是极少数人，因此而加入关于人类未来的辩论，我也就对得起这份工作了。

我的第一本书《人类简史》概述了人类的过去，审视一种几乎微不足道的猿类怎样成了地球的统治者。

第二本书《未来简史》则讨论了生命的远期愿景，思考人类最后可能会如何成为神，智能和意识最终又会走向怎样的命运。

到了这本书，我希望着眼于此时此地，重点在于当下时事，而不失长远眼光。我们对于过去和未来的认识是如何帮助我们了解当下，了解眼前这个充满矛盾的人类社会的？现在正在发生什么事？今天最大的挑战和选择是什么？我们该注意什么？我们该教给孩子们什么？

当然，有70亿人口，就会有70亿个想讨论的议题；也正如前面所提，要综观全局，其实是一种相当奢侈的想法。在孟买贫民窟里艰难养育两个孩子的单身妈妈，只关心下一顿饭何在；地中海难民船上的难民只会眼巴巴望着海平面，寻找陆地的迹象；而在伦敦某个人满为患的医院里，垂死的病人拼尽全身所有的力量，只为再吸进下一口气。对这些人来说，他们面临的议题要比全球变暖或自由民主危机更为迫切。但他们的问题绝不是任何一本书所能解答的，我对处于这些情境中的人也提不出什么高见，反而可能要向他们学习。

我想讨论的，是全球性的议题。我所关注的是塑造全世界各个社会的各种重要力量，这些力量也很可能影响整个地球的未来。对于处在生死关头的人来说，气候变化可能根本不是他们关心的议题，但是最终，气候变化可能会让孟买的贫民窟完全无法住人，让地中海掀起巨大的新难民潮，并且让全球的医疗保健陷入危机。

现实有众多的构成要素，虽然本书试图涵盖全球困境的不同方面，但绝对无法详尽无遗。与《人类简史》和《未来简史》两本书不同，这本书并非历史叙事，而是以一系列议题的形式讲述我们今天关注的重点。这些议题不会告诉读者什么简单的答案，而是希望引发进一步的思考，协助读者参与到我们这个时代的一些重要对话中来。

本书其实是我在与公众的对话过程中写成的，许多章节是针对读者、记者和同事提出的问题而撰写的。某些内容曾以各种形式发表，这让我有机会听取意见、打磨观点。有些章节讨论科技，有些讨论政治，有些讨论宗教，有些则讨论艺术。一些章节颂扬人类的智慧，另一些章节则聚焦人类的愚蠢。但无论如何，首要的问题都是一样的：

序

今天的世界正在发生什么事？各种事件背后的深层含义又是什么？

特朗普上台，意味着什么？假新闻横行，我们能怎么办？自由民主为何陷入危机？上帝回来了吗？新的世界大战即将爆发吗？哪个文明主宰着世界，是西方、中国，还是伊斯兰？欧洲应该向移民敞开大门吗？民族主义能否解决不平等和气候变化的问题？我们该如何应对恐怖主义？

虽然本书着眼全球，但并未忽视个人层面的问题。相反，我要强调一点，在当代各种重大变革与个人的内在生命之间，其实有着重要的关联。举例来说，恐怖主义既是全球性的政治问题，也是一种内部心理机制。恐怖主义要发挥效用，靠的是按下我们内心深处的恐惧按钮，劫持数百万人的想象力。同样，自由民主的危机不仅存在于国会和投票站，同时也存在于神经元和突触之中。个人即政治，已经是老掉牙的说法。但在这个科学家、企业和政府都想侵入人类大脑的时代，这套老生常谈却远比以往更邪恶。因此，本书不仅观察个人行为，也观察整个社会。

全球化的世界给我们的个人行为和道德带来前所未有的压力，每个人都被困在许多无所不包的蜘蛛网中，这张网一方面限制了我们的活动，另一方面也把我们最微小的举动传送到遥远的地方。每个人的日常生活都可能对地球另一端的人甚至动物产生影响，某些发生在单个人身上的事可能会出人意料地引发全球性事件，例如突尼斯小贩穆罕默德·布瓦吉吉的自焚事件引发了政治运动；美国的几位女性讲出自己遭到性骚扰，便点燃了"#MeToo"（我也是）运动。

个人生活可能影响全球，意味着揭露我们自己的宗教和政治偏见、种族和性别特权，以及对制度压迫无意的共谋，比以往任何时候都重要。然而，这些目标真的能实现吗？如果这个世界就是这样远远超出我们的眼界、完全不受人类控制、所有的神祇和意识形态都遭到质疑，我们又怎么可能找到稳固的道德根基？

本书开篇首先概览当前的政治和技术困境。20世纪结束时，法西斯主义、共产主义和自由主义之间发生的巨大的意识形态斗争最后似乎是自由主义暂时胜出，民主政治、人权和自由市场资本主义似乎注定要征服整个世界。但一如往常，历史发生了意想不到的转变，继法西斯主义崩溃和共产主义受挫之后，现在自由主义也陷入了困境。那么，我们究竟将走向何方？

这个问题之所以特别令人忧虑，是因为信息技术和生物技术的双重革命，让人类这个物种遭遇了有史以来最大的挑战，从而对自由主义逐渐失去了信心。信息技术和生物技术一旦携手，可能很快就会让数十亿人失业，同时破坏"自由"和"平等"这两个概念。大数据算法可能导致数字独裁，也就是所有权力集中在一小群精英手中，而大多数人不只是被剥削，还面临更糟的局面：如草芥般无足轻重。

我的上一本书《未来简史》详细讨论了信息技术和生物技术的结合，着眼于长远前景，讲述的内容可能涉及几个世纪甚至几千年。本书则着重于已迫在眉睫的社会、经济和政治危机。我想讨论的议题不是无机生命的创造，而是这一切对福利国家和欧盟等特定机构的威胁。

本书无意涵盖新科技的所有影响。虽然科技带来了许多美好的承诺，但我想特别强调的却是威胁和危险。引领科技革命的企业和企业家，自然倾向于高声讴歌科技创造的美好，但对于社会学家、哲学家和像我这样的历史学家，却想尽快拉响警报，指出所有可能酿成大错的地方。

本书第一部分点出我们面临的挑战后，第二部分将探讨各种可能的响应。脸书（Facebook）工程师能否使用人工智能（AI）建立起一个维护人类自由和平等的全球化社会？或许是否应该扭转全球化的进程，让民族国家重新掌握权力？又或许，我们需要更进一步，从古老的宗教传统中找寻希望和智慧？

第三部分则会谈及，虽然科技挑战前所未有、政治分歧激烈紧张，但只要我们控制住恐惧，虚心面对自己的想法，必能成功应对。第三部分的内容包括如何应对恐怖主义的威胁、全球战争的危险，以及引发这些冲突的偏见和仇恨。

第四部分则关注"后真相"的概念，试图回答以下几个问题：我们究竟对全球化发展有多少理解，又是否真能明辨是非？智人真的能够理解自己所创造的世界吗？现实与虚构之间，是否还有明确的界线？

第五部分，也是最后一部分，则是整合各项讨论，思考在这个困惑的时代，旧的故事已经完结，新的故事尚未开始，生命的整体样貌究竟如何？我们是谁？这辈子要做什么？需要什么技能？根据我们已经知道的及尚不了解的有关科学、神、政治和宗教的知识，生命的意义在今天究竟是什么？

这听起来可能是个太大的题目，但智人已经无法再等待，哲学、宗教或科学也没有时间忍受没有答案的拖延。我们辩论生命的意义已有数千年之久，不可能让这场辩论无限期延续下去。迫在眉睫的生态危机、日益增加的大规模杀伤性武器的威胁，以及一些打破常规的新技术的崛起，都不允许我们再拖下去。或许最重要的是，人工智能和生物技术正让人类拥有重塑和重新设计生命的能力。很快就会有人必须决定如何使用这股力量，而他决定的理由，则来自关于生命意义的某些含蓄的或者直言的故事。哲学家很有耐心，工程师的耐心要少得多，投资者则是最没耐心的。就算你还没有想清楚怎样运用这股设计生命的力量，市场的压力也不会允许你一千年后再想出答案，而是会用它那只隐形的手迫使你接受它盲目的响应。除非你愿意把生命的未来交给季度收入报表来决定，否则你就应该清楚地了解到底生命有什么意义。

在最后一章，在智人物种的大幕即将落下、另一出全新大戏即将上演之际，我以一个智人的身份，向其他智人提出了一些个人意见。

在开启这番智识之旅之前，我想强调关键的一点：本书绝大部分内容谈的都是自由主义世界观和民主制度有何缺点，这并不是因为我认为自由民主有问题。相反，我认为，面对现代社会的种种挑战，自由民主是人类迄今最成功也最灵活的政治模式。虽然不见得适用于每个社会的每个发展阶段，但比起其他所有方案，自由民主都曾在更多的社会和更多的情境中证明了自己的价值。因此，面对新挑战，我们有必要了解自由民主的局限，并讨论该如何调整和改善目前的自由民主制度。

但不幸的是，在目前的政治气氛下，任何关于自由主义和民主的批判都可能被各种反自由主义运动所利用；他们只是想诋毁自由民主，而不是为了公开讨论人类的未来。虽然他们很乐于讨论自由民主有何问题，却几乎容不下任何针对他们自身的批判。

因此，作为本书作者，我也得做出艰难的决定。我是应该敞开心扉，冒着被他人断章取义的风险畅所欲言，还是压抑自己的真实想法？非民主政权的一个特征是很难做到言论自由。而随着这些政权的扩张，要对人类物种的未来进行批判性思考也就越来越危险。

几经思量，我还是决定选择自由讨论而非自我压制。如果不批评自由主义，我们就不可能修复其缺点或有所超越。请务必注意，我之所以能写出这本书，正是因为人们还能相对自由地思考自己究竟喜欢什么，也能一如所愿地表达自己的想法。如果你重视这本书，也该重视言论的自由。

第一部分
科技颠覆

近几十年来,
全球政治一直是由"自由主义"独霸,
但就在生物技术与信息技术结合、形成人类历史上最大挑战的同时,
人类也对自由主义失去了信心。

第 1 章　理想的幻灭：
　　　　从旧故事到新故事

人类思考用的是故事，而不是事实、数据或方程式，而且故事越简单越好。每个人、每个团体、每个国家，都有自己的故事和神话。但在20世纪，来自纽约、伦敦、柏林和莫斯科的全球精英讲述了三大故事，号称能够解释人类过去、预测全球未来。这三大故事是：法西斯主义故事、共产主义故事，以及自由主义故事。

法西斯主义故事将历史解释为不同国家之间的斗争，构想的是一个群体暴力镇压其他所有群体。共产主义故事将历史解释为不同阶级之间的斗争，构想的是所有群体通过集中制联合起来，以不惜牺牲自由为代价赢得公平。自由主义故事将历史解释为自由与专制之间的斗争，构想的是尽管存在一些不平等，但依靠最少的控制实现所有人自由与和平交往。

第二次世界大战将三个故事集中体现了出来，打倒了法西斯主义故事，于是从20世纪40年代末到80年代末，世界成为共产主义故事和自由主义故事的战场。等到共产主义受挫，自由主义故事就成为人类了解过去的主要指南、未来无法取代的使用手册——至少在全球某些精英的眼里是这样。

在自由主义的故事里，讴歌着自由的力量和价值，述说着人类几千年来一直生活在暴虐的政权之下，很少让人享有政治权利、经济机会或个人自由，更大大限制了个人、思想和商品的流动。但是人们为自由而战，一步一步让自由站稳了脚跟，民主政权取代了残酷的独裁统治，自由企业克服了经济上的限制，人们也学会了独立思考、听从自己的内心，而不是盲目服从偏执的祭司、僵化的传统。宽阔的道路、坚固的桥梁、熙攘的机场，取代了城墙、护城河和带刺的铁丝网。

自由主义故事也承认，世界上并非事事完美，仍有许多障碍需要克服。全球大部分地区的掌权者残暴无情，而且就算在最自由的国家，仍有许多公民忍受着压迫、暴力和贫困。但至少我们已经知道应对这些问题的方法：让人民有更多的自由。我们必须保护人权，让每个人都有投票权，建立自由市场，并尽可能让个人、思想与商品在世界各地轻松流动。根据这服自由主义的灵丹妙药（小布什和奥巴马都接受了这服药，只是各自稍有调整），只要继续让政治和经济体系走向自由化、全球化，就能为所有人创造和平与繁荣。[1]

国家只要加入这场势不可当的进程，就能更快得到和平与繁荣。至于想螳臂当车的国家，就得吞下苦果，直到它们终于迷途知返，打开边界，开放其社会、政治和市场。虽然这可能需要时间，但最后就算是朝鲜、伊拉克和萨尔瓦多，也能变得像丹麦或美国的艾奥瓦州一样美好。

在20世纪90年代和21世纪初，自由主义故事成了全球朗朗上口的圣歌，从巴西到印度，许多政府都采用了自由主义这一套，希望能加入历史这波无法阻挡的进程。未能加入的政府，在当时看来就像是远古时代的化石一般。1997年，美国总统克林顿甚至信心满满地指责中国"站在历史错误的一边"。[2]

但自从2008年全球金融危机以来，全球人民对自由主义这套故事越来越感到理想幻灭。壁垒与防火墙再次大行其道，反移民、反贸易协议的力度也日益加大。表面上看来是民主体制的政府，却在

第1章　理想的幻灭：从旧故事到新故事

暗中破坏司法体系独立、限制新闻自由，并把所有反对政府的举措视为叛国。各国的强人（例如在土耳其和俄罗斯）也尝试着各种新的政治形态，从非自由的民主体制到彻底的独裁政权，不一而足。今天，几乎没有人能够再次信心满满地宣称中国共产党站在历史错误的一边。

2016年，国际社会发生的大事包括英国通过脱欧公投、特朗普当选美国总统，标志着这波理想幻灭的浪潮已经到达西欧及北美的核心自由主义国家。仅仅几年前，欧美还试图解放战火中的伊拉克和利比亚，但现在如果问美国肯塔基州和英国约克郡的人，很多人会认为这种自由主义理想并不受欢迎或根本无法实现。有些人发现自己其实喜欢过去那种阶级制度的世界，就是不愿放弃自己在种族、民族或性别上享有的特权。还有些人认为（无论是对是错），自由化和全球化就是一个巨大的骗局，是以牺牲民众为代价让一小群精英获利。

1938年，人类有三种全球性的故事可以选择；1968年只剩下两个；1998年，似乎只有一个故事胜出；2018年，这个数字降到了0。这也就难怪那些在近几十年主宰大部分世界的自由主义精英现在陷入了震惊和迷惘。只有一个故事的时候，一切毫无疑义，可以说是最令人放心的情形；但突然连一个故事都没有了，就让人惊慌失措，一切事物都好像没了意义。现在的自由主义者所面临的局面，有些类似20世纪80年代的苏联精英分子：既不知道历史为什么没走上他们认为注定的道路，手中也没有其他观点能够用来诠释现实。迷失方向，让他们觉得似乎末日将至，认为既然历史没有走上自己预想的美满结局，显然就是世界末日在步步逼近。大脑在无法查核现状的情况下，就会预想最糟糕的情形。这就像有人一头痛就觉得可能是脑瘤晚期一样，许多自由主义者担心，英国脱欧、特朗普上台，可能代表着人类文明即将终结。

从杀死蚊子到杀死思想

随着破坏性创新造成的科技颠覆步调加速，这种迷失方向、末日将至的感觉还会加剧。自由主义的政治体系建立于工业时代，管理着由蒸汽机、炼油厂和电视机所构成的世界。但面对现在的信息技术和生物技术革命，自由主义政治体系就显得无力招架。

不论是政治人物还是选民，光是要了解新技术就已经很勉强，更别谈要规范新技术的爆炸性潜力了。自20世纪90年代以来，互联网可能是改变世界最大的一个因素，但领导互联网革命的主要是工程师，而不是什么政党。你也没投过什么关于互联网的票吧？民主体系到现在连敌人是谁都还摸不清楚，也很难说真有什么方法应对人工智能兴起或区块链革命之类的冲击。

今天，计算机运算已经让金融体系变得极为复杂，以至很少有人能够真正理解。而随着人工智能不断改进，金融可能很快就会成为没有任何人类能够理解的领域。这对政治运作会有怎样的影响？会不会有一天，政府得乖乖等着某个算法的决定，看看预算是否得到批准，税制改革又能否通过？与此同时，点对点的区块链网络和比特币等加密货币，可能会让货币体系彻底改变，激进的税制改革也就难以避免。举例来说，未来的交易可能仅仅需要信息的交换，而无须再使用本国货币甚至任何货币，国家将不可能再针对货币所得来收税。因此，政府可能需要推出全新的收税方式——信息税，即针对信息来收税，而收税的方式也是信息而不是美元。在政治体系再也无钱可用之前，它来得及应对这个危机吗？

更重要的是，信息技术和生物技术的双重革命不仅可能改变经济和社会，更可能改变人类的身体和思想。人类在过去已经学会如何控制外在世界，但对我们自己的内在世界多半无力掌控。我们知道怎样拦河筑坝，却不知道怎样阻止身体衰老；我们知道怎么设计灌溉系统，却不知道怎么设计大脑系统。如果有只蚊子在耳边嗡嗡扰人清梦，我

第 1 章　理想的幻灭：从旧故事到新故事

们有办法杀死它；但如果有个想法回荡脑海令人难以成眠，我们大多数人都不知道怎样才能"杀掉"这个想法。

通过生物技术和信息技术的革命，我们将会有能力控制自己的内在世界，也能设计和制造生命。我们将能学会如何设计大脑、延长生命，也能选择消灭哪些想法，但没有人知道后果会如何。人类发明工具的时候很聪明，但使用工具的时候就没那么聪明了。单纯兴建大坝拦截河流并不难，但是要预测这对整个生态系统的影响实在不容易。同样，只是改变我们意念流动的方向，比预测这对个人心理或社会系统有何影响轻松得多。

在过去，人类得到了操控周围世界、重塑整个地球的力量，但由于人类并不了解全球生态的复杂性，过去做的种种改变已经在无意中干扰了整个生态系统，让现在的我们面临生态崩溃。在 21 世纪，生物技术和信息技术会让我们有能力操控人体内部的世界、重塑自我，但因为我们并不了解自己心智的复杂性，所做的改变也就可能大大扰乱心智系统，甚至造成崩溃。

目前领导生物技术和信息技术革命的是工程师、企业家和科学家，但这些人很少体会到他们的各种决定会造成怎样的政治影响，也显然并不代表任何民意。要由国会和政党接手吗？目前看来并没有这个迹象。破坏性创新造成的科技颠覆根本算不上政治的主要议题。因此，在 2016 年美国总统大选期间，与科技颠覆相关的事件也只是希拉里的电子邮件丑闻[3]；而且虽然各方大谈失业问题，却没有候选人讨论自动化可能造成的影响。特朗普警告美国选民，墨西哥人和中国人会抢走他们的工作，应该在墨西哥边境筑起一道墙。[4]但他从来没有警告过选民，算法会抢走他们的工作，应该在硅谷所在的加州边界筑起防火墙。

可能正因为如此（虽然不是唯一的原因），就连身处西方自由主义中心地带的选民，也对自由主义的这套故事和民主进程失去了信心。

一般人可能不懂什么人工智能和生物技术，却隐隐感觉到自己已经被未来抛弃。1938年，虽然苏联、德国或美国的普通百姓生活也很艰苦，但不断有人告诉他们，他们是世界上最重要的，他们是未来的希望所在（当然，前提是他们是"普通人"，而不是犹太人或非裔美国人）。宣传海报上经常把煤矿工人、钢铁工人和家庭主妇描绘成一副英雄形象，让人感觉"海报上画的是我！我是未来的英雄！"[5]

到了2018年，一般人会觉得自己越来越无足轻重，如同草芥。TED①演讲、政府智库或高科技研讨会上，总有许多神秘的词语被不断提及：全球化、区块链、基因工程、人工智能、机器学习。但对一般人来说，这些好像和自己都没什么关系。自由主义的故事，是一套关于普通人的故事。如果未来成了生化人、网络算法的世界，自由主义的故事要怎样才能继续有意义地讲下去？

在20世纪，群众反抗剥削，把自己在经济中的重要作用转化成在政治上的权力。而如今，群众担心自己以后会变得无足轻重，于是急着发挥目前仍有的政治力量，以免为时太晚。因此，英国脱欧和特朗普上台，可能就展现出与传统社会主义革命相反的轨迹。过去推动俄国、中国和古巴革命的，是一群对经济至关重要但缺乏政治权力的人；而2016年，支持英国脱欧和特朗普的，却是一群虽然还享有政治权力却担心失去经济价值的人。也许在21世纪，平民主义者（populist，或"民粹主义者"）反抗的将不再是经济精英剥削人民，而是经济精英不再需要人民。[6]而且平民主义者很可能会败下阵来，因为反抗"无足轻重"比反抗"剥削"困难许多。

---

① TED 是科技（technology）、娱乐（entertainment）和设计（design）的英文缩写，是美国一家私有非营利机构，该机构以它组织的 TED 大会著称。——编者注

第 1 章 理想的幻灭：从旧故事到新故事

不断浴火重生的自由主义

这不是自由主义故事第一次面临信心危机。自从这套故事在19世纪下半叶席卷全球之后，时不时就会碰上危机。第一次世界大战血流成河，也终结了全球化和自由化的第一个时代，帝国主义强权政治阻挡了全球进步的步伐。弗朗茨·斐迪南大公于萨拉热窝遇刺后，各个强权对帝国主义的信心远超自由主义，它们不再想用自由与和平的商业活动统一世界，而是要靠蛮力在世界抢下更大的地盘。然而，自由主义在斐迪南时期之后幸存下来，不仅浴火重生，而且变得更加强大，放言第一次世界大战是"结束一切战争的战争"。据称，经历过前所未有的屠杀之后，人类见识到了帝国主义的可怕代价，终于准备好在自由与和平的原则基础上，建立新的世界秩序。

接下来是希特勒时期。20世纪30年代和40年代初期，法西斯主义的力量一度锐不可当。自由主义虽然胜出，但马上又面临下一个挑战。那是在20世纪五六十年代的切·格瓦拉时期，看起来自由主义仅一息尚存，未来将是共产主义的时代。然而，最后共产主义受挫，证明超市的力量远大于斯大林时期的古拉格劳改营。更重要的是，自由主义这套故事证明自己比其他任何对手都更加柔韧、更加灵活。自由主义分别学习了帝国主义、法西斯主义和共产主义某些最优秀的概念。特别值得一提的是，自由主义学习了共产主义，于是扩大了同理的范围，开始在重视自由之外也同时重视平等。

一开始，自由主义这套故事主要只关注欧洲中产阶级男性的自由和特权，而对工人阶级、女性、少数民族和非西方人所面临的困境似乎视而不见。1918年，获胜的英法两国兴奋地高谈自由主义，但并未把英法帝国在全球各地的属民纳入考虑范围。举例来说，印度要求民族自决，换来的是英军在1919年的阿姆利则大屠杀，数百名手无寸铁的示威者当场丧命。

即使在第二次世界大战之后，西方自由主义者还是很少将他们所谓的共通价值应用到非西方人民的身上。所以，荷兰人在自己的国土被纳粹残酷占领5年，于1945年重新站起来之后做的第一件事，就是召集军队横跨半个地球，希望重新占领前殖民地印度尼西亚。尽管在1940年，荷兰人只战斗了4天就举手投降放弃独立地位，但为了压制印度尼西亚的独立，他们却鏖战了4年之久。这也就难怪全球许多民族解放运动所寄望的都是苏联和中国，而不是自诩为自由主义领导者的西方国家。

但渐渐地，自由主义这套故事向外扩张，至少开始在理论上将所有人的自由和权利一视同仁。而随着自由主义辐射范围的扩大，自由主义也开始认识到共产主义式福利计划的重要性。自由主义同样需要有类似这样的社会安全网，否则必将难以为继。于是出现了社会民主福利国家，既有民主和人权，又结合了由国家出资的教育和医疗保健制度。而且就算是极端资本主义的美国，也意识到如果想保护自由，至少需要提供部分政府福利服务。如果孩子还饿着肚子，还奢谈什么自由？

到了20世纪90年代初，思想家和政治家高谈"历史的终结"，信心满满地断言过去所有重大的政治和经济问题都已获得解决，并认为自由主义经过翻新，成为包含民主、人权、自由市场和政府福利服务的组合，仍然是人民的唯一选择。看起来，这个组合似乎必将传遍全世界，克服一切障碍，打破一切国界，让人类变为单一、自由的全球社群。[7]

然而，历史并未终结，而且经过斐迪南时期、希特勒时期和切·格瓦拉时期之后，我们发现自己来到了特朗普时期。但这一次，自由主义的对手并不像帝国主义、法西斯主义或共产主义一样有一套完整的意识形态，特朗普时期所散发的是浓浓的虚无主义。

20世纪的各项主要运动都对全人类有着愿景，可能是统一世界、发动革命或者民族解放。但特朗普并未提供这样的愿景，恰恰相反的

第1章 理想的幻灭：从旧故事到新故事

是，他告诉大家：美国并不负责制定和推动任何全球愿景。同样，英国倡导脱欧的人士对于这个不再联合的王国可以说根本没什么计划，欧洲和世界的未来远远不在他们的设想范围之内。大多数投票支持特朗普和英国脱欧的人，并不是完全反对整个自由主义组合，而只是对全球化失去了信心。他们仍然相信民主、自由市场、人权，以及社会责任，但认为这些好点子只要在国内流通就行了。事实上，他们相信为了维护约克郡或肯塔基州的自由和繁荣，最好在边界筑起一道墙，并对外国人采取非自由主义的政策。

至于正在崛起的中国，则呈现出几乎完全相反的景象，一方面保持国内的政治稳定，一方面对世界其他地区更为开放。事实上，如果要说自由贸易和国际合作，看上去中国更像是全球化的积极倡导者。

讲到对抗自由主义国际秩序，复兴的俄罗斯认为自己远远更为够格。然而，虽然俄罗斯军事已经恢复实力，但意识形态却已然不够完整。普京无疑在俄罗斯与全球各个右翼运动中都是热门人物，但对于失业的西班牙人、不满的巴西人，或者满怀理想的剑桥大学生来说，他并没有什么能够吸引人的全球世界观。

俄罗斯确实提供了自由民主体制以外的另一种模式，但这种模式并不是一套完整的政治意识形态，而是一种政治操作手法。民主的根基之一，在于亚伯拉罕·林肯提出的原则：你可以在某些时候欺骗所有人，也可以在所有时候欺骗某些人，但你无法在所有时候欺骗所有人。如果政府腐败，未能改善人民生活，最终一定会有越来越多的公民看清真相。然而，政府控制媒体之后，阻碍了公民看清真相，也就打破了林肯的逻辑。执政的寡头特权阶级一旦垄断媒体，便能不断将自身的失败归咎于他人，并将公民的注意力引导到外部的威胁——无论是真有其事或仅仅是空穴来风。

生活在这种寡头体制下，总会看到一些重大的危机，让人觉得医疗保健和污染相形之下只是无聊的小事。国家都面临外来入侵或恶意颠覆了，谁还有时间担心病人太多、河流遭到污染？只要制造出永无止境的危机，腐败的寡头政治就能享受永无止境的统治。[8]

然而，虽然这种寡头模式在真实世界历久不衰，却完全无法打动人心。其他的意识形态都能高谈阔论自身愿景，寡头政治虽然手握权力，但却无法真正以己为荣，而是多半会用其他意识形态作为自己的包装。虽然法国和英国的右翼极端主义分子很可能有赖俄罗斯的协助，也对普京表示敬佩，但就算是右翼极端分子的选民，也不希望自己所生活的国家仿效俄罗斯模式。根据调查，俄罗斯87%的财富集中在最富有的10%的人手中。[9]就算是法国极右派的民族阵线（Front National），又会有多少工人阶级的支持者会想在法国复制这种财富分配模式？

人民会用脚投票以增加政治自由。我在走访世界各地的途中，遇到过许多希望移民到美国、德国、加拿大或澳大利亚的人，也遇到过一些想要移民到中国或日本的人，但从来没遇到过想移民到俄罗斯的人。

至于"全球伊斯兰教"（global Islam），主要也只对生于斯长于斯的人有吸引力。虽然它也会吸引某些叙利亚人和伊拉克人，甚至还有某些在德国和英国信仰伊斯兰教的青年，但很难看到希腊或南非（加拿大或韩国就更别提了）认为加入伊斯兰世界会有助于解决国家所面临的问题。在这种时候，人民也会用脚投票。每有一个信仰伊斯兰教的青年从德国前往中东，接受伊斯兰教神权政治的生活，就可能有100个中东青年希望能走出中东，在自由主义的德国开始新生活。

这可能意味着，目前的信心危机并不及以往严重。自由主义者如果因为过去这几年的情势就感到绝望，那么可以回想一下1918年、1938年或1968年，当时的局势可比今日更为严峻。近年来，我们看到的并不是完全放弃自由主义故事。相反，我们正目睹一种从"套餐"到"自助餐"的转变。

第1章 理想的幻灭：从旧故事到新故事

理解当前的发展很困难，部分原因是自由主义从来都不是单一的存在。自由主义珍视自由，但自由在不同的语境中有不同的含义。因此，对一个人来说，自由主义意味着自由选举和民主化；另一个人则认为自由主义意味着贸易协定和全球化；还有人将自由主义与同性恋婚姻和堕胎联系在一起。自由主义为经济、政治和个人领域，以及国家和国际层面的行为提供了不同参考。下表概括了自由主义的主要构成部分。

自由主义套餐

	国家层面	国际层面
经济领域	自由市场，私有化，低税收	自由贸易，全球一体化，低关税
政治领域	自由选举，法治，少数派的权利	和平关系，多边合作，国际法与国际组织
个人领域	自由选择，个人主义，多元化，性别平等	容易实现个人迁移及移民

近几十年主导世界的自由主义故事认为，表中六个组成部分之间存在紧密的相关联系。你不能只抓住一个而没有另一个，因为一个领域的进步需要并能够刺激其他领域的进步。例如，对于缺乏民主的自由市场，要想获得成功，自由选举是至关重要的，但市场很快就会成为任人唯亲和政府腐败的牺牲品。同样，性别平等促进了国际和平，因为战争通常是由父权制的价值观和大男子主义政治家助长起来的。与此同时，全球经济一体化与个人消费者的自由密切相关。如果可供我选择的有100个全球品牌，而不仅仅是3个国内品牌，我将享受更多个人自由，诸如此类。因此，如果一个国家想享受自由套餐中的一道菜，比如经济自由，那它就别无选择，只能把其他菜品一并选上。

现在，世界各地的民粹主义和民族主义运动的共同点就是，即使他们自称"反自由主义"，也没有人全盘拒绝自由主义。他们拒绝的是套餐的形式，只想从自由的自助餐中挑选自己喜欢的菜。因此，特朗普仍然非常赞成自由市场和私有化，但他认为他可以在破坏多边合作甚至自由贸易的同时拥有自由市场和私有化。中国支持自由贸易，它提出的"一带一路"是有史以来最宏大的全球性倡议，不过中国对自由选举的热情要低得多。英国退欧者坚持民主，不反对个人主义，但他们不喜欢多边合作，也不喜欢赋予国际组织太多权力。匈牙利总理欧尔班·维克托将匈牙利的政权称为"非自由民主"，认为可以在匈牙利进行自由选举，而不必牵涉少数民族权利、多样性和个人主义等问题。

至少在理论上，几乎每个人都想要的一道菜是保持国际关系的和平，这可以看作在自由的自助餐上所提供的巧克力蛋糕。相比之下，几乎所有人都不想要的一道菜就是移民，就像芹菜一样在全世界都能找到。即使是民主、个人主义和多边合作最坚定的支持者，也会对允许大量移民涌入的政策持否定态度。

然而，自助餐的方法能否奏效还有待观察，用食物来进行类比也可能是非常错误的。在餐馆里，套餐是独立菜肴的任意组合。然而，自由主义故事总是坚持认为，自由主义系统是一个由相互依赖的器官组成的生命体，虽然你可以很容易地将汤和甜点分开，但你不能将心脏和肺分开。特朗普真的能在破坏全球自由贸易的同时促进美国的自由市场吗？中国能继续享受经济自由化的成果而不采取任何政治改革行动吗？匈牙利人能拥有没有个人自由的民主吗？或者说奥尔班的"非自由民主"只是换了一种说法的"独裁"？国际和平能在边境墙不断加高、贸易战不断加剧的世界中存在吗？自助餐的做法很可能会导致自由主义体系在国家和国际层面上彻底崩溃。

如果发生这种情况，自由主义故事又将由什么来取而代之呢？一个观点是，人类也可能彻底放弃追求全球性的故事，转而向地方性的民族主义和宗教故事寻求庇护。在20世纪，民族主义运动风起云涌，

第1章 理想的幻灭：从旧故事到新故事

有非常重要的政治意义，但这些运动除了能将全球划分为许多各自独立的民族国家之外，并没有对世界未来的一致愿景。因此，印度尼西亚民族主义者反抗荷兰统治，越南民族主义者追求自由越南，但不论在印度尼西亚还是在越南，都没有关于全人类的故事和愿景。所以只要一讨论到印度尼西亚、越南和所有其他自由国家彼此有何关联，或者人类该怎样应对核战争威胁等全球性问题，民族主义者总是又诉诸自由主义或其他什么主义。

然而，如果各种主义已不足信，人类是否应该放弃追求共同的全球性故事？毕竟，所有的全球性故事（甚至包括共产主义），不都是来自西方？马克思的故乡在德国特里尔（Trier），推动自由贸易的则是在英国曼彻斯特的实业家；如果你是个在越南的农村村民，为什么要相信这些人说的故事？或许每个国家都应该根据自己的古老传统，走出一条不同的独特道路？抑或西方人也该休息一下，别再想着要主宰世界，而是先把自己的事管好？

自由主义幻灭后形成思想空缺，暂时由地方的怀旧幻想来填补，缅怀着往日的荣光——这可以说是正在全球发生的事。特朗普呼吁美国应该采取孤立主义，承诺要"让美国再次伟大"，这听起来好像在说，20世纪80年代甚至50年代的美国社会真是完美，美国应该在21世纪重现这种社会。至于英国脱欧分子，则是梦想让英国成为一个独立的强权，他们仿佛还活在维多利亚女王时代，也仿佛以为就算到了这个互联网和全球变暖的时代，"光荣孤立政策"还能继续实行。至于俄罗斯，普京的官方愿景可不是要建立腐败的寡头政治，而是要复兴沙皇时代的帝国。在十月革命（Bolshevik revolution）一个世纪后，普京率领着俄罗斯民族和东正教信仰推动的政府，承诺要重返古代沙皇的荣耀，影响力从波罗的海一路延伸到高加索地区。

至于印度、波兰、土耳其和其他许多国家，同样也是靠着将民族主义与宗教传统结合起来的类似怀旧梦想，形成政权的基础。这些幻想最极端的例子出现在中东地区,伊斯兰主义者希望重现先知穆罕默德 1400 年前在麦地那的情景,而以色列的犹太教基本教义甚至有过之而无不及,希望回溯到 2500 年前的《圣经》时代。以色列目前执政的联合政府成员,也公开表示希望让现代以色列的国土更为扩张,好更接近《圣经》中的以色列幅员,另外也希望恢复《圣经》中的法律,甚至要在耶路撒冷重建古老的耶和华殿,取代阿克萨清真寺。[10]

自由主义精英对这些发展十分惊恐,希望人类能及时回到自由主义的道路上,以免灾难降临。2016 年 9 月,奥巴马在其最后一次联合国演说中提醒听众,别让世界再次"依循着古老的民族、部落、种族和宗教界线,严重分裂,最终导致冲突"。他还认为,"开放市场、问责治理、民主、人权、国际法等原则仍然是这个世纪人类进步最坚实的基础"。[11]

奥巴马指出一个事实:虽然自由主义那一套存在诸多缺陷,但在历史上的表现还是远优于其他方案。在 21 世纪初自由主义秩序的庇护之下,多数人类享受着前所未有的和平及繁荣。历史上第一次,多数人是无疾而终而非因病死亡,是肥胖致死而非饥荒致死,是意外身故而非暴力身亡。

然而,我们现在面临的最大问题在于生态崩溃和科技颠覆,而自由主义对此并没有给出明确的答案。传统上,自由主义需要搭配经济增长,才能神奇地平息棘手的社会和政治冲突。自由主义能够让无产阶级与资产阶级、信徒与无神论者、原住民与移民、欧洲人与亚洲人之间都和睦相处,靠的就是保证每个人都能拿到更大的一块饼。只不过前提是饼必须不断变大。然而经济增长非但无法拯救全球生态系统,反而恰恰是生态危机的成因。经济增长也无法解决科技颠覆的问题,因为增长正是以越来越多的破坏性创新为基础的。

自由主义和自由市场都鼓励人民有高远的期许。20 世纪后半叶,无论在休斯敦、上海、伊斯坦布尔还是圣保罗,每一代人都享有更高

第 1 章 理想的幻灭：从旧故事到新故事

的教育水平、更优良的医疗保健、更高的收入。但在接下来的几十年间，由于科技颠覆，再加上生态崩溃，年青一代就算只是维持现状，都已经算是幸运。

因此，我们总是需要为世界创造出更新的故事。正如工业革命的动荡激发出 20 世纪的创新思想，接下来的生物技术和信息技术革命可能需要新的愿景。接下来几十年的特征可能就在于强烈的自我反省，以及建立新的社会和政治模式。自由主义能不能再次像 20 世纪 30 年代和 60 年代的危机之后那样重塑自己，变得比以往更加璀璨？传统的宗教和民族主义，又能否提供自由主义无法给出的答案，并且运用古老的智慧来塑造最新的世界观？或者到了我们和过去彻底分手、打造一套全新故事的时候，非但不再只谈旧神祇和旧民族，甚至还要超越平等和自由这类现代核心价值观？

目前，人类还远未在这些问题上达成共识。我们现在还处于一种幻灭和愤怒的虚无主义时期。人们已经对旧的故事失去信心，但也还没能接受什么新的故事。所以，接下来该做些什么？第一步是缓和对末日预言的反应，从恐慌转为困惑。恐慌其实是一种傲慢，是自以为完全知道世界正在走向毁灭；困惑则是比较谦逊的态度，也就能看得比较清楚。如果你现在觉得想跑到大街上大喊"世界末日来了！"那么你要告诉自己："不，不是这样。我其实只是不知道世界究竟发生了什么事而已。"

以下各章会试着澄清某些令人困惑的新的可能性，然后谈谈该怎么往下走。然而，在探索人类困境有无解决方案之前，需要先了解科技带来了什么挑战。信息技术和生物技术的革命刚刚起步，它们究竟对目前的自由主义危机该负多少责任还有待商榷。对于人工智能本身以及它对生活可能造成的影响，伯明翰、伊斯坦布尔、圣彼得堡和孟买的大多数民众都只是隐隐有个感觉。但毫无疑问，科技革命的力度在未来几十年会持续增强，给人类带来前所未有的艰难考验。任何故事如果想要得到人类的青睐，最重要的一个条件就在于能否应对信息技术和生物技术这样的双重革命。如果自由主义、民族主义、伊斯兰教或者什么新的信仰希望自己能够塑造2050年的世界，除了要了解人工智能、大数据算法和生物工程，还得把这一切融入一套全新而合理的叙事之中。

想了解科技挑战的本质，或许就业市场是个最好的起点。自2015年以来，我造访了世界很多地方，和政府官员、商人、社会活动家和学生谈到了人类的困境。每当人工智能、大数据算法和生物工程这些话题让他们感到厌倦或不耐烦时，通常只要用一个神奇的词语就能让他们精神抖擞起来：工作。科技革命可能很快就会让数十亿人失业，并创造出一个人数众多的新无用阶级，带来现有意识形态无法应对的社会和政治动荡。讨论科技和意识形态，可能听起来十分抽象，与我们距离遥远，但说到大规模失业这种再真实不过的前景，人人都无法再冷漠下去。

第 2 章 就业：
等你长大，可能没有工作

我们完全无从得知 2050 年的就业市场会是什么样子。人们普遍认为，机器学习和机器人将改变几乎所有的工作，从制作酸奶到教授瑜伽都无法幸免。但谈到这项改变的本质及紧迫性，各家观点却众说纷纭。有人认为，只要 10~20 年，就会有几十亿人成为经济上多余的存在。但也有人认为，长远来看，自动化的影响还是会为所有人创造新的就业机会，为社会带来更大的繁荣。

那么，我们究竟是真的处于危险动荡的边缘，还是这只是卢德分子①歇斯底里的妄言？这很难说。早在 19 世纪，就有人担心自动化会造成大量失业，但至今这种情况从未出现。自工业革命拉开序幕以来，机器每抢走一项旧工作，也会至少创造一项新工作，而且人们的平均生活水平大幅提高。[1] 但我们有充分的理由相信这次情况不同，机器学习将会真正让整个情况彻底改变。

人类有两种能力：身体能力和认知能力。过去，机器主要是在原始的身体能力方面得以与人类竞争，而人类则在认知能力方面享有巨

---

① 卢德分子（Luddite），指 19 世纪英国工业革命时期，因机器代替了人力而失业的技术工人。现引申为工业化、自动化、数字化或一切新技术的反对者。——编者注

大优势。因此，随着农业和工业迈向自动化，就出现了新的服务业工作。这些新工作需要人类拥有独特的认知技能，包括学习、分析、沟通等，特别是必须理解人类的种种情绪。然而，人工智能已经在越来越多的认知技能上超越人类，包括理解人类的情绪。[2]而且，除了身体能力和认知能力之外，我们并不知道还有什么第三种能力可以让人类永远胜过机器。

必须认识到的一个关键点是，人工智能革命不只是让计算机更聪明、运算得更快，还在生命科学和社会科学方面有诸多突破。我们越了解是哪些生化机制在支撑人类的情感、欲望和选择，计算机就越能分析人类行为、预测人类决策，并最终取代人类的司机、银行经理和律师等。

在过去几十年中，在神经科学和行为经济学等领域的研究，让科学家能够"破解"人类，更清楚地了解人类究竟是如何做出各种决定的。事实证明，我们从选择食物到选择伴侣，都不是出于什么神秘难解的自由意志，而是数十亿神经元在瞬间计算各种可能性的结果。过去大受赞誉的"人类直觉"，其实只是"辨识模式"罢了。[3]优秀的司机、银行经理和律师，对路况、投资或谈判交涉并没有什么神奇的直觉，只不过是辨识出了某些一再出现的模式，于是能够躲过漫不经心的行人、拒绝无力偿债的借款人和识破图谋不轨的骗子。但同时也证明，大脑的生化算法距离完美还有很长一段路。大脑会走捷径，会根据不完整的信息快速找出答案，而且大脑的回路也显得过时，整套机制适合的是过去的非洲大草原，而不是现在的都市丛林。这也就难怪，即便是优秀的司机、银行经理和律师，也会犯下愚蠢的错误。

这意味着，就算是那些原本认为依靠直觉的工作，人工智能也能表现得比人类更好。人工智能不会比人类更有那种难以言喻的第六感，但如果说人工智能比人类更懂得计算概率和模式识别，听起来可信度就大了许多。

第 2 章　就业：等你长大，可能没有工作

特别是，如果某些工作需要"关于别人"的直觉，人工智能的表现就会优于人类。许多工作（例如在满是行人的大街上开车、把钱借给陌生人、商务谈判等）都需要准确评估别人的情绪和愿望。那个孩子会不会突然跑到马路中间？这个穿着西装的人是不是打算从我这儿一借到钱就消失？那位律师的威胁是认真的，还是只想吓吓我？只要我们觉得这些情绪和欲望是来自某种非实体的心灵，计算机就永远无法取代人类的司机、银行经理和律师。原因在于：计算机怎么可能理解"心灵"这种神圣的创造物呢？然而，如果这些情绪和欲望实际上只不过是某些生化算法，计算机就没有理由无法破译这些算法，而且它们的成绩一定比任何智人都要好。

不管是司机预判行人想往哪儿走，银行经理评估借款人的信用好坏，还是律师衡量谈判桌上的气氛，依赖的都不是巫术，而是在他们毫无察觉的情况下，大脑就会通过分析面部表情、声调、手部动作甚至体味来识别生化模式。人工智能只要搭配适当的传感器，绝对可以把这些工作做得比人类更精确、更可靠。

因此，失业的威胁不只是因为信息技术的兴起，还因为信息技术与生物技术的融合。要从功能性磁共振成像（fMRI）扫描仪走到劳动力市场，这条路肯定是漫长而曲折的，但花个几十年总能走完。脑科学家今天对杏仁核和小脑的研究，就有可能让计算机在 2050 年比人类更适合担任精神病学家和保镖。

人工智能不仅能够侵入人类，在以往认为专属于人类的技能上打败人类，更拥有独特的非人类能力，使得人工智能和人类之间的差异不是程度高低的问题，而是完完全全的两回事。人工智能特别重要的两种非人类能力是"连接性"和"可更新性"。

人类都是个体，很难将所有人彼此连接，从而确保他们都能得到最新信息。相反，计算机并不是彼此相异的独立个体，因此很容易把计算机集成为一个单一、灵活的网络。所以这样说来，我们面临的不

是几百万台计算机和机器人取代几百万个工人，而是所有作为个体的工人都会被一套集成的网络所取代。因此，讨论自动化的时候，不该把"一位司机"的能力拿来和"一台自动驾驶汽车"比较，也不该把"一位医生"和"一位人工智能医生"进行比较，而该拿"一群人"的能力和"一套集成网络"进行比较。

举例来说，交通规则时有调整，但许多司机并不熟悉，于是常常违规。此外，每辆车都是独立运作的实体，所以当两辆车到达同一个十字路口时，司机可能会误读彼此的意图，于是发生事故。相反，自动驾驶汽车是连接成一个整体的，所以两辆自动驾驶汽车来到十字路口时并非独立运作，而是属于同一套算法的一部分。这样一来，因沟通不畅而发生事故的机会也就大幅减少。此外，如果交通部门决定调整某些交通规则，所有的自动驾驶汽车都能轻松地在同一时间更新程序；除非程序出错，否则大家都会遵守新的规则。[4]

同样，如果世界卫生组织确认出现某种新的疾病，或者某实验室研制出某种新药，目前几乎不可能让全世界所有人类医生都得知相关的最新消息。但相较之下，就算全球有100亿个人工智能医生，各自照顾一个人的健康状况，仍然可以在瞬间实现全部更新，而且所有人工智能医生都能互相分享对新病或新药的感受。连接性和可更新性可能带来的优势巨大，至少对某些工作来说，就算某些个人的工作效率仍然高于机器，但合理的做法将会是用计算机取代所有人类员工。

有人可能会反驳说，把个体人类转换为计算机运算网络之后，就会失去个性化所带来的优势。举例来说，如果某位人类医生做出了错误判断，并不会因此让世界上所有的患者都丧命，也不会阻碍所有新药的开发。相反，如果所有医生都属于某一系统，一旦该系统出错，结果可能就极其严重。但事实上，集成的计算机系统可以在不失去个性化优势的情况下，把连接性的优点发挥到极致。比如可以在同一个

第 2 章 就业：等你长大，可能没有工作

网络上运行多种算法，这样位于偏远丛林山村里的病人通过智能手机能找到的就不只是某位医学权威，而是上百位不同的人工智能医生，而且这些人工智能医生的表现还会不断被比较。你不喜欢那位IBM（国际商业机器公司）医生的诊断吗？没关系。就算你现在被困在乞力马扎罗山上，也能通过搜索引擎轻松找到医生，寻求不同意见。

这很可能会给人类带来巨大的好处。人工智能医生能为几十亿人带来更好、更便宜的医疗保健服务，特别是那些目前根本没有医疗保健服务可用的人。凭借学习算法和生物传感器，就算是某个经济不发达国家的贫困村民，也可能通过智能手机获得良好的医疗保健服务，而且比目前最富有的人在最先进的城市医院所获得的服务水平有过之而无不及。

同样，自动驾驶汽车能让交通服务质量大幅提升，特别是能够降低车祸死亡率。如今，每年有将近125万人死于车祸（足足是战争、犯罪和恐怖袭击死亡人数的两倍）。[5] 而在这些事故中，超过90%是人为造成的：有人酒驾，有人边开车边看手机，有人疲劳驾驶，有人开车的时候只顾着发呆。根据美国国家公路交通安全管理局2012年的统计，全美致死车祸中有31%出于滥用酒精，30%出于超速，21%出于驾驶分心。[6] 而这些错误，自动驾驶汽车永远都不会犯。虽然自动驾驶汽车仍有其自身的问题和局限性，也免不了会有些事故，但根据预测，如果把所有驾驶工作完全交由计算机处理，将能够减少约90%的道路伤亡。[7] 换句话说，只要全面改用自动驾驶汽车，每年就能少死亡100万人。

因此，如果只是为了保住工作就拒绝交通和医疗保健等领域的自动化，绝对是不明智之举。毕竟，我们真正该保护的是人类，而不是工作。如果自动化让司机和医生变得无用武之地，就让他们找点儿别的事来做吧。

机器里的莫扎特

至少在短期内，人工智能和机器人还不太可能完全取代整个产业。有些工作专精在小范围，日复一日做的都是程序化的动作，这种工作就会被自动化取代。然而，如果是每天都有变化、需要同时运用广泛技能组合的工作，或者需要应对难以预见的情况的工作，就不太容易用机器来取代人类。以医疗保健为例。很多医生的主要工作是处理信息：汇总并分析医疗数据，然后做出诊断。相比之下，护士需要有良好的运动和情绪技能，才能帮患者打针、换绷带，或者安抚激动的患者。因此，我们的智能手机上出现人工智能家庭医生的时间，很有可能会远远早于我们拥有可靠的护理型机器人。[8] 人文关怀产业（也就是照顾老幼病残）大概在很长一段时间内仍然会是人类的工作。事实上，随着人类寿命延长和少子化，养老产业很可能成为人类劳动力市场成长最快的行业类别。

除了养老产业，创意产业也是自动化特别难以突破的领域。现在，我们可以直接从 iTunes（苹果数字媒体播放应用程序）下载音乐，而不需要由真人店员来销售，但作曲家、音乐家、歌手和音乐节目主持人都还是活生生的人。我们需要这些人的创意，除了是要制作全新的音乐，也是为了在多到让人头昏脑涨的诸多选项当中进行选择。

尽管如此，最终所有工作都有可能走向自动化，对此就连艺术家也得小心。现代社会一般认为，艺术与人类的情绪紧紧相连，艺术家引导着人类的心理力量，艺术的目的是让我们和自身的情绪有所联系，或者激发出新的感受。因此，当我们品评艺术的时候，通常就是看它对观众的情绪起了多大的作用。但如果真以这个标准来定义艺术，当外部的算法比莎士比亚、弗里达·卡罗（Frida Kahlo，墨西哥女画家）或碧昂丝更能了解和操纵人类的情绪时，又会发生什么事？

毕竟，情绪也不是什么神秘的现象，只是生化程序反应的结果。因此在不久之后，只要用机器学习算法，就能分析身体内外各种传感

第 2 章 就业：等你长大，可能没有工作

器所传来的生物统计资料，判断人的性格类型和情绪变化，或是计算某首歌（甚至是某个音高）对情绪的影响。[9]

在所有艺术形式中，最容易受到大数据分析冲击的可能就是音乐。音乐的输入和输出都适合用精确的数学来描述，输入时是声波的数学模式，输出时则是神经风暴的电化学反应模式。在几十年内，算法只要经过几百万次的音乐体验，就可能学会如何预测某种输入如何产生某种输出。[10]

假设你刚和男友大吵一架，负责音响系统的算法就会立刻发现你内心的情绪波动，并根据它对你个人以及对整体人类心理的了解，自动播放适合你的歌曲，与你的忧郁共鸣，附和你的悲伤。它放的这些歌可能不适合其他人，但完全符合你的性格类型。算法先把你带到悲伤的底层，然后放出全世界最可能让你振作起来的那首歌，原因可能是这首歌在你的潜意识里与某个快乐的童年记忆紧密相连，而你可能根本毫无察觉。任何一位人类音乐节目主持人，都不可能与这样的人工智能相匹敌。

你可能会提出异议，认为这样一来，人工智能不就扼杀了所有的偶然，把我们束缚在一个狭隘的音乐"茧"里，一丝一缕都是由我们自己的好恶织成的？你是想探索新的音乐品位和风格吗？没问题。你可以轻松地调整算法，让它完全随机地挑选 5% 的内容，为你播放印度尼西亚的甘美兰（Gamelan）合奏、罗西尼的歌剧，或者最新的韩国流行音乐。慢慢地，通过监测你的反应，人工智能甚至能判断出对你来说理想的随机性程度，可能是上调至 8%，也可能是下调到 3%，让你既能探索新音乐，又不会觉得厌烦。

另一种可能的异议，则是认为算法不见得知道该让情绪把我们带到哪里。刚和男友大吵一架之后，算法究竟是该让你高兴还是难过？它对于"好"情绪和"坏"情绪的判断，会不会过于武断？或许有时候，它觉得伤心也不见得是件坏事？当然，这些问题就算是人类音乐

家和音乐节目主持人也会遇到。但放到算法领域，这个难题就会有许多有趣的解决方案。

方案一，让使用者自己选择。你可以自己评估情绪，再让算法依你的指示行事。不管你是想沉湎于自怜中还是兴奋地跳起来，算法都会像个奴隶般乖乖听你的话。算法也确实有可能学会在你自己还毫无察觉的情况下，就判断出你到底想要什么。

方案二，如果你不信任自己，则可以先挑选出你信任的著名心理学家，再让算法听那位心理学家的建议就可以了。比如，如果男友甩了你，算法或许能够协助你走过理论上"悲伤的五个阶段"：先用博比·麦克费林（Bobby McFerrin）的歌曲《不要忧虑，要快乐》（Don't Worry, Be Happy）帮你否认发生的事；再用艾拉妮丝·莫莉塞特（Alanis Morissette）的《你应该知道》（You Oughta Know）让你发泄愤怒；接着用雅克·布雷尔（Jacque Brel）的《不要离开我》（Ne me quitte pas）和保罗·扬（Paul Young）的《回来，留下来》（Come Back and Stay）鼓励你讨价还价；用阿黛尔·阿德金斯（Adele Adkins）的《如你》（Someone Like You）让你深刻体会沮丧；最后再用葛罗莉亚·盖罗（Gloria Gaynor）的《我会活下去》（I Will Survive）让你接受一切。

接下来，算法开始调整这些歌曲和旋律，为你量身打造。或许某首歌什么都好，只有一个地方让你不喜欢。算法知道这件事，是因为只要一到那个地方，你的心跳就会停一下，催产素水平也会稍微降低。而算法能做的，就是把那个讨厌的地方重写或干脆删去。

最后，算法就能学会编写整首曲子，人类的情绪就像钢琴琴键般任它们弹奏。有了你的生物统计数据之后，算法甚至可以量身打造出全宇宙只有你会喜欢的旋律。

常有人说，人类之所以喜欢艺术，是因为可以在艺术中看见自己。但如果脸书开始运用它对你所知的一切来打造个性化的艺术品，结果

第 2 章 就业：等你长大，可能没有工作

可能会出人意料，甚至造成危险。比如，如果男友甩了你，脸书呈现给你的可能是一首完全为你量身打造的歌曲，内容就是关于这个负心人的，而不是那个让阿黛尔或艾拉妮丝·莫莉塞特伤心的不知名人士。这首歌甚至能提醒你在过去交往时那些只有你们俩知道的事情。

当然，为个人量身打造的艺术可能成不了流行，因为人还是喜欢大家都爱的玩意儿。如果这个曲调只有你知道，不就没办法和大家一起唱唱跳跳了？然而，比起制作个性化作品，算法可能更擅长制作全球热销作品。运用储存了数百万人数据的生物统计数据库，算法知道只要按下哪些生化按钮，就能在全球掀起热潮，让所有人在舞池里疯狂摇摆。如果艺术的重点真的在于启发（或操纵）人类的情绪，那么人类音乐家大概难以再与这样的算法匹敌，因为算法实在比人类更了解它们所拨弄的这个乐器：人类的生化系统。

这一切会带来伟大的艺术吗？这可能要看艺术是如何定义的。如果说听众觉得美就是美，而且顾客永远是对的，那么生物统计算法就有可能创造出历史上最佳的艺术。但如果艺术是一种比人类情绪更深层的东西，应该表达出超越生化震动的事实，那么生物统计算法大概就不会成为优秀的艺术家。然而，大多数人大概也成不了优秀的艺术家。只是为了进入艺术市场，取代许多人类作曲家和表演者，算法并不需要直接打败柴可夫斯基，先打败小甜甜布兰妮就行了。

新工作？

从艺术到医疗保健行业，许多传统工作将会消失，但其造成的部分影响可以由新创造出的工作抵消。例如，诊断各种已知疾病、执行各种常规治疗的全科医生，有可能被人工智能医生取代，这会省下很多经费，让医生和实验室助理得以进行开创性的研究，研发新药或手术方案。[11]

人工智能也可能以另一种方式协助人类创造新的工作：人类与其

想赢过人工智能，不如把重点放在人工智能的维护和运用上。举例来说，因为无人机取代了飞行员，有些工作确实消失了，但同时在维护、远程控制、数据分析和网络安全等方面也创造出了许多新的工作机会。美国军方每派出一架"捕食者"（Predator）无人机或"死神"（Reaper）无人机飞越叙利亚，就需要有30人在幕后操作；至于收集完数据的后续分析则至少还需要80人。2015年，美国空军就曾经因为缺少足够的训练有素的人而面临无人操作无人机的窘境。[12]

这样说来，2050年的就业市场的特点很可能在于人类与人工智能的合作，而非竞争。从警务到银行等各个领域，"人类+人工智能"的表现都能超越单纯的人类或单纯的计算机。在IBM的"深蓝"（Deep Blue）于1997年击败国际象棋特级大师加里·卡斯帕罗夫（Garry Kasparov）之后，人类并没有停止下棋。相反，在人工智能的协助下，人类的国际象棋大师水平比过去更高。至少有一段时间，被称为"半人马"（centaur）的"人类+人工智能"组合，在国际象棋比赛中的表现比单纯的人类或计算机都要出色。很有可能，人工智能也能如法炮制，协助培养出历史上最优秀的侦探、银行经理和军人。[13]

然而，这些新工作很可能需要高水平的专业知识，因此无法解决无技能失业者的就业问题。让失业者接受再培训之后去做这些工作，可能还不如直接创造完全属于人类的全新工作。在过去的自动化浪潮中，劳动者通常可以从某个低技能的工作轻松转到另一个低技能的工作。比如，1920年，因为农业机械化而失业的农场工人可以在生产拖拉机的工厂里找到新工作；1980年，工厂工人失业后，可以去超市当收银员。这种职业转变在过去是可行的，因为从农场到工厂、从工厂到超市，都只需要稍加培训即可。

但是到了2050年，收银员或纺织工人的工作全部由机器人接手之后，他们几乎不可能变身为癌症研究人员、无人机驾驶员或"人

第 2 章 就业：等你长大，可能没有工作

类+人工智能"的银行团队中的一员。他们缺少必备的技能。在第一次世界大战中，派出几百万名毫无作战经验的士兵扛着枪一阵乱射，牺牲成千上万人，其实是有意义的做法，毕竟当时个人的技术好坏并不会造成太大差异。但是今天，就算无人机驾驶员和资料分析师的岗位确实缺人，美国空军也不会找个失业的超市收银员来填补空缺。你不希望有个没经验的"菜鸟"把阿富汗的婚礼派对误认为是塔利班的高层集会吧？

因此，虽然出现了许多新的人类工作，我们仍然可能看到新的"无用阶层"日益庞大。我们甚至可能两面不讨好：一方面许多人找不到工作，另一方面也有许多雇主找不到有技能的雇员。这有点儿像19世纪汽车取代马车时的情景，当时有许多马车夫转行当出租车司机，只是我们可能不是那些马车夫，而是被淘汰的马。

此外，由于机器学习和机器人技术还会持续进步，所以其实任何人类工作都有可能受到自动化的威胁。就算某位40岁失业的沃尔玛收银员靠着惊人的努力让自己改头换面成了无人机驾驶员，也很有可能在10年之后因为无人机也自动化了而必须再改头换面一次。职场波动如此剧烈，使得组织工会或保障劳工权益变得更加困难。我们现在就能够看到，即使是在发达经济体中，很多新工作的形态也是无保障的临时工、自由职业和一次性合作。[14] 如果某个专业在10年间就迅速起落，又怎么可能组织起工会呢？

同样，"半人马"组合很有可能变成一场人类与计算机之间不断的拔河角力，而不是稳定的终身伙伴关系。完全由人类组成的团队（比如福尔摩斯和华生），常常会形成长期的阶层和惯例，并能够延续数十年。然而，如果侦探和IBM的超级计算机系统"沃森"合作［该人工智能系统2011年在电视益智抢答节目《危险边缘》（*Jeopardy!*）中获胜］，会发现所有的阶层都可能被打破，所有的惯例也都可能被干扰。昨天的搭档，明天可能就成了你的主管；所有的

规章和守则也都必须每年重写。[15]

仔细观察国际棋坛的动态，或许可以预估未来世界将走向何方。"深蓝"战胜卡斯帕罗夫之后的几年间，人机合作是国际棋坛的热门形式。但近几年来，计算机已经变得非常擅长下棋，以至于人类合作者失去了他们的价值，而且可能很快就会变得完全无关紧要。

2017年12月7日，这是围棋具有里程碑意义的一天，但这一天并不是计算机击败人脑（那已经是旧闻了），而是谷歌的 AlphaZero 程序击败了 Stockfish 8 程序。Stockfish 8 是 2016 年的全球计算机国际象棋冠军，运用的是几百年来累积的人类国际象棋经验，再加上几十年的计算机象棋经验，每秒计算 7000 万次走法。相较之下，AlphaZero 每秒只计算 8 万次走法，而且写程序的时候完全没教它任何国际象棋规则，它连基本的起手下法都不会！AlphaZero 完全是运用最新的机器学习原理，不断和自己下棋，就这样自学了国际象棋。虽然如此，在 AlphaZero 与 Stockfish 8 的 100 场比赛中，AlphaZero 赢 28 场、平 72 场，完全未尝败绩。AlphaZero 完全没向任何人类学习任何东西，许多获胜走法和策略对人类来说完全是打破常规的，可以说是创意十足，甚至是天纵英才。

那么，AlphaZero 从零开始学习国际象棋，用了多久才准备好与 Stockfish 8 的对局，而且发展出天才般的直觉？答案是 4 小时。你没看错，就是 4 小时。千百年来，国际象棋一直被认为是人类智慧的绝顶展现。但 AlphaZero 只花了 4 个小时，完全没有任何人类指导协助，就从一无所知变成创意十足的大师。[16]

AlphaZero 绝不是市面上唯一能够拥有想象力的软件。现在许多程序已经不只在单纯的运算次数上超越人类棋手，就连"创意"也不在话下。现在在限定人类参加的国际象棋比赛中，裁判会不断注意是否有棋手偷偷用计算机作弊。而抓到作弊的方法之一，就是观察棋手所展现的原创性高低。如果有人走了极具创意的一步，裁判常常会怀

第 2 章 就业：等你长大，可能没有工作

疑这不是人走出来的，肯定是计算机走出来的。所以，至少在国际象棋这个领域，创意已经不是人类的专利，而是计算机的专利！以前会用金丝雀来侦测煤矿里是否出现有毒气体，而如果国际象棋是我们的煤矿金丝雀，我们已经收到警告：这只金丝雀正面临死亡。而现在发生在人类与人工智能国际象棋组合上的事情，未来也可能发生在警务、医药和银行业。[17]

因此，创造新的工作、让劳动者接受再培训而重新就业，并不是能够一劳永逸的方法。人工智能革命不会是一个单一的分水岭，可别以为在这之后就业市场就会达到新的平衡状态。相反，破坏只会像雪崩般扩大。现在已经很少有人认为自己能够一辈子都做同一份工作。[18] 而到了 2050 年，别说同一份工作，就连同一个专业领域也不太可能让人待一辈子。

就算我们真的能够不断创造出新工作，让劳动者接受再培训，但像这样生活永无宁日，一般人的精神又是否能撑得下去？变化总会带来压力，21 世纪初的纷纷扰扰，已经造成全球性的压力蔓延。[19] 而随着就业市场和个人职业生涯的波动不断加剧，人类是否真能应对？或许，人类将会需要更有效的减压方式（从药物、神经反馈到冥想等），来避免智人精神崩溃。到 2050 年，"无用阶层"的出现可能不只是因为找不到工作、没受过相关教育，还可能因为精神动力不足。

显然，以上大部分只是猜测。在本书写作的此时（2018 年初），自动化已经对许多产业造成影响，但尚未导致大量失业。事实上，在美国等许多国家，失业率已降至历史最低点。没人能够确定机器学习和自动化究竟会对未来的各种行业产生怎样的影响，想预估相关时间表也绝非易事。特别是这一切不只要看科技上的突破，各种政治决策与文化传统的影响也至关重要。因此，就算已经证明自动驾驶汽车比人类司机更安全、更便宜，政客和消费者仍然可能会在几年甚至几十年间抗拒改变。

但我们也不能过于乐观。一心认为会有足够的新工作来弥补被淘汰的工作，将会十分危险。在过去的自动化浪潮中曾发生的这一事实，并不能保证一定会在21世纪这个极为不同的情境下再次发生。一旦真的发生系统性大规模失业，潜在的社会和政治干扰将会极为严重，因此就算发生系统性大规模失业的可能性非常低，我们也必须严肃对待。

19世纪工业革命兴起之后，当时的社会、经济和政治模式都无法应对相关的新情况和新问题。封建主义、君主制和传统宗教不适合管理工业大都市、几百万背井离乡的工人，并面对现代经济不断变化的本质。于是，人类必须开发全新的模式——自由民主国家、独裁政权、法西斯政权，再用超过一个世纪的惨痛战争和革命来测试这些模式，去芜存菁，以找出并实践最佳解决方案。狄更斯笔下的煤矿童工、第一次世界大战和1932—1933年的乌克兰大饥荒，都只是人类付出昂贵学费的一小部分。

信息技术和生物技术在21世纪给人类带来的挑战，会比蒸汽机、铁路和电力在上个时代带来的挑战大得多。由于现代文明的破坏力过于惊人，人类实在禁不起更多的测试失败、世界大战或血腥革命。现代如果测试失败，可能导致的就是核战争、基因工程怪物或生物圈的彻底崩溃。所以，我们只能比面对工业革命时做得更好才行。

从剥削到无足轻重

可能的解决方案分为三大类：如何避免工作消失；如何创造足够的新工作；就算尽了最大的努力，但消失的工作还是远远多于新创造的就业机会，该怎么办？

避免工作消失，是最没有吸引力也最无法达成的策略，因为这代表着要人类放弃人工智能和机器人的巨大潜力。然而，政府可能会有意放慢自动化的脚步，以减少造成的冲击，争取时间进行调整。技术

第 2 章 就业：等你长大，可能没有工作

从来不是只有一条路：事情"可以做"并不意味着"必须做"。运用政府法规的牵制，就算某项新技术已经在商业上可行、在经济上有利可图，也能把它挡下来。比如，这几十年来，人类的技术发展早就足以创造出一个人体器官市场，在欠发达国家开设"人体农场"，应对富裕买家几乎永无止境的需求。像这样的"人体农场"，市场价值可能高达数千亿美元。然而，靠着各项法规禁止人体器官自由交易，虽然还是有黑市，但毕竟规模远小于原本可能的状况。[20]

放慢改变的速度，或许能让我们有时间创造足够多的新工作机会来弥补大部分损失。但就像前面说的，经济上的开创精神必须搭配教育和心理方面的变革。假设新的工作岗位不仅仅是政府部门的职位，那么也就可能需要高水平的专业知识；而且，随着人工智能不断改良，人类劳动者也需要不断学习新技能，改变自己的专业领域。政府必然需要介入，一方面提供终身教育补贴，另一方面提供安全网，协助国民面对无法避免的过渡期。假设一位 40 岁的前无人机驾驶员需要三年时间才能成功转型为虚拟世界的设计师，在这段时间内，他和他的家人很可能需要很多的政府协助才能维持生活。（目前北欧各国正在试行此类方案，信念在于"保护劳工，而不是保护工作"。）

然而，就算有足够的政府协助，像这样让几十亿人不断重新再造自我，究竟会不会影响人们的心理平衡，仍是未知数。如果就算我们付出一切努力，还是有相当比例的人口被挤出就业市场，那么我们将不得不寻找新的模式，来面对"后工作社会"、"后工作经济"和"后工作政治"等种种议题。第一步就是要诚实承认，我们固有的社会、经济和政治模式并不足以对付这样的挑战。

有些人可能会说，就算人类无法在工作上与人工智能竞争，但还是要靠人来消费吧？人类怎么可能会在经济上无足轻重呢？然而，未来的经济究竟还需不需要由人来作为消费者，现在实在很难说，因为机器和计算机也可以成为消费者。理论上，让 A 矿业公司生产和售

卖铁砂给B机器人公司，B机器人公司再生产和售卖机器人给A矿业公司，A矿业公司于是生产更多铁砂，让B机器人公司能生产更多机器人，这样就形成一个经济环。只要两家公司不断互相交易，就能不断成长扩张到银河系的彼端。它们只要有机器人和计算机就行了，根本不需要人类作为消费者。

事实上，现在已经有计算机和算法不再只是生产者，还同时扮演起了客户的角色。例如在证券交易所，算法正成为债券、股票和期货的最重要买家。同样，广告业最重要的客户也是算法：谷歌搜索算法。现在设计师设计网页的时候，常常迎合的是谷歌搜索算法，而不是哪个人的品位。

算法显然没有意识，所以不会像人类消费者那样享受自己购买的物品，做决定时也不会受到感觉和情绪的影响。毕竟，谷歌搜索算法怎么都不可能真的尝一口冰激凌。然而，算法会依据其内部运算和内置偏好来做出各种选择，而这些内置偏好对人类世界的影响也日益增加。以冰激凌品牌为例，谷歌搜索算法对网页搜索结果的排序有十分复杂的考虑，而全球最成功的冰激凌品牌就是被谷歌排在前面的那几家——不见得是真正最好吃的那几家。

我是从自身经历中体会到这一点的。每次我出书的时候，出版社都会请我写个简短的介绍，让他们用于网络宣传。但出版社会把我写的文字改成迎合谷歌算法的版本。在看过我写的文字后，出版社告诉我："不要用这个字，换成那个字比较好，能在谷歌算法里得到更多的关注。"我们知道，只要抓住了算法的目光，抓住人类的目光就是自然而然的事了。

这样一来，我们既不需要人类作为生产者，也不需要人类作为消费者，那么，什么能保障人类的生存与心理健康呢？我们不能等到危机彻底爆发才开始寻找答案，那时候就太迟了。为了应对21世纪这一前所未有的科技和经济动荡局面，需要尽快发展新的社会及经济模

第 2 章 就业：等你长大，可能没有工作

式，并以"保护人类，而不是保护工作"为指导原则。很多工作不过是无聊的苦差事，本就应该被淘汰。例如，没有人一辈子的梦想是成为收银员吧？我们应该关注的是要满足人类的基本需求，以及保护其社会地位和自我价值。

有一种新模式越来越受到关注，即全民基本收入（universal basic income, UBI）。全民基本收入认为，政府应该对控制算法和机器人的亿万富翁和企业征税，再用这笔税金为每个人提供足以满足其基本需求的慷慨津贴。这样一来，既能解决因失业和经济混乱而产生的贫穷问题，也能保护富人不受平民主义的怒火洗礼。[21]

一个相关的建议是要扩大"工作"的定义。目前有几十亿个父母照顾着孩子，邻居照顾着彼此，民众组织着种种社群，这些活动都有其价值，但都不被认可为"工作"。或许我们应该改变一下观念，意识到照顾孩子可以说是世界上最重要、最具挑战的工作。这样转念之后，就算计算机和机器人取代所有司机、银行经理和律师的工作，也不会出现工作短缺的状况。当然，接下来的问题就是该由谁来考核这些新认定的"工作"，并为其付费。6个月大的婴儿大概还没办法付给妈妈工资，这时就需要政府承担起这个责任。另外，如果我们希望此类薪水足以负担家庭的基本开销，那么最终这和全民基本收入也就没有太大差异了。

还有一种做法，政府可以提供全民基本服务，而非全民基本收入。换言之，政府不是直接给钱让人乱花，而是提供免费的教育、医疗保健、交通等服务。事实上，这就是共产主义描绘的愿景。

目前我们还不知道，究竟是该为民众提供全民基本收入（资本主义的天堂）还是全民基本服务（共产主义的天堂）。两个选项各有优缺点。但无论你选择哪个天堂，真正的问题还是在于"全民"与"基本"的定义。

什么是"全民"?

无论是全民基本收入还是全民基本服务,通常认为都是由国家来提供的。到目前为止,各种全民基本收入措施都还只是明确限定在某个国家或某个城市执行。2017年1月,芬兰开始为期两年的试点,为2000位失业的芬兰人每月提供560欧元,不论他们在试点开始之后是否找到工作。在加拿大的安大略省、意大利的里窝那市(Livorno)和荷兰的几个城市,也有类似的试点正在进行。[22](2016年,瑞士举行了全民基本收入提案公投,但选民最后否决了这项提案。[23])

这些国家或城市计划的问题在于,自动化的主要受害者可能并不住在芬兰、安大略、里窝那或阿姆斯特丹。在全球化的影响下,某国人民的生计可能完全依赖其他国家的市场,然而,自动化可能会对这种全球贸易网络的大部分地区造成破坏,给最脆弱的环节带来灾难性的后果。在20世纪,缺乏自然资源的发展中国家主要是靠出售非技术工人的廉价劳动力取得经济进步。今天,仍有数百万孟加拉国人靠制作衬衫卖给美国以营生;在印度的班加罗尔,也有许多人是在客服中心为美国企业处理客户投诉电话。[24]

然而,随着人工智能、机器人和3D打印的兴起,廉价非技术工人的重要性将会大大降低。对纽约人来说,以后不用大老远地在孟加拉国生产衬衫再运到美国了,只要在亚马逊网络商店选购中意衬衫的程序代码,就能直接在纽约将衬衫3D打印出来。第五大道上的Zara(服装品牌)和普拉达(Prada)店面可能会被位于布鲁克林的3D打印中心取代,甚至有些人可能家里就有一台3D打印机。同时,如果打印机出了问题,也不用打电话到班加罗尔的客服中心,而是直接和谷歌云服务的人工智能厂商代表对谈(人工智能的口音和语调还能依你的喜好来选择)。于是孟加拉国和班加罗尔的纺织工人和客服人员失业了,却又得不到必要的培训以转向时尚衬衫设计或计算机编程,他们要怎么生存下去?

第 2 章　就业：等你长大，可能没有工作

如果人工智能和 3D 打印确实接手了过去在孟加拉国和班加罗尔的工作，那么过去流向南亚的收入现在则流进了加州少数科技龙头企业的金库。于是，全球经济虽然增长，但却不是让全球的情况普遍改善。我们看到的是像硅谷之类的高科技中心财源滚滚，而许多发展中国家经济崩溃。

当然，包括印度和孟加拉国在内的一些新兴经济体也有可能进步得很快，一起加入胜利者的队伍。只要有足够的时间，纺织工和客服中心人员的子孙也可能成为工程师或创业者，负责制造甚至自己就拥有计算机和 3D 打印机。然而，能够这样转业的时间正点滴流逝。在过去，廉价的非技术劳动力就像一道跨越全球经济鸿沟的稳固桥梁，就算某国发展速度缓慢，最后还是可以平安跟上彼方的脚步。在当时，走得稳比走得快重要得多。然而，现在这道桥梁正摇摇欲坠。已经成功跨过桥梁（已从廉价劳动力发展到高技能产业）的国家，大概前景可期；但还落在后面的国家，可能就会发现自己被困在鸿沟错误的那一边，再也没有任何方式能追赶彼方。如果再也没有人需要你的廉价非技术劳动力，而你又没有资源打造良好的教育体系、教授劳动力新的技能，岂不就束手无策？

这样一来，那些落在后方的人会面临怎样的命运？美国选民大概会同意，亚马逊和谷歌这些美国企业在美国缴的税，可以用来为宾夕法尼亚失业的矿工或纽约失业的出租车司机提供津贴或免费服务。只不过，如果是特朗普口中的"屎洞国家"，美国选民是否也会同意把税金拿去补贴这些地方的失业民众？[25] 如果你以为真有这种可能，还不如说圣诞老人和复活节兔子会跳出来解决这个问题。

什么是"基本"？

全民基本收入和全民基本服务的用意，就是要照顾基本的人类需求，但"基本的人类需求"并没有公认的定义。从纯粹的生物学角度

来看，智人每天只需要 1500~2500 卡路里热量就足以存活。高于这个数字，其实就是奢侈。但历史上所有文化所认为的"基本"，都不止于这条"生物贫穷线"。在中世纪欧洲，可能认为参加教堂礼拜比食物更重要，因为礼拜看顾的是你永恒的灵魂，而不是你暂时的身体；而在今日的欧洲，良好的教育和医疗保健服务被认为属于人类的基本需求。还有人甚至认为，现在对于男女老幼而言，使用互联网属于基本需求。如果 2050 年有个世界联合政府，决定向谷歌、亚马逊、百度和腾讯征税，好为世界上所有人（不论是在孟加拉国还是在底特律的居民）提供基本收入或服务，这里的"基本"究竟该如何定义？

举例来说，基本教育包括什么？是只要有读写能力就行，还是要会写计算机程序和拉小提琴？是只要提供 6 年的小学教育，还是要一路照顾到获得博士学位？医疗保健呢？如果 2050 年医学发展已经能够推迟衰老、显著提升人类寿命，这些新的疗法是该让全球百亿人口雨露均沾，还是让少数亿万富翁个人独占？如果生物技术已经能让父母把儿女"升级"，这会被认为是全人类的基本需求吗？还是我们会看到人类分裂成不同的生物种姓，一边是富有的超人类，所拥有的能力远超另一边可怜的智人族群？

不论选择如何定义"基本的人类需求"，一旦免费提供给所有人，就会被视为理所当然，接着就会出现激烈的社会竞争和政治角力，争夺种种"非基本"的奢侈品，不管是拥有自驾车、使用虚拟现实公园的权利，还是由生物工程增强身体健康。然而，如果失业民众手中没有任何经济资产，很难想象他们究竟要怎样才有可能取得这些奢侈品。这样一来，富人（腾讯的高层、谷歌的股东）与穷人（依赖全民基本收入的人）之间的差距可能不仅比现在更大，而且更无跨越的可能。

因此，就算 2050 年已经有些全民基本方案，能够为穷人提供比今天更好的医疗保健服务和教育，他们仍然会对全球的不平等和缺乏社会流动而感到愤怒。民众会觉得整个社会系统对他们不公，政

第 2 章 就业：等你长大，可能没有工作

府只为超级富豪服务，而且自己和子女的未来除了往下滑落便别无其他方向。[26]

  智人本来就不是一种会满足于现状的动物。他们的快乐很少取决于客观条件，而多半取决于自身的期望。然而，期望又往往会因为各种条件（甚至包括其他人的条件）而不断调整。整体客观条件改善的时候，期望也会随之膨胀，于是虽然客观条件可能已经大幅提升，但我们却可能还是像以前一样不满。今天，如果全民基本收入和服务的目标是要改善2050年一般民众享有的客观条件，那么成功的概率应该不小。但如果它的目标是要让人对自己所享有的一切在主观上更满足，并且避免社会产生不满的情绪，那么失败的机会应该就很大。

  要真正实现其目标，全民基本收入和服务还必须搭配让人民有些有意义的目标，从体育到宗教，等等。讲到要在"后工作世界"过着幸福满足的生活，或许到目前为止最成功的实验方案出现在以色列：有大约50%的极端正统派男性犹太教徒从不工作，把生命都奉献给研读宗教经典、进行宗教仪式。他们和家人之所以不会饿死，一部分原因在于他们的妻子通常都有工作，另一部分原因则在于政府会为他们提供慷慨的补贴和各种免费服务，确保他们拥有基本的生活必需品。早在"全民基本收入"这种说法出现之前，犹太教就已经抢先一步。[27]

  虽然这些极端正统派犹太男性又穷又失业，但一次又一次的调查显示，他们的生活满意度比以色列社会其他任何阶层都高。原因在于整个社群心手相连的力量，以及他们在研读经典、执行仪式时寻得的深切意义。如果说一边是一个小房间，里面满是犹太男性讨论着《塔木德》，另一边是一整座大型血汗纺织工厂，里面满是纺织工人在辛苦地工作，那么比较欢乐、比较有参与感、比较有想法的，大概会是那个小房间里的人。多亏了这群又穷又失业的人，在全球生活满意度调查里，以色列的排名也算是名列前茅。[28]

世俗的以色列人常常抱怨极端正统派对社会贡献太少，都是靠着别人的努力来过活。世俗以色列人也常常认为，极端正统派的生活方式不可能永续，特别是极端正统派的家庭平均足足有7个小孩。[29] 国家迟早会无法应对这么多的无业人口，让极端正统派不得不去上班。但事情可能正好相反。随着机器人和人工智能把人类赶出就业市场，极端正统派犹太人有可能会变成未来的楷模，而不是过去的化石。并不是说每个人都要变成正统派犹太教徒、上犹太初等学校、研读《塔木德》，但对所有人来说，对于意义、对于社群的追求，将有可能变得比对工作的追求更为重要。

如果我们能够打开一张全民经济安全网，再结合强大的社群及有意义的目标，那么工作被算法抢走也可能是塞翁失马。话虽如此，如果被抢走的是对生命的控制权，情况就可怕得多了。虽然我们正面临着人类大规模失业的危险，但更该担心的其实是人类目前握有的权威被算法夺走。这样一来，可能会让人类对自由主义这套故事彻底失去信心，而开启一条通往数字独裁的道路。

第 3 章　自由：
数据霸权与社会公平

就自由主义看来，人类的自由是最重要的价值，所有权力都来自个人的自由意志，表现在每个人的各种感受、欲望和选择之中。在政治上，自由主义相信"选民能做出最好的选择"，所以它赞成民主选举。在经济上，自由主义相信"顾客永远是对的"，所以它拥抱自由市场的原则。而在个人方面，自由主义鼓励每个人"聆听内心的声音，随心所欲"，只要不侵犯别人的自由就行。于是，人权便将这种个人自由的概念奉若神明。

在西方的政治论述中，"自由主义者"（liberal）的用法有时候比较狭义且偏颇，特指支持同性婚姻、枪支管制、堕胎等特定议题的人。然而，就算是所谓的保守派，其实也会接受广义的自由主义世界观。特别是在美国，共和党人和民主党人都该偶尔停战一下，想想彼此不是都同意人权、自由选举和司法独立之类的基本原则吗？

特别值得一提的是，像里根与撒切尔夫人这样的右翼名人，除了积极提倡经济自由之外，同时也坚定地拥护个人自由。撒切尔夫人在1987年的一次著名访谈中曾表示："没有'社会'这种东西。生活就是由男男女女交织而成……生活质量如何，取决于每个人准备为所有人承担多少责任。"[1]

撒切尔夫人的保守党后辈的想法也和工党完全一致，认为政治上的权威来自每个选民的情感、选择与自由意志。因此，英国要决定是否脱离欧盟的时候，首相卡梅伦并不是去征询英国女王、坎特伯雷大主教、牛津大学或剑桥大学的意见，也不是去询问议会议员，而是直接举行全民公投，问所有的英国人："你感觉该怎么做？"

　　有人可能会提出反驳，认为当时问的是"你怎么想"，而不是"你怎么感觉"。这是一种常见的误解。所有的公投和选举，诉诸的永远是人类的"感觉"，而不是人类的理性。如果民主谈的就是理性决策，那么哪还有理由让人人都享有平等的投票权？甚至还投什么票呢？早就有充分的证据显示，就是有一些人比别人学识更渊博、更具理性，特别是讲到特定的经济和政治问题时更是如此。[2] 英国脱欧投票之后，著名生物学家理查德·道金斯（Richard Dawkins）就提出抗议，认为绝大多数英国民众（包括他自己）其实都缺乏必要的经济和政治科学背景，根本不该要求他们投下这张公投票。"这岂不就像是要用全国公投决定爱因斯坦的代数算得对不对，又或是让乘客表决飞机驾驶员该在哪条跑道降落？"[3]

　　但无论如何，选举和公投的重点并不在于我们怎么"想"，而在于我们怎么"感觉"。讲到感觉这件事，爱因斯坦和道金斯也并不比其他人更强。民主的概念认为，人类的感受反映出一种神秘而意义深远的"自由意志"，而这就是权威的本源；虽然每个人的聪明程度高下有别，但自由程度一律平等。就算是一个不识字的女佣，也和爱因斯坦和道金斯一样有自由意志，因此到了选举日的时候，她的感受（表现在她投的选票上）也就与其他任何人一样重要。

　　感受所影响的不只是选民，还包括领导者。在2016年的英国脱欧公投中，脱欧派由鲍里斯·约翰逊（Boris Johnson）和迈克尔·戈夫（Michael Gove）领头。卡梅伦辞职后，戈夫原本支持约翰逊担任首相，却在最后一分钟反悔，宣称约翰逊并不适任，自己将出马竞选。

第3章 自由：数据霸权与社会公平

戈夫打乱了约翰逊的一盘棋，有人认为这是不择手段的政治暗杀。[4] 但戈夫的辩词是诉诸自己的感受，他解释道："在我的政治生涯里，每走一步我都自问，'什么是我该做的？我的心怎么说？'"[5] 根据戈夫的说法，他就是因此才铆足劲儿推动英国脱欧，也因此不得不在背后捅自己过去的盟友约翰逊一刀，由自己竞逐龙头宝座。一切都是因为：他的心是这么说的。

这种对"心"的依赖，可能就是自由民主的致命弱点。一旦有人研发出相关技术，能够攻入并操纵人心，民主政治便将成为一场情感丰沛的木偶戏。

听算法的就对了

自由主义相信感受，相信自由选择，但这些概念其实并不自然，也称不上久远。过去曾有几千年的时间，人类相信权威来自神祇，而非来自内心，该推崇的是神的话语，而不是人的自由。到最近几个世纪，权威的来源才从天上的神变成有血有肉的人。

然而很快，权威的来源可能再次改变：从人类转到算法。在过去，神的权威是靠宗教神话建立的，人的权威是靠自由主义这套故事建立的。至于即将到来的技术革命，则可能建立起大数据算法的权威，同时完全推翻关于个人自由的信念。

正如前一章中提到的，对于人脑和人体运作方式的科学研究显示，人类的种种感受既不是什么人类独有的精神灵性，也不代表什么"自由意志"。所有的"感受"只是所有哺乳动物及鸟类都拥有的生化机制，用来快速运算生存和繁殖的概率。"感受"的基础也不是直觉、灵感或自由，而是运算。

猴子、老鼠或人类看到蛇的时候会感受到恐惧，是因为大脑里的几百万个神经元迅速计算了相关数据，并得出"死亡的可能性很高"这个结论。而根据另一套生化算法的计算，如果发现有很大的可能性和附近的某个个体成功交配、建立社交连接或达成其他令人渴望的目标，性吸引力的感受就会上升。至于愤怒、内疚或宽恕之类的道德感受，则是源于与团体合作相关的神经机制。所有这些生化算法都经历了数百万年的进化打磨。如果某个古代祖先的感受犯了某个错误，塑造这些感受的基因就不会再传给下一代。因此，感受并非与理性背道而驰，而是体现了进化上的理性。

我们通常不会意识到各种感受是出于运算，原因在于这些快速的运算远不在我们的意识阈值范围内。我们感觉不到大脑里几百万个神经元在怎样运算着生存和繁殖的可能性，于是就有了一种错误的想法，以为我们对蛇的恐惧、对伴侣的选择或对欧盟的看法是出于什么神秘的"自由意志"。

然而，虽然自由主义在"种种感受反映出人类的自由意志"这一点上犯了个错，但直到今天，依靠情感来做决定仍然有很好的实际意义。因为，虽然各种感受并没有什么神奇或自由的地方，但讲到该学什么专业、该跟谁结婚、该把票投给谁，"靠感受"仍然是最好的办法。而且，也没有什么外部系统能够比我们自己更了解自己的感受。就算中世纪的西班牙宗教法庭或苏联的秘密警察每分每秒都在监控我的一举一动，他们还是少了必要的生物知识及运算能力，他们无法攻进我的身体，也无法了解种种生化程序是如何塑造我的欲望和选择的。所以实际上，大可直接说人有自由意志，因为人的意志主要是由内在力量的相互作用形成的，这是任何人都看不到的。于是，我可以骗自己说我掌控了自己神秘的内在领域，外界永远无法真正理解我内心正在发生的事以及我如何做出决定。

因此，自由主义要人们追随自己的内心，而不是听什么祭司或政客说的话，其实也没错。然而，计算机算法很快就能给你比"人类的感受"更好的建议。随着西班牙宗教法庭和苏联的秘密警察让位给谷歌和百度，"自由意志"大概就会被拆穿，自由主义的实用价值也随

第 3 章　自由：数据霸权与社会公平

之降低。

我们现在正处于两次巨大革命的交汇中。一方面，生物学家正在揭开人体（特别是大脑和人类感受）的种种奥秘；另一方面，计算机科学家也让我们获得前所未有的数据处理能力。生物技术革命与信息技术革命融合之后，大数据算法有可能比我更能监测和理解我的感受，而掌控一切的权威也可能从人类手中转移到计算机手中。如果我每天遇到的各种机构、企业和政府都能了解甚至操纵过去我以为没有外人可进入的内心世界，我大概也就不会再以为自己有自由意志这种东西。

我们可以将其用下面这一公式表达出来：

$$b \times c \times d = ahh$$

即

生物知识 × 计算能力 × 数据 = 入侵人类的能力

在医学领域，这一公式的力量已经显现出来。我们生命中最重要的医疗决定，并不是取决于我们自己是否觉得健康，甚至也不是看医生做出什么判断，而是要看比我们更了解我们身体的计算机得出怎样的运算结果。再过几十年，大数据算法就能通过持续的生物统计数据流，24 小时监测我们的健康状况。早在我们出现任何感觉之前，算法就能监测到流感病毒、癌细胞或阿尔茨海默病的蠢蠢欲动，接着就能针对每个人的体质、DNA（脱氧核糖核酸）和性格，量身推荐适合的治疗方案、饮食和养生之道。

这样一来，人类将能够享有历史上最佳的医疗保健服务。但也正因为如此，人类大概永远无法摆脱生病这件事。毕竟，身体总会有什么地方不在最佳状态，也总有什么地方是能够改进的。在过去，只要不觉得痛或没有出现像跛脚之类的明显失能，人们就会觉得自己是健康的。但到了 2050 年，有了生物传感器和大数据算法之后，可能早在疾病造成疼痛或失能之前，就能得到诊断并开始治疗。这样一来，你会发现自己老得面对一个又一个"病症"，得遵守这个或那个算法建议。不想听算法的？那么医疗保险就有可能被取消，或者会被公司解雇。毕竟，为什么它们要为你的固执己见付出代价呢？

例如抽烟这件事。现在只是有个整体的统计数据，告诉你抽烟和肺癌有关，你要继续抽是你自己的选择。但以后可能会有个生物传感器明确警告你：刚刚在您的左上肺检测到17个癌细胞。这时候你要继续抽烟，情况就完全不同了。如果你不理会传感器的警告，传感器就把警告转发给你的保险公司、你的领导和你的母亲，你该怎么办？

谁有足够的时间和精力去面对所有的大小疾病？我们很可能会干脆直接告诉健康算法，大多数时候它觉得该怎么办就怎么办吧！于是它大概只会定期把近况通知发送到我们的智能手机上，告诉我们"已监测并消灭17个癌细胞"。整天担心自己生病的焦虑症患者或许真的会去看这些通知，但大多数人大概只会一眼扫过，就像我们现在懒得细看那些烦人的反计算机病毒通知一样。

"决策"这出戏

医疗领域已经发生的事，很可能即将延伸到越来越多的领域。扮演关键角色的发明就是生物传感器。在人们将它们穿戴上或植入人体之后，生物传感器就能将各种生物程序转换成计算机能够存储、分析的电子信息。只要有了足够的生物统计数据及运算能力，外部的数据处理系统就能进入你的身体，得知你所有的欲望、决定和意见。换言之，它们能够完全知道你是怎样的人。

大多数人并不太了解自己。我是到了21岁，才终于走出几年的自我否认，意识到自己是同性恋。而我绝非特例，许多同性恋男性在整个青少年时期都无法肯定自己的性取向。现在想象一下2050年的情况，或许有算法可以告诉青少年他位于同性恋（或异性恋）光谱的

第 3 章　自由：数据霸权与社会公平

哪个位置（甚至还能告诉他这个位置有多容易受影响而移动）。或许，这个算法会先显示出一些性感男女的照片或影片，再追踪你的眼球移动、血压和大脑活动，只要短短的 5 分钟，就能找出你在金赛量表上的数字。[6] 如果早有这种程序，我就不用那么多年都活得如此受挫了。或许你并不想做这种测试，但有那么一天，你和一群朋友一起去参加另一个朋友的无聊生日派对，有人提议所有人都来玩玩这个超酷的新算法。做测试的时候所有人都在围观，还会对结果七嘴八舌，你要直接掉头走人吗？

就算你真的掉头离开，继续躲着自己、躲着同学，你也躲不过亚马逊、阿里巴巴或秘密警察。每当你浏览网站、看 YouTube 视频、阅读社交媒体的动态，算法都会偷偷监控你、分析你，再告诉可口可乐公司，如果要卖给你碳酸饮料，该用的广告模特儿是拥有 8 块腹肌的猛男，而不是身材火辣的美女。你对这些完全一无所知，但它们对这一切却了如指掌，而且这些信息可以卖几十亿美元。

但同样，或许这一切将会是完全公开的事，所有人心甘情愿地分享自己的信息，以获得更好的建议，最后直接让算法为他们做出决定。一开始只是些简单的事，比如该看哪部电影。打算和一群朋友一起坐在电视机前，共度一个愉快的晚上吗？首先就要决定看哪部电影。或许在 50 年前你别无选择，但今天有了各种随选即看的服务，足足有几千部电影任你挑选。这下要让大家意见一致就难了，可能有人喜欢科幻惊悚片，有人喜欢浪漫喜剧片，有人又说要看法国艺术片。到头来妥协的结果，可能就是挑了某部无聊的 B 级电影，人人都不满意。

此时算法可以派上用场。只要告诉它，你们每个人以前最爱看的是哪几部电影，算法就能根据其庞大的统计数据库，找出最适合你们这群人的完美电影。但遗憾的是，这样的算法还太粗糙，容易出错，特别是大家都知道，自己说喜欢什么，常常并不能反映出你真正的喜好。常有的事情是，我们听到很多人说某部影片真是神作，觉得不看不行，结果自己看到一半就睡到不省人事，但事后觉得可不能让人认为自己是个俗人，所以还是要向大家声称这部片子真是太好看了。[7]

这种问题也是可以解决的：与其根据我们自己提供的不可靠信息做决定，不如允许算法在我们看电影的时候收集实时数据。算法可以直截了当地监控我们看完了哪些电影，又有哪些是中途就放弃了的。就算我们告诉所有人《乱世佳人》（Gone With the Wind）真是史上最棒的电影，但算法知道我们从来就没能观看此片超过半小时，根本没看过片尾亚特兰大陷入火海的场景。

算法能做的远远不止这些。工程师正在研发软件，希望能通过人类眼部及脸部肌肉的动作来监测情绪。[8] 这样一来，只要在电视机上再装一个足够好的摄像头，这种软件就能知道哪些场景让我们发笑，哪些场景使我们哀伤，又有哪些场景令我们感到无聊。再进一步的做法，如果算法能够与生物传感器连接，算法就能知道每个画面如何影响我们的心跳、血压和大脑活动。假设我们看着昆汀·塔伦蒂诺（Quentin Tarantino）的《低俗小说》（Pulp Fiction），算法可能会发现，那个强奸场景让我们起了一点儿难以察觉的性兴奋；文森特不小心一枪爆了马文的头，我们知道不该笑，但都笑了；还有那个关于大魔法师汉堡（Big Kahuna Burger）的笑话，其实我们看不懂，但都赶快跟着笑，以免被别人发现。人在假笑的时候，运用的大脑回路和肌肉其实和真心大笑不同，虽然人类通常察觉不到，但这个细节生物传感器可不会放过。[9]

英文单词"television"（电视）的语源，分别来自希腊文的 tele（远），以及拉丁文的 visio（视界），原本是要让我们可以看到远方的事物，但很快就可能是让别人从远方看见我们。正如乔治·奥威尔（George Orwell）在《一九八四》中的想象，我们看着电视的时候，电视也正看着我们。等到我们把整部《低俗小说》看完之后，可能早就忘了大半情节。然而，网飞（Netflix）、亚马逊或任何拥有这套电

第3章 自由：数据霸权与社会公平

视算法的人，将会知道我们的性格类型，也知道怎样能触动我们的情绪。有了这些数据，网飞和亚马逊除了能帮我们挑片挑得精准无比，更能够为我们做出人生中最重要的决定，比如该读什么专业、在哪里工作、和谁结婚。

当然，要求亚马逊永远不犯错，那是不可能的事。不管是因为数据不足、程序错误、目标定义不明，还是生命本来就是一团混乱，总之各家算法一定会时不时犯下各种错误。[10] 然而，亚马逊并不需要做到完美，只要能比我们这些人类强就行了。而且这并不难，因为大多数人并不太了解自己，也总是在做人生最重要的决定时犯下可怕的错误。比起算法，人类因为数据不足、程序错误（基因或文化上）、目标定义不明、生命一团混乱而犯下错误的机会，实在有过之而无不及。

谁都可以列出算法面临的许许多多问题，并由此得出结论：人类永远不会信任算法。这有点儿像列出民主的所有弊端，然后得出结论：任何一个有理智的人都不会支持这种制度。丘吉尔曾有一句名言，说除了其他所有制度之外，民主是全世界最糟糕的政治制度。不论是对是错，人类都可能对大数据算法得到相同的结论：虽然算法漏洞百出，但我们并没有更好的选择。

随着科学家越来越了解人类的决策机制，对算法的依赖可能也会越来越强烈。掌握人类的决策机制之后，就能提升大数据算法的可靠性，但同时也降低了人类感受的可靠性。而当政府和企业都能够成功进入我们这套人体操作系统时，人类就将面临铺天盖地的种种精准操纵、广告和宣传。到时候，要操纵我们的观点和情绪将非常简单，于是我们也不得不依赖算法来反制，就像飞行员一旦因为眩晕而产生空间迷向，就不能再相信自己的感官，而必须全然相信仪器。

在某些国家和某些情况下，人们可能完全没有选择，只能被迫服从大数据算法的决定。然而，就算是在理论上自由的社会里，算法也可能成为权威，因为经验让我们把越来越多的问题交给算法来处理，最后也就逐渐失去为自己做决定的能力。只要简单回想一下，短短不到 20 年，就已经有几十亿人把一件可以说是最重要的任务全然交付给了谷歌搜索算法：搜索相关、可信赖的信息。我们不再自己去搜索信息，而是都靠"谷歌一下"。而随着我们越来越依赖谷歌来寻找答案，自己搜索信息的能力就会下降。今日的"真相"，已经是由谷歌搜索排名最靠前的结果来定义。[11]

人类的身体能力也正在发生这种情况。以找路为例，现在已经有很多人用谷歌来导航。到了十字路口，虽然直觉可能是让他们左转，但谷歌地图说右转。在过去，他们大概会听从直觉，结果一左转就遇上堵车，最后错过了重要会议。于是，下一次他们决定听谷歌的，向右转，并且准时到达目的地。就这样，他们从经验中学会了要相信谷歌。一两年后，他们已经习惯了盲目遵照谷歌地图的指示，如果智能手机死机，他们将完全手足无措。

2012 年 3 月，三名在澳大利亚旅游的日本游客决定到一个小岛上一日游，结果却把车一头开进了太平洋。21 岁的司机野田后来说，她只是按照 GPS（全球定位系统）的指示开车，"GPS 说我们可以开过去，它一直说会把我们带到一条路上。然后我们就开进了海里"。[12] 还有很多类似的例子，有人冲进湖里，有人栽到桥下，显然都是开车的时候太听 GPS 的话。[13] 找路的能力就像肌肉，用进废退。[14] 选择伴侣或选择从事哪个职业的能力，也是如此。

每年都有几百万名年轻人要决定大学读什么专业。这是个既重要又困难的决定。父母、朋友和师长各有想法，让你深感压力，而且，你还有自己背负的恐惧和想象。你的判断力受到各种好莱坞大片、垃圾小说和高明的广告活动的笼罩和操纵。要做个明智的抉择真的很难，尤其是你根本不知道想在不同的行业出人头地，到底需要什么条件。而且，你真的清楚自己的长处和短处吗？优秀的律师要具备什么条件？我能面对压力吗？我有团队合作精神吗？

第3章 自由：数据霸权与社会公平

一个学生之所以去学法律，有可能是因为对自己的能力不够了解，甚至可能是因为对律师工作有错误的想象（律师可不会每天上演慷慨激昂的辩论，一再高喊："我反对，法官大人！"）。与此同时，她的朋友决定实现童年的梦想，虽然身体条件不佳，也缺乏自律，但还是进了专业芭蕾舞学校。几年后，这两个人都非常后悔。但在未来，或许我们就能靠谷歌来为我们做出这些决定。谷歌会告诉我，我上法学院或芭蕾舞学校就是浪费时间，但如果当个心理学家或水电工，将会非常出色（而且非常快乐）。

一旦人工智能比我们自己更清楚该选择哪个职业，甚至怎样处理人际关系，我们对人性和生命的概念将不得不改变。人类习惯把生命看成一场由一连串的抉择构成的大戏。在自由民主主义和自由市场资本主义眼中，每个个体都是自主的行动者，不断对世界做出各种选择。众多文艺作品（无论是莎士比亚的戏剧、简·奥斯丁的小说，还是滥俗的好莱坞喜剧），通常讲的都是某个英雄做了什么特别重要的决定。哈姆雷特问：生存还是毁灭？麦克白问：是听从妻子的话刺杀邓肯国王，还是听从自己的良心放过他？《傲慢与偏见》中的伊丽莎白则问：是嫁给柯林斯先生，还是达西先生？基督教和伊斯兰教同样重视这场决策大戏，认为究竟是得到永恒的救赎还是永世的诅咒，取决于能否做出正确的选择。

但随着人类越来越依赖人工智能来做决定，这种对生命的观点会发生怎样的改变？现在我们只是信赖由网飞来推荐电影，由谷歌地图来决定该往左还是该往右。然而，一旦我们开始交由人工智能来决定要读什么专业、在哪里工作、和谁结婚，人类的生命就不再是一场决策大戏了。民主选举、自由市场，这些机制将会失去意义，而且大多数宗教和艺术品也是如此。想象一下，安娜·卡列尼娜居然拿出智能手机，问问脸书算法，她是该继续和卡列宁长相厮守，还是和时髦的伏伦斯基伯爵私奔？又或者你最爱的任何一出莎士比亚戏剧，里面的角色居然一遇到重要决定就先请教谷歌算法？哈姆雷特和麦克白的生活大概确实能过得更舒适，但那究竟算是什么生活？我们有什么理论模式，能把这种生活说出个道理？

随着权威从人类转向算法，世界可能不再是一个自主的、人们努力做出正确选择的剧场。相反，我们可能会认为整个宇宙就是一个数据流，每个有机体不过是一套生化算法。至于人类在这个宇宙中的任务，则是打造一套无所不包的数据处理系统，然后与系统融为一体。其实，我们现在就已经像一个又一个小小的芯片，装在一个大到没有人真正理解的数据处理系统之中。以我本人为例，我每天都要通过电子邮件、推文和各种文章吸收无数的数据，处理这些数据之后，又要通过更多的电子邮件、推文和文章，传回新的资料。我真的不知道这世界上一切的背后有什么宏观的架构，我所产出的数据将如何与其他几十亿人或计算机产生的数据连接。很遗憾，我没有时间找出答案，光是回信就已经让我焦头烂额。

汽车也懂哲学

有人可能会提出异议，认为重要的决策通常涉及道德因素，而算法不懂道德，所以我们永远不会把重要的决定交给算法去处理。然而，就算是在道德方面，也没有理由认为算法的表现会比一般人差。今天，智能手机和自动驾驶汽车等设备已经接手一些原本专属于人类的决定，也开始应对一些早已困扰人类几千年的道德问题。

举例来说，假设有两个小孩追球，忽然冲到一辆自动驾驶汽车的前方。开着这台车的算法立刻完成运算，得出结论：要避免撞到两个小孩的唯一方法是转进逆向车道，但这就可能撞上迎面而来的卡车，而根据运算结果，这样一来有70%的可能会让在后座睡得正酣的车主一命归天。算法该怎么做决定？[15]

像这样的"电车难题"（trolley problem），哲学家其实已经讨论

第 3 章 自由：数据霸权与社会公平

几千年了（之所以叫"电车难题"，是因为现代哲学讨论时的基本范例是在铁轨上跑的电车，而不是自动驾驶汽车）。[16] 但讨论了几千年，却对人类实际行为根本没产生什么影响；遇到紧急状况，什么哲学全都被抛在脑后，一切都由情绪和直觉来处理。

1970 年 12 月，有一场社科史上相当令人不悦的实验，那是在普林斯顿神学院，实验对象是一群受训要成为长老教会牧师的学生。当时，实验人员叫所有学生立刻赶往远处的一个演讲厅，就"好撒玛利亚人"（Good Samaritan）这个寓言发表演说。这个寓言讲的是有个犹太人要从耶路撒冷前往耶利哥，但遭到强盗抢劫和殴打，被丢在路边等死。过了一会儿，有一个祭司和一个利未人经过并看到了他，但两人都未停下脚步。后来有一个撒玛利亚人（犹太教相当鄙视这个教派）路过，立刻停下来照顾他，救了他的命。这个寓言告诉我们，人是好是坏，应该由实际行为来判断，而不是由所属宗教来判断。

这些年轻的神学院学生一心想赶往演讲厅，路上想的都是怎样才能解释好撒玛利亚人的道德寓意。然而，实验人员在路上安排了一个人，穿得破破烂烂地坐在门口，低着头，闭着眼睛。每个没起半点儿疑心的学生经过时，这个"受害者"都会咳嗽并发出痛苦的呻吟声。但绝大多数学生完全没有停下脚步来关心一下他，更别说提供任何帮助了。要赶去演讲厅所造成的情绪压力，已经压过了他们想帮助受难陌生人的道德责任。[17]

还有其他许许多多情况，都是人类的情绪战胜了哲学理论。因此，如果要讲全世界的伦理和哲学史，会是个理想很美好但现实很残酷的沮丧故事。毕竟，有多少基督徒真能把脸转过去，有多少佛教徒真能超脱利己的执念，又有多少犹太人真能爱邻如己？我们所表现出的，不过就是自然选择把智人塑造成的样子。一如所有的哺乳动物，智人也是靠着情绪来快速做出各种关乎生死的决定。从几百万个祖先那里，我们继承了他们的愤怒、恐惧和欲望，而这些祖先每一个都通过了最严格的自然选择质量管控测试。

但不幸的是，适合在100万年前的非洲大草原上生存和繁殖的特点，不见得会让你在21世纪的高速公路上是个负责的人。每年都有超过100万人因为司机分心、愤怒或焦虑而死于交通意外。我们当然可以派出所有哲学家、先知和神职人员好好给这些司机上上伦理课，但只要一回到路上，他们又会回到哺乳动物的情绪和草原本能。正因为如此，神学院的学生才无视受苦的路人，司机才会在紧急状况下撞倒无辜的行人。

从神学院到真实生活之间的分离，正是伦理学最大的实际问题之一。康德、约翰·穆勒（John Stuart Mill）和约翰·罗尔斯（John Rawls）当然能够舒舒服服地坐在大学讲堂里，花上好几天大谈伦理道德的理论问题；但在司机发现危急的瞬间，急都急坏了，哪还有时间管这些人有什么结论。或许对于迈克尔·舒马赫（Michael Schumacher，现代最伟大的一级方程式赛车车手之一）来说，还真能边赛车边思考哲学问题，但我们大多数人都不是舒马赫。

然而，计算机算法并不是由自然选择塑造而成，而且既没情绪也无直觉。所以到了危急的瞬间，它们继续遵守伦理道德的能力就比人类高出许多：只要我们想办法把伦理道德用精确的数字和统计编写成程序就行。如果我们教康德、穆勒和罗尔斯怎么写程序，他们就能在舒舒服服的研究室里为自动驾驶汽车写出程序，也肯定能让每辆自动驾驶汽车在路上都遵守所有伦理规范。这就像让舒马赫和康德合二为一，担任每辆车的驾驶员一样。

这样一来，只要程序里规定自动驾驶汽车必须停车帮助遭遇危难的陌生人，即便是赴汤蹈火，它都将在所不辞。（当然，如果你针对这些汤汤火火另加个例外条款，情况就不一样了。）同样，如果自动驾驶汽车的程序原本就写着要转进逆向车道救那两个小孩，你绝对可以用生命打赌，它一定会这样做。也就是说，设计自动驾驶汽车的时

第 3 章　自由：数据霸权与社会公平

候，丰田或特斯拉就是把过去道德哲学上的理论问题转化成了实际的工程问题。

当然，哲学算法永远不会是完美的。错误还是会发生，有人会受伤，有人会死亡，更有随之而来麻烦不已的诉讼。（历史上第一次，可能会有哲学家因其所提出的理论造成不幸结果而被告上法庭，因为这也是历史上第一次能够证明哲学概念与现实生活中的事件有直接因果关系。）然而，如果只是要取代人类驾驶员，算法并不需要做到完美无缺，只要比人类更好就行了。鉴于人类驾驶员每年造成超过 100 万人因车祸死亡，算法要表现得比人类好并不是什么太难的事。你会希望旁边那辆车的驾驶员是谁？是某个喝醉的小鬼，还是舒马赫和康德的合体？[18]

这套逻辑不仅适用于驾驶，也适用于其他许多情况，比如申请工作。在 21 世纪，已经有越来越多的时候是由算法决定是否聘用某人。当然，我们不能让机器来制定相关伦理标准，这件事还是得由人类自己来完成。但只要确立了职场的伦理标准（比如不得歧视黑人或女性），接下来就可以用机器来实施和维护这项标准了。[19]

某位人事经理可能心知肚明歧视黑人和女性有违伦理道德，但遇到某个黑人女性来申请工作时，还是下意识产生了歧视而不予录用。如果让计算机来评估求职者，并在编写程序之初就设定要完全忽略种族和性别因素，计算机一定会乖乖跳过这些因素，因为它并没有潜意识可言。当然，要写这种求职者评估程序并不容易，而且存在一种危险：工程师可能会不经意间把自己的潜在偏见写进软件里。[20]不过发现这种错误后要清除也并非难事，至少比清除人类种族歧视和偏见的难度要低得多。

我们已经看到，人工智能兴起之后，可能会把大多数人类挤出就业市场，比如司机和交通警察（没了鲁莽的人类驾驶员，只剩下乖乖开车的算法，交通警察也就无用武之地了）。然而，对哲学家来说可能会出现一些新的工作机会，他们的专业技能在过去没什么市场价值，但未来可能会突然变得相当吃香。所以，如果想读个未来能找到好工作的专业，或许可以考虑一下哲学领域。

当然，哲学家对于什么是"对的行为"很少有共识。"电车难题"之类问题的答案，很少能让所有哲学家都满意，例如穆勒这样的结果论者（consequentialist，以结果判断行为），他的想法一定会不同于康德这样的义务论者（deontologist，以绝对的规则来判断行为）。特斯拉不过是要做一辆车，真的要在这种棘手的问题上选择一方吗？

或许特斯拉只要把烫手山芋丢给市场就行，直接生产两款自动驾驶汽车：特斯拉"利他"款和特斯拉"自我"款。遇到紧急状况的时候，"利他"款会为了整体利益而牺牲主人；"自我"款则会不顾一切保护主人，撞死两个小孩也在所不惜。至于消费者，则可以根据自己偏好的哲学观来选车。这样一来，如果多数人买了特斯拉"自我"款，你也不能怪特斯拉。毕竟，顾客永远是对的。

这可不是开玩笑。在 2015 年一项开先河的研究中，研究人员请参与者假想自动驾驶汽车即将撞到几个路人的情景。大多数参与者都认为，就算可能会牺牲车主，自动驾驶汽车还是应该保全那几个路人的生命。只是，等到再问他们会不会买一部设定为"牺牲车主、顾全整体利益"的车时，大多数人都说"不"。如果涉及自身，他们还是比较喜欢特斯拉"自我"款。[21]

想象一下这个情境：你买了一辆新车，但启用之前得先打开设置菜单，勾选一个选项——如果发生事故，你是希望这辆车牺牲你的性命，还是牺牲另一辆车上那家人的性命。你真的想要做这个选择吗？想想看，如果真选了其中某个选项，家里人会不会和你大吵一架？

所以，是不是该由国家介入，规范市场，直接制定一套所有自动驾驶汽车都必须遵守的伦理准则？肯定会有某些立法者兴奋不已，毕竟终于有机会写出真的大家都会乖乖遵守的法律了。但也有某些立法

第 3 章 自由：数据霸权与社会公平

者会深感不安，因为这背后代表的是要负起前所未有甚至是极权主义的责任。毕竟在历史上，幸好法律的实施必然有其局限性，也就能制衡立法时的种种偏见、错误和过度。各种反同性恋、反亵渎神祇的法律都从未全面实施，实在是非常幸运。而看着政治人物时不时地犯错，我们是否真的希望有这样一套制度系统，会把他们的决定彻底贯彻，像重力一样无所不在？

数字独裁

很多人之所以害怕人工智能，是因为他们不相信人工智能会一直听话顺从。已经有太多描写机器人反抗人类主人，在大街上四处乱窜、恣意屠杀的科幻小说和电影。然而，机器人可能带来的问题其实恰恰相反。我们是该害怕机器人，但原因是它们永远只会服从主人，绝不反抗。

当然，盲目听从没有什么问题，但前提是主人得是个好人。在战场上，如果交战双方全用杀手机器人上场，就能确保这是历史上第一次真正遵守战争法的战役。人类士兵可能一时受到情绪影响，就犯下谋杀、强盗、强奸等违反战争法的罪行。讲到情绪，我们通常想到的是爱心、同情心和同理心，但在战场上，控制着人的情绪的往往是残酷、仇恨和恐惧。由于机器人没有情绪，就能放心地相信它们会一字一句遵守所有军事规章，永远不受个人恐惧和仇恨的影响。[22]

1968 年 3 月 16 日，一群美国士兵在越南南部的美莱村的行动变调，他们陷入疯狂，屠杀了大约 400 名平民。这起战争罪行的起源，是当时士兵已经打了好几个月的丛林游击战，他们自行在当地做了这个决定。这个行动没有任何战略目的，同时违犯了美国的法律规定与军事政策。这是一场出于人类情绪影响的错误。[23] 如果美国当时在越南派的是机器人杀手，美莱村大屠杀就绝不可能发生。

但也先别急着研发和部署机器人杀手。我们不能忘记，机器人的表现一定是其内置程序代码的反映及放大。如果程序代码规定要有所克制、立意良善，机器人的表现就会远远优于一般人类士兵；然而，如果程序代码规定要冷酷无情、赶尽杀绝，结果就会是一场灾难。机器人真正的问题并不在于它们的人工智能，而是那些人类主人天生的愚蠢和残酷。

1995年7月，前波斯尼亚的塞尔维亚族部队在斯雷布雷尼察镇周围屠杀超过8000名信奉伊斯兰教的波斯尼亚人。美莱村大屠杀属于无计划屠杀，斯雷布雷尼察屠杀则历时持久，组织严密，反映出塞军的政策是对波斯尼亚境内的穆斯林进行种族清洗。[24]如果塞军在1995年便拥有机器人杀手，整场暴行只会更糟，因为任何机器人都只会毫不犹豫地执行接到的命令，也绝不会因为同情、对自己的行为感到厌恶，或者单纯因为过于疲累，就饶过哪个儿童穆斯林的性命。

冷酷狠心的独裁者有了这样的机器人杀手，不管下了多无情、多疯狂的命令，都不用担心士兵起而反抗。如果有了机器人军队，1789年的法国大革命可能还没开始就遭到扼杀；如果2011年埃及总统穆巴拉克手中有一群机器人杀手，用来对付民众的时候就不用担心它们倒戈相向。同样，有了机器人军队的帝国主义政府也可以发动各种没有民意支持的战争，而不用担心机器人无心作战或机器人的家人会站出来抗议。要是美国在越战时有机器人杀手，虽然可能不会发生美莱村大屠杀，但越战本身却可能要再拖上更多年，因为美国政府不用再烦恼士兵士气低落、国内出现大规模反战游行，或者"退役机器人反对战争"活动。（虽然部分美国公民仍然可能反对战争，但既然不用担心自己被征召，自己没有犯下暴行的记忆，也无须承受失去亲人的痛苦，反战游行的人数大概会锐减，反战决心也不会那么坚定。）[25]

此类问题当然和民用的自动驾驶汽车关系不那么大，毕竟没有任何汽车制造商会蓄意设计车辆去撞死人。然而，由于太多政权道德有缺失，甚至根本就是图谋不轨，自主武器系统带来灾难也只是时间的

第3章　自由：数据霸权与社会公平

问题。

会造成危险的不只是机器人杀手，监控系统同样有风险。在好政府的手中，强大的监控算法可以是人类历史上发生过的最大的好事。然而，同样一套大数据算法也可能养出未来的"老大哥"，最后出现奥威尔笔下的那种监控政权，所有人无时无刻不遭到监控。[26]

事实上，我们最后可能会得到连奥威尔都难以想象的结果：完全的监控政权，不但追踪所有人的一切行为和话语，甚至还能进入我们体内，掌握我们内心的感受。举例来说，如果某国领导人拿到这项新技术，想想看他会怎么运用？在未来，可能该国所有公民都会被要求佩戴生物统计手环，不仅监控他们的一言一行，还掌握他们的血压和大脑活动。而且，随着科学越来越了解大脑，并运用机器学习的庞大力量，该国政权可能会有史以来第一次真正知道每个公民在每个时刻想些什么。如果你看到一张该国领导人的照片，而生物传感器发现你出现愤怒的迹象（血压升高、杏仁核活动增加），大概明早你就会被抓进监狱。

当然，由于该国政权与外界相对隔绝，只靠自己可能很难研发出所需科技。但相关科技可能会由科技较先进的国家研发完成，而它可以复制或者购买。某些国家不断改良其监控工具，许多民主国家（从美国到我的祖国以色列）也在做同样的事情。以色列有"新创企业之国"的美名，高科技产业部门极度活跃，还有尖端的网络安全产业。但与此同时，以色列与巴勒斯坦处于致命的冲突局面，一旦真的研发出必要的科技，至少有部分领导人、将军和国民会很乐意立刻在约旦河西岸布下全面的监控系统。

就算在今日，只要巴勒斯坦人一打电话、发了脸书文章或前往另一个城市，就很可能已经被以色列的麦克风、照相机、无人机或间谍软件监控。由此收集到的数据会再用大数据算法进行分析，使得以色列安全部队无须真正动用太多人力，就能找出并消灭潜在威胁。巴勒斯坦人看起来好像占有约旦河西岸的一些城镇和村庄，但其实以色列人控制着那里的天空、电波和网络空间。所以虽然西岸巴勒斯坦人口有大约250万，但只要用少得惊人的以色列士兵，就可以有效控制那里。[27]

2017年10月曾有一起悲哀而荒谬的事件，一名巴勒斯坦工人在自己的脸书账号发了一张在工地的自拍照，就站在一台推土机前面。在照片旁边，他用阿拉伯文写了——"早安！"但算法自动翻译这些阿拉伯文字的时候出了错，把意为"早安"的"Ysabechhum"误判成"Ydbachhum"，意思就成了"杀光他们"。以色列安全部队怀疑这名男子是恐怖分子，打算用推土机冲撞碾压人群，于是立刻将他逮捕。直到他们发现是算法出错，这名男子才得到释放。然而，那则叫人紧张的脸书发文还是被删除了，毕竟小心驶得万年船啊。[28] 巴勒斯坦人今天在西岸的状况大概只是个简单预告，未来或许全球几十亿人终将出现同样的局面。

在20世纪后期，民主国家的表现通常优于专制国家，是因为民主国家更善于处理数据。民主制度采用分布式的信息处理，由许多人和机构来做出决定，而专制制度则是把所有信息和权力都集中在一处。鉴于20世纪的科技水平，把太多信息和权力都集中在一个地方并不是有效率的做法。在当时，没有人能够及时处理完所有信息，并做出正确决定。这也就成了苏联做出的决策水平远低于美国，苏联经济远远落后于美国经济的部分原因。

然而，人工智能很快就会让钟摆摆向相反的方向。有了人工智能，就能集中处理大量的信息，甚至因为机器学习在分析越多信息之后效果越好，所以人工智能可能会让集中式系统比分布式系统效率更高。在不考虑任何隐私问题的前提下，在一个数据库里就拥有10亿人的完整信息，绝对会比只有100万人的部分信息更能训练出优秀的算法。举例来说，如果有某个专制政府要求所有公民进行DNA扫描，再将

第3章 自由：数据霸权与社会公平

所有医疗数据提供给中央机构，这时比起那些医疗数据需要严格保密的社会，专制政府就能掌握遗传学和医学研究的巨大优势。一心想把信息集中，在20世纪曾是专制政权的主要弱点，但到了21世纪却可能成为决定性的优势。

随着算法变得如此了解我们，某些政权能够对公民进行绝对的控制，程度甚至超过纳粹德国，而且公民可能完全无力抵抗。这种政权不仅能明确掌握你的感受，甚至还能控制你的感受。

我们并不会回归到希特勒的时代。数字独裁和纳粹德国之间的差异，可能就像纳粹德国与法国旧制度的差异一样巨大。路易十四也是个集权的独裁者，但当时并没有足以建立现代极权主义国家的科技。虽然他的统治并未受到抵抗，但当时既没有收音机，也没有电话和火车，他也就很难掌控布列塔尼某个偏远乡村的农民甚至巴黎市中心市民的日常生活。当时不论在意愿还是能力上，他都不可能建立群众政党、全国青年运动组织或国家教育体系。[29] 是因为20世纪出现了新科技，才让希特勒有了做这些事的动机和能力。我们无法预测2084年的数字独裁政权会有怎样的动机和能力，但要说他们想成为另一个希特勒，是不太可能的。如果有人打算用20世纪30年代的方式来重新打这场仗，有可能会遇到完全出乎意料的攻击，令他们措手不及。

就算民主制度成功适应调整而生存下来，人民也可能遭受到新形态的压迫和歧视。现在，已经有越来越多的银行、企业和机构运用算法来分析数据，做出与我们相关的决定。你向银行申请贷款的时候，申请单很可能是由算法处理的，而不是由人类审核的。算法分析你的大量资料和其他几百万人的统计数据，据以决定你是否可靠，该不该给你提供贷款。一般来说，算法此时会比人类银行职员表现更佳。但问题在于，如果算法里藏着某种不公，我们将很难察觉。如果银行拒绝给你贷款，你问："为什么？"银行会说："算法说不行。"但你再问："为什么算法说不行？我哪里有问题？"银行会说："我们也不知道。没人知道这套算法背后的原理,总之就是一套先进机器学习的结果。我们相信我们的算法,所以不会贷款给你。"[30]

如果被歧视的是某个群体(例如妇女或黑人),这些群体能够组织起来,抗议他们集体遭到歧视。然而,现在算法歧视的有可能就是你这个人,而你完全不知道原因。有可能是你的DNA、你的过去或者脸书账号上有些什么,引起了算法的注意。算法歧视你,并非因为你是个女性或黑人,而是因为你就是你。就是有些什么关于你的特质,算法不喜欢。你不知道究竟是什么特质,就算你知道,也找不到人和你一起大声抗议,因为没有其他人会遇到与你一样的偏见,只有你。到了21世纪,除了过去的集体歧视之外,我们可能还要面临日益严重的个人歧视问题。[31]

在最高的权力阶层可能还会有几个人类,这让我们有个错觉,以为算法只是顾问,最终的权威还是掌握在人类手中。我们不会任命某个人工智能来担任德国总理或谷歌的首席执行官,但那位总理和首席执行官的决策会由人工智能制定。总理手中会有几个不同的选项,但所有选项都会是大数据分析的结果,反映的也是人工智能看世界的方式,而非人类看世界的方式。

让我们举个类似的例子:今天世界各地的政治家似乎可以在各种不同的经济政策之间做选择,政治家有种以为自己可以选的错觉,但真正重要的决定早就由经济学家、金融专家和商人在提出选项时就做完了。也就是说,是他们为政治家定下了选择的方向。而再过几十年,就可能是由人工智能来提出选项,供政治家进行挑选了。

人工智能和自然愚蠢

一个好消息是,至少在未来几十年里,我们不用担心科幻小说里那种人工智能产生意识、杀光或奴役人类的噩梦。我们会越来越依赖算法为我们做决定,但算法并不太可能开始有意识地操纵人类。事实

第 3 章　自由：数据霸权与社会公平

上，它们不会有任何意识。

科幻小说常把智能与意识混为一谈，并认为如果要有与人类相当甚至更高的智能，计算机就必须发展出意识。几乎所有关于人工智能的电影和小说，基本情节都围绕着计算机或机器人产生意识的那个神奇时刻。而一旦它们有了意识，不是人类主角爱上机器人，就是机器人打算杀光所有人类，或者二者兼而有之。

但实际上，并没有理由相信人工智能会获得意识，因为智能和意识是天差地别的两种概念。智能是解决问题的能力，意识则是能够感受痛苦、喜悦、爱和愤怒等事物的能力。我们之所以会两者不分，是因为对人类和其他哺乳动物来说，智能与意识会携手同行。哺乳动物处理大多数问题时靠的是"感觉"，但计算机会用完全不同的方式来解决问题。

提高智能的路其实有好几条，其中只有一条需要靠意识。就像飞机不用发展出羽毛，但飞行速度却比鸟更快，计算机也不用发展出哺乳动物所需要的感受，就能比哺乳动物更会解决问题。确实，人工智能必须准确分析人类的感受，才能好好替人类治病、找出人类的恐怖分子、为人类推荐另一半、在满是行人的街道上行车，但是这一切并不需要它自己有任何感觉。算法只需要学会辨别猿类在快乐、愤怒或恐惧下的生化模式，而不需要它自己感受到快乐、愤怒或恐惧。

当然，人工智能并不是绝对不可能发展出感受。我们目前对意识的了解还不足以完全下定论，大致而言，需要考虑三种可能：

1. 意识在某种程度上与有机生化相关，因此只要是非有机体的系统，就不可能创造出意识。

2. 意识与有机生化无关，而与智能有关。这样一来，计算机就能够发展出意识，而且如果计算机要跨过某种智能门槛，就必须发展出意识。

3. 意识与有机生化或高智能并无重要关联。这样一来，计算机确实可能发展出意识，但并非绝对。计算机有可能具备极高的智能，但同时仍然完全不具有意识。

就目前人类具有的知识来看，这些可能都无法排除。然而，正因为我们对意识所知太少，短时间内似乎并不可能设计出有意识的计算机。因此，虽然人工智能具有巨大的力量，但在可预见的未来，人工智能的运用在一定程度上还是以人类的意识为准。

这里的危险在于，如果我们太注重发展人工智能而又太不注意发展人类的意识，那么计算机有了极先进的人工智能之后，可能只会增强人类的"自然愚蠢"。在未来几十年内，我们不太可能碰到机器人叛乱的问题，但机器人可能会比你的父母更知道怎样可以触动你的情绪，并且会运用这种神奇的能力来对你进行推销，让你想买某辆车、想把选票投给某个人，或是想接受某种意识形态。这些机器人能够找出我们最深层的恐惧、仇恨和渴望，再用它们来对付我们。从最近全球的选举和公投就可以预见未来：黑客通过分析选民数据，运用选民现有的偏见，就能知道怎样操纵单个选民。[32]科幻惊悚片常常上演的是烈火浓烟、轰轰烈烈的末日景象，但实际上，末日景象可能是在一次又一次的点击当中悄悄而且平凡地来临。

想避免这种结果，每投入一美元、一分钟来提升人工智能，就应该同样投入一美元、一分钟来提升人类意识。但很遗憾，目前对于人类意识的研究和开发并不多。我们对于人类能力的研发，主要都是为了满足目前经济和政治体制的迫切需求，而不是为了让人类在很久之后仍然是一种保有意识的生物。上司希望我回复电子邮件越快越好，但他对于我品尝和欣赏食物的能力毫无兴趣。结果就是我连吃饭的时候都在收电子邮件，也就慢慢失去了重视自己感官感受的能力。整个经济体系逼着我要扩大投资组合、让投资更多元，但完全没让我有动机去扩大同理心，让我的同理心更多元。于是，我投入大量心力想了

第3章 自由：数据霸权与社会公平

解证券交易的种种奥秘，但几乎不花什么心思来了解痛苦背后有什么深层成因。

在此，人类就像是其他经过驯化的家畜。例如我们培育的奶牛，性情温顺，乳量惊人，但在其他方面远远不及其野生祖先，没那么灵活，没那么好奇，也没那么懂得变通。[33] 我们现在也正在培育一种驯化的人类，产生的数据量惊人，而且能够像海量数据处理装置中的高效芯片一样运转，然而这些"数据牛"绝对称不上是发挥了人类的最大潜能。事实上，因为我们还太不了解人类的心智，根本无从得知人类的最大潜能是什么模样。然而，我们几乎没有投入什么心力来探索人类的心智，只一心想着提升网络连接的速度及大数据算法的效率。如果再不注意，最后的局面就会是退化的人类滥用进化的计算机，伤害自己，也伤害世界。

未来的危险还不止数字独裁一项。自由主义秩序背后的价值观除了自由之外，也很重视平等。自由主义一直强调政治上的平等，也慢慢发现经济上的平等几乎同样重要。如果没有社会安全网的机制与一定的经济平等，自由就毫无意义。然而，正因为大数据算法可能会抹去自由，同时也就可能创造出历史上最不平等的社会，让所有的财富和权力集中在一小群精英手中。大多数人类的痛苦将不再是受到剥削，而是更糟的局面：再也无足轻重。

第 4 章　平等：
谁该拥有数据

在过去的几十年间，全球都以为人类将迈向人人平等，而全球化和新技术则会让我们走得更快。但实际上，21世纪可能会产生历史上最不平等的社会。虽然全球化和互联网缩短了国家之间的距离，却可能扩大阶级之间的差距；人类似乎就要达成全球统一，但人类这个物种却可能分裂成不同的生物种姓。

不平等的状态可以追溯到石器时代。早在三万年前的狩猎采集部落，就有某些人的坟墓极尽奢华，身边满是象牙珠、手镯、珠宝和手工艺品，而同一部落的其他人只是在地上挖个洞就草草埋葬。虽然如此，古代的狩猎采集部落已经比后来的所有人类社会都更加平等，原因在于他们本来就没什么财产。毕竟，得先有财产，才需要担心占有不均的问题。

农业革命之后，财产不断增加，分配不平等的问题也随之出现。人类拥有土地、动物、植物和工具之后，僵化的等级社会出现了，一小群精英世世代代垄断了大部分的财富和权力。人类也学会了接受这种情况，认为这再自然不过，甚至可能是天命难违。在这种想法之下，等级制度不仅是常态，更是理想。如果贵族和平民、男性和女性、父母和子女全部混为一谈而没有高下之分，哪能有秩序呢？世界各地的神职人员、哲学家和诗人都会耐心地解释说,就像人体的各个器官也不平等一样(脚得听头的话),如果在人类社会要求平等,只会带来混乱。

但到了现代晚期,平等已经成为几乎所有人类社会的理想。部分原因在于共产主义和自由主义等新思想的兴起,还有部分原因是工业革命使民众比以往任何时候都更加重要。工业化的经济需要大量的普通劳动者,工业化的军队也需要大量的普通士兵。无论哪种政体的国家,都极为重视国民的健康、教育和福利,因为它们需要几百万健康的劳动者在生产线工作,需要几百万个忠诚的士兵在战壕里作战。

因此,20世纪的历史有一大部分时间是在缩小阶级、种族和性别之间的不平等程度。虽然2000年的世界还有等级之分,但已经比1900年的世界平等许多。在21世纪的头几年,人们预期推动平等的进程还会持续,甚至加速,特别是希望全球化将会把繁荣带到世界各地,使印度人和埃及人也能享受与芬兰人和加拿大人同等的机会和特权。整整一代人都听着这个承诺长大。

现在看来,这项承诺大概不会有实现的一天。全球化确实让许多人受益,但有迹象显示,社会之间和社会内部的不平等日益加剧,少数人逐渐垄断了全球化的成果,而其他数十亿人则被弃之不顾。现在,最富有的1%人群已经拥有全球一半的财富。更令人警醒的是,最富有的100人所拥有的财富,已经超越最贫穷的40亿人。[1]

事情还可能更为恶化。前几章已经提过,人工智能兴起可能会让大多数人不再拥有经济价值和政治力量。同时,生物技术的进步则可能将经济上的不平等转化为生物上的不平等。那些超级富豪终于要看到值得砸下手中大把财富的目标了。迄今为止,能用钱买到的顶多就是地位的象征,但很快就有可能买到生命本身。等到出现了延长生命、让身体和认知能力再升级的全新疗法,而这一切的代价又极度昂贵,可能就是人类整体分裂出生物种姓的时刻。

第4章 平等：谁该拥有数据

在人类历史上，富人和贵族总是认为自己是在某些技能上高人一等，才让他们大权在握。但就我们所知，事实不然。平均来说，公爵并不比农民更具天赋，之所以有地位高下之别，只是不公平的法律和经济歧视所致。但到了2100年，富人就可能真的比贫民更有天赋、更具创意、更为聪明。等到贫富之间出现真正的能力差异，要再拉近几乎不再可能。如果富人运用优秀的能力进一步强化自己，而且拥有更多的钱就能买到更强的身体和大脑，那么随着时间的推移，差异只会越来越大。到了2100年，最富有的1%人群可能不仅拥有全世界大部分的财富，更拥有全世界大部分的美丽、创意与健康。

因此，在生物工程与人工智能兴起之后，人类可能会分裂成两个群体：一小群超人类，以及绝大多数位于下层而且毫无用途的智人。雪上加霜的是，等到民众不再具备经济与政治上的力量，国家对国民健康、教育和福利的投资意愿也可能降低。成了多余的人，是件非常危险的事。这时候，民众的未来只能依赖一小群精英能否心存善意。就算这种善意能维持几十年，但只要遭逢危难（例如气候突变），要把多余的人抛到脑后实在太诱人，也太简单。

像法国和新西兰这样的国家，长久以来抱持自由主义的信仰、福利国家的作风，虽然精英已经不再需要民众，但或许仍然愿意继续为民众提供照顾。然而如果是在比较资本主义的美国，只要一有机会，精英群体可能就会立刻打破福利国家的制度。至于在印度、南非和巴西等发展中大国，情况就更为严峻：一旦民众不再具有经济价值，不平等的状况就会迅猛发展。

这样一来，全球化非但没有让全球统一，还可能造成"种化"（speciation）：人类分化成不同的生物种姓，甚至直接成为不同的物种。全球化会让世界横向统一、消除国界，但也让人类纵向分化成不同族群。就算是在美国和俄罗斯这样的国家，执政的少数精英也可能决定携手合作，共同应对大批平凡的智人。这样看来，目前的平民主义者厌恶"精英分子",确实有其道理。如果我们一不小心,硅谷巨擘和莫斯科亿万富豪的孙子,就可能成为比阿巴拉契亚山区乡下人和西伯利亚地区农民的孙子更优秀的物种。

长远看来,这甚至可能会造成全世界的"去全球化":上层种姓聚集起来自称"文明",再用城墙和护城河把自己与外界的"野蛮人"隔开。在20世纪,工业文明需要"野蛮人"的廉价劳动力、原材料和市场,所以文明征服了野蛮并加以吸收。但到了21世纪,后工业文明需要的是人工智能、生物工程和纳米科技,比起过去更能自给自足、自我维系。于是,不只是整个人类,就连整个国家、整片大陆都可能变得无足轻重。到时可能就会出现文明区与野蛮区的分别,两者之间由无人机和机器人形成边界。在文明区里,作战时是生化人彼此互掷逻辑炸弹;而在野蛮区里,用的则是砍刀和AK–47突击步枪。

在这本书中,我常常用第一人称复数来讨论人类的未来,讲着"我们"该做些什么,才能解决"我们的"问题。但或许根本没有"我们"。或许"我们"最大的问题,就是不同的人类团体会有完全不同的未来。也许在世界的某些地方,要教给孩子的是怎么写计算机程序;但在另外一些地方,该教的是怎样拔枪拔得快、射击射得准。

数据归属

如果我们希望避免所有财富和权力都集中在一小群精英手中,关键在于规范数据的所有权。在古代,土地是世界上最重要的资产,政治斗争是为了控制土地,而一旦太多的土地集中在少数人手中,社会就分裂成贵族和平民。到了现代,机器和工厂的重要性超过土地,政治斗争便转为争夺这些重要生产工具的控制权。等到太多机器集中在少数人手中,社会就分裂成资本家和无产阶级。但到21世纪,数据的重要性又会超越土地和机器,于是政治斗争就是要争夺数据流的控制权。等到太多数据集中在少数人手中,人类就会分裂成不同的物种。

第 4 章 平等：谁该拥有数据

争夺数据的比赛已经开始，目前是以谷歌、脸书、百度和腾讯等数据巨头为首。到目前为止，这些巨头多半采用"注意力商人"（attention merchant）[2] 的商业模式：靠提供免费信息、服务和娱乐来吸引我们的注意力，再把我们的注意力转卖给广告主。然而，这些数据巨头真正的目标其实远超以往的注意力商人，他们真正的业务不是销售广告，而是靠吸引我们的注意力，取得了关于我们的大量数据，这些数据远比任何广告收入更有价值。我们不是他们的用户，而是商品。

就中期来看，这一大批数据可能带来一种全新的商业模式，而第一个受影响的就是广告业本身。这种新商业模式的基础是将权力从人类转移到算法手中，包括选择和购买商品的权力。一旦开始由算法为我们选择、购买商品，广告业就会崩溃。以谷歌为例，谷歌希望有朝一日我们万事问谷歌，而且我们也能得到全世界最好的答案。假设某一天，我们可以跟谷歌说："嗨，谷歌，根据你对汽车和我的所有了解（包括我的需求、习惯、对全球变暖的看法，甚至是对中东政局的看法），哪辆车是我最好的选择？"再假设谷歌确实能给出很好的答案，而且我们已经从经验得知要相信谷歌的智慧，而不要相信自己老是被操控的种种感受，到那个时候，汽车广告还有什么用？

而就长期来看，只要取得足够的数据和运算能力，数据巨头就能破解生命最深层的秘密，不仅能为我们做选择或操纵我们，甚至可能重新设计生物或无机的生命形式。为了维持运营，这些巨头在短期内可能仍然需要卖广告，但它们现在评估应用程序、产品和公司的标准已经不再是能赚多少钱，而是能收集到多少数据。某款热门的应用程序可能缺乏商业模式，甚至短期内还会亏损，但只要能取得数据，就能价值数十亿美元。[3] 就算你还没想清楚怎么用某批数据来赚钱，最好也先有了再说，因为这可能就是控制和塑造未来生活的关键。我无法确认这些巨头是不是也这么想，但从它们的作为来看，确实将收集数据看得比实际获利更重要。

一般人会发现很难抗拒这种过程。至少在目前，人们都还很乐于放弃自己最宝贵的资产（他们的个人信息），以换取免费的电子邮件服务和可爱的猫咪影片。这有点儿像非洲和美洲的原住民部落，不经意间就把整个国家卖给了欧洲某国，换来各种颜色的珠子和廉价饰品。如果大众未来想要阻止数据外流，可能会发现难度越来越大，特别是几乎所有决定都得依赖网络，甚至医疗保健和生命延续也不例外。

人类可能已经完全和机器融合，一旦与网络断开便无法生存。有可能还在子宫里的时候，人类就连接上了网络；而如果日后选择断开连接，保险机构就会拒绝投保，雇主就会拒绝雇用，医疗机构也会拒绝提供服务。在健康与隐私的这场大战之中，健康应该会轻松获胜。

随着越来越多的数据通过生物传感器从身体和大脑流向智能的机器，企业和政府将更容易了解你、操纵你、为你做出决定。更重要的是，它们还可能破译所有人身体和大脑背后的深层机制，拥有打造生命的力量。如果我们想要阻止一小群精英分子垄断这种神一般的权力，如果我们想要避免人类分裂成不同的物种，关键的问题就是：该由谁拥有数据？关于我的DNA、我的大脑和我的生命，这些数据到底是属于我、属于政府、属于企业，还是属于全人类？

授权让政府把这些数据国有化，或许能够对大企业发挥抑制作用，但也可能导致令人毛骨悚然的数字独裁。政治人物有点儿像音乐家，只不过他们手中的乐器是人类的情绪和生化系统。他们发表讲话，于是全国就感到一阵恐惧；他们发了一则推文，于是就爆发了一股仇恨。在我看来，实在不该让这些"音乐家"拿到更先进的乐器。如果哪天政治人物可以直接按下我们的情绪按钮，随意让我们感到焦虑、仇恨、欢乐或无趣，政治就只会是一场情绪的闹剧。虽然我们担心企业的力量过于强大，但从历史上来看，让政府的力量过于强大也不见得更好。就像此时此刻，我宁可把数据给脸书的马克·扎克伯格，也不想给某

第 4 章 平等：谁该拥有数据

个国家的领导人〔只不过从剑桥分析公司（Cambridge Analytica）的丑闻来看，或许二者没有多大差异，交给扎克伯格的数据还是可能流到某国领导人手里〕。

和前面两种选择比起来，或许"把数据拥有权握在自己手上"听起来更有吸引力，但我们其实说不清楚这是什么意思。讲到要拥有土地，我们已经有几千年的经验，知道怎么在边界上筑起围篱、在大门口设置警卫、控制人员进出。讲到要拥有企业，我们在过去两个世纪发展出一套先进的规范方式，可以通过股票的买卖，拥有通用汽车和丰田汽车的一部分。但讲到要拥有数据，我们就没有太多经验了。这是一项更为艰难的任务，因为不像土地或机器，数据无所不在但又不具真实形态，可以光速移动，还能随意创造出无穷无尽的副本。

所以，我们要呼吁所有律师、政治家、哲学家甚至诗人，好好注意这项难题：如何规范数据的所有权。这可能是这个时代最重要的政治问题。如果不能赶快找出答案，我们的社会政治制度就可能面临崩溃。人们已经感觉到这个灾难就在眼前，或许正因为如此，全球民众开始对自由主义这套故事失去信心，而仅仅 10 年之前，自由主义看起来似乎还永远颠扑不破。

我们到底该何去何从？又该如何应对生物技术和信息技术革命的重大挑战？或许那些最早对世界带来破坏性创新的科学家和企业家也能用科技找出解决方案？举例来说，能不能用算法形成网络，支持全球人类社群，让所有人共同拥有所有数据，一同监督未来的生活发展？随着全球不平等日益加剧、社会紧张局势节节升高，或许扎克伯格也该呼吁人数多达 20 亿的脸书网民，大家一起来做些什么。

第二部分
政治挑战

信息技术和生物技术的融合,

会对自由和平等这两种现代核心价值观造成威胁。

想要解决这项科技挑战,

必然需要全球合作。

然而,民族主义、宗教和文化让人类分裂为彼此敌对的阵营,

于是全球合作难于登天。

第 5 章　社群：
人类身体的价值

虽然加州对地震早就习以为常，但是 2016 年美国大选这场政治地震仍然对硅谷造成了重大冲击。身处硅谷的计算机高手们发现自己可能也是问题的一部分，于是决定做一件工程师最擅长的事：设法用科技来解决问题。反应最强烈的地方，就在脸书位于门洛帕克市（Menlo Park）的总部。这也不难理解，因为脸书的业务就是社交网络，对社会纷扰的感受也特别强烈。

经过三个月的深思，马克·扎克伯格在 2017 年 2 月 16 日发表了一篇大胆的宣言，呼吁有必要建立全球社群，同时谈到脸书在这项计划中要扮演的角色。[1] 2017 年 6 月 22 日，脸书社群峰会（Communities Summit）开幕，扎克伯格在致辞中谈到这个时代的社会政治动荡（从毒品泛滥到极权主义政权暴虐无道）有相当程度是人类社群瓦解所致。他感叹道："几十年来，各类社群的成员减少了 1/4。这代表有许多人需要在其他地方找到使命感和支持。"[2] 他承诺脸书将带领人们重建这些社群，他手下的工程师将会扛起教区牧师放下的重担。他说："我们会推出一些工具，让人们能够更轻松地创建社群。"

他进一步解释："我们已推出一个项目，希望能向您推荐有意义的社群。我们打造了一套人工智能来做这件事，也确实成功了。启用的6个月里，通过我们的协助，加入有意义社群的人数增加了50%。"扎克伯格的终极目标是"协助10亿人加入有意义的社群……如果成功，不仅能够扭转这几十年间社群成员资格整体下降的趋势，更能开始强化社会组织，让人类更团结。"这个目标如此重要，以至扎克伯格不惜"改变脸书的宗旨，以实现这个目标"。[3] 扎克伯格说到人类社群的崩溃，这个观点绝对是正确的。然而，在扎克伯格发表宣言几个月之后且本书即将付梓之时，剑桥分析的丑闻却揭露出我们因信任而交付给脸书的数据遭到第三方收割挪用，操纵着全球各地的选举。扎克伯格庄严的承诺成了笑话一场，也击碎了大众对脸书的信任。现在，我们只能希望脸书在建立更多的新社群之前，先保障好现有社群的隐私和安全。

然而，脸书提出的社群愿景还是值得我们深入思考的，想想是不是只要安全性得到提升，在线社交网络就能有助于打造全球人类社群。虽然人类可能在21世纪升级为智神，但是至少在2018年的今天，我们和石器时代的人类还是差别不大，想要过得好，就要有亲密的社群支持。几百万年间，人类发展出小团体的生活方式，每个小团体不超过几十人。就算到了今天，尽管我们可以在脸书上炫耀有许多好友，但是大多数人真正了解的人并不会超过150个。[4] 如果没有这些小团体的支持，人就会觉得寂寞，甚至被孤立。

不幸的是，在过去两个世纪，各种亲密的社群确实正在瓦解。于是，虽然整个地球连接得更加紧密，但每个人的生活却比过去更加孤独，许多社会和政治纷扰归根结底都起源于此。[5]

因此，扎克伯格想重建人类彼此之间的连接，时机可以说十分合适。然而只是嘴上说说并不管用，如果想实现这个愿景，脸书可能必须改变其整个商业模式。如果你的商业模式就是抓住用户的注意力，再卖给广告主赚钱，大概很难建立全球社群。因此，只是提出建立全

第5章 社群：人类身体的价值

球社群的愿景，就已经值得给扎克伯格点赞。大多数企业还是相信自己应该以盈利为上，政府能少管就少管，也认为人类应该相信市场能代表我们做出真正重要的决定。[6]所以，如果脸书真的打算许下这个意识形态的承诺而打造全人类的社群，那么那些害怕脸书权力过大的人该做的并非高呼这像是《一九八四》里的老大哥，要脸书退回去做好企业本分，而是敦促其他企业、机构和政府提出自己的意识形态承诺，与脸书的版本较量优劣。

当然，许多组织早就在喟叹人类社群的崩溃，努力想重建社群，从女权主义者到宗教激进主义者，都以此为努力目标（后续章节会讨论）。而脸书的独特之处就在于它广及全球，有企业界的支持，还有对科技的坚定信心。扎克伯格信心满满，认为新的脸书人工智能不仅能够找出"有意义的社群"，还能够"强化社会组织，让人类更团结"。这可比用人工智能来驾驶汽车或诊断癌症更具雄心。

脸书的社群愿景或许是第一次有人明确进行这样的尝试，即运用人工智能在全球推动集中规划的社会工程。因此，脸书的社群愿景成了非常重要的测试案例。如果成功，后续可能会出现更多这样的尝试，算法也将成为人类社交网络新的大师；如果失败，则会揭示新科技目前的局限：算法或许已经可以驾驶汽车、可以治病，但碰上社会问题的时候，还是要靠政治人物和宗教人士。

线上与线下

近年来，脸书成就非凡，在线活跃用户超过20亿人。但为了实现新愿景，脸书需要为线上和线下之间的鸿沟搭起桥梁。社群的雏形可能只是在线聚会，想要真正蓬勃发展，就必须在现实世界扎下根基。如果某天有个独裁者宣布禁用脸书或干脆禁止上网，那么这些社群是会人间蒸发，还是会重组反击？如果无法在线沟通，那么它们还能组织示威抗议吗？

扎克伯格在 2017 年 2 月的宣言里认为，线上社群有助于培养线下社群。有时确实如此，但在很多时候，线上社群的活跃反而会以牺牲线下社群的体验为代价，而且两者其实有着本质的差异。实体社群仍然拥有虚拟社群无法比拟的深度，这一点至少在不远的未来还不会改变。如果我在以色列的家里生了病，我在加州的朋友虽然能在线跟我说话，但却没办法帮我送碗热汤或端杯热茶。

人类有身体。在 20 世纪，科技让我们与身体的距离越来越远，逐渐失去了好好感受味觉和嗅觉的能力，一头扎进智能手机和计算机，对网络上发生的事比对大街上发生的事更感兴趣。今天，我要和在瑞士的表妹说话比以前任何时候都容易，但要在早餐的时候和我的爱人说话却比较难，因为他总是不看着我，而是盯着智能手机。[7]

在远古时代，人类绝不可以如此漫不经心。当时的采集者必须永远保持警觉、专心一意。走在森林里寻找蘑菇的时候，要注意地面是否有小小的凸起，还要注意草丛中是否发出了细微的声音，以免有蛇躲在那里。等到发现可食用的蘑菇，还要极其小心地试尝一下，以免吃到有毒的菌类。但到了现代的富裕社会，人类不再需要如此敏锐的感官意识。我们可以一边走在超市的走道里，一边发短信，一边在成百上千种食物中随意挑选。这些食物都经过了卫生部门的安全检验，于是我们能够安心食用。但不管我们挑了什么食物，最后都是坐在某个屏幕前一边狼吞虎咽，一边收着电子邮件或看着电视，全然不会注意食物究竟味道如何。

扎克伯格说，脸书致力于"持续改进我们的工具，让人们能够分享自己的体验"。[8] 但我们真正需要的，可能是好好感受一下自己的体验。以"分享体验"之名，现代人对自己的理解常常是从别人的观点出发。一发生什么有趣的事，脸书用户就会下意识地拿出智能手机，拍照、发帖、等着有人点赞。在这个过程中，他们几乎不会注意自己到底有何感受。事实上，他们的感受越来越来自网络上的响应。

第 5 章　社群：人类身体的价值

人类一旦与身体、感官和真实环境越来越疏离，很可能就会感觉孤单、迷失方向。很多权威评论人士把这种疏离感归咎于宗教和国家的凝聚力式微，但或许和你的身体失去联系才是更重要的原因。曾有几百万年的时间，人类没有宗教，也没有国家，但还是过得开开心心，所以在 21 世纪应该也不成问题。然而一旦与身体失去联系，日子就肯定无法过得开心。只要你在自己的身体里感觉不自在，在这个世界上就不可能自在。

到目前为止，脸书的商业模式都是鼓励用户花更多的时间待在线上，就算这需要减少线下活动的时间和精力也在所不惜。脸书能否找出新的商业模式，鼓励用户只有在真正需要的时候才上网，平常则把更多的注意力放在自己所处的真实环境，以及自己的身体和感官上吗？脸书的股东又会怎样看待这种模式？〔谷歌前员工、科技哲学家特里斯坦·哈里斯（Tristan Harris）最近就提出了这样一种替代模式的构想，同时提出一项指标，让人们看看是否把"时间用得有意义"[9]。〕

在线关系毕竟有其局限性，扎克伯格想要解决社会两极分化问题所用的方法也就跟着受限。扎克伯格有一点说得对：只是把众人联系起来，让他们聆听不同意见，还不足以解决社会分歧，因为"相反论点的文章，实际上会让人觉得其他观点非我族类，反而会强化两极分化"。因此扎克伯格认为，"改善对话的最佳方式，可能就是要认识对方整个人，而不是只知道对方的意见。对此，脸书义不容辞。如果我们能用彼此的共同点——运动队、电视节目、兴趣爱好——建立起关系，那么针对彼此意见不同的地方再做讨论就会更容易"。[10]

然而，要认识"整个人"实在非常困难，得花上许多时间，还需要直接、实质性的交流。前文提过，智人能够真正有深交的人，一般不超过 150 个。理想情况下，建立社群不再是一场零和博弈，人类可以同时觉得自己属于几个不同的群体。不幸的是，亲密关系却可能是一场零和博弈。把太多时间、精力花在认识伊朗或尼日利亚的某个网友，就会牺牲你认识隔壁邻居的能力。

等到真有工程师发明出新工具，能让人减少在线购物的时间，多和朋友进行有意义的线下活动时，那才是脸书真正的关键测试。脸书究竟会采用还是会禁用这项工具？脸书真的会这样放手一搏，把社会关切放在获利之前吗？如果脸书确实这么做了（并设法避免破产），那么这将会是极其重大的一项转变。

此外，一旦更重视线下世界而非季度财报，也会影响脸书的税收政策。一如亚马逊、谷歌、苹果和其他几家科技巨头，脸书一再遭到逃税指控。[11] 由于各种在线活动课税较为困难，也就让这些全球企业更容易运用各种"创造性会计"手法。如果你认为人类主要生活在网络上，觉得自己为他们提供了存在于网络的所有必要工具，简直是一种有益的社会服务，那么逃税似乎也就无伤大雅。但如果你又想起人类还是有身体的，需要真实的道路、医院和下水道系统，那么再为逃税找借口就难多了。你怎么能一边赞颂着社群，一边拒绝为最重要的社群服务提供财务支持呢？

我们只能希望脸书改变商业模式，采用对现实世界更加友好的纳税政策，协助人类团结起来，同时还得继续维持盈利。然而，对于脸书想要实现其全球社群愿景的能力，我们却不该抱有不切实际的期望。从历史上看，企业绝非领导社会和政治革命的理想载体。如果是一场真正的革命，迟早都会要求企业做出企业本身、员工和股东都不愿做出的牺牲。也正因为如此，革命人士还得依靠教会、政党和军队。例如，阿拉伯世界所谓的脸书或推特革命，虽然是从怀抱期许的在线社群开始的，然而一旦进入混乱的线下真实世界，就被宗教狂热分子和军事集团利用。如果脸书现在想要发起一场全球革命，就得好好加油，设法进一步缩小线上和线下之间的差距。脸书和其他在线巨头常常把人类看成一种视听动物：只有两只眼睛、两个耳朵，连着十根手指、

第 5 章　社群：人类身体的价值

一个屏幕，当然还有一张信用卡。要实现人类团结的重要一步，就是认清人类还有身体这个事实。

当然，这种想法也有不利之处。意识到在线算法的局限性之后，可能只会让科技巨擘希望进一步扩张影响力。如谷歌眼镜（Google Glass）之类的设备，以及《精灵宝可梦 Go》（Pokémon Go）之类的游戏，都希望消弭线上和线下的差别，融合成单一的增强现实（augmented reality，AR）。再谈到更深的层次，生物传感器和直接的脑机接口则希望能够抹去电子机器和有机体之间的边界，真正与人体结合。等到这些科技企业真的和人体达成妥协，或许就能操纵我们的整个身体，就像它们现在操纵我们的眼睛、手指和信用卡一样。到时候，可能我们就只能怀念过去线上、线下有明显区别的美好时光了。

总而言之，到了 2018 年，对于社群崩溃、不平等日益加剧、社会两极分化和全球理想幻灭等问题，工程师和算法似乎还完全束手无策。人类政治家还有很多工作要做，但我们需要新型的政治家，并能够以真正的全球视角来思考，因为现在的人类社会已经拥有共同的文明。这个文明绝不是什么和谐的社群，而是充满了内部分歧与冲突。然而，所有人类群体都面对着共同的机会和挑战，再也无法变回孤立的部落。

第 6 章 文明：
世界的大同

虽然扎克伯格希望人类在线上团结起来，但线下世界最近发生的事似乎让"文明冲突论"（clash of civilisations）重新回到我们的视野。许多评论家、政治人物和一般大众认为，叙利亚内战、"伊斯兰国"（Islamic State）崛起、英国脱欧、欧盟不稳，都是因为"西方文明"和"伊斯兰文明"发生冲突所致。西方想把民主、人权引进伊斯兰国家，于是引发伊斯兰世界的激烈反抗。而一波穆斯林移民潮加上伊斯兰恐怖袭击，则让欧洲选民放弃多元文化的梦想，转而支持排外的地方认同。

根据这种论点，人类一向就分成不同的文明，不同文明的成员会有不同的世界观，无法兼容。有了这些不兼容的世界观，文明之间的冲突也就不可避免。就像在自然界，不同物种依照自然选择的无情法则，为生存而战，所以纵观历史，文明之间一再发生冲突，唯有适者能够幸存、讲述故事。如果有人忽略这个残酷的事实（不论是自由主义的政治人物，还是不食人间烟火的工程师），就得付出代价。[1]

文明冲突论的政治影响十分深远。支持者认为，试着调和西方与伊斯兰世界，注定会失败。伊斯兰国家永远不会采用西方的价值观，而西方国家也永远无法成功吸纳这些穆斯林移民。根据这种想法，美国就不该接收来自叙利亚或伊拉克的移民,欧盟则应该放弃多元文化的谬论,堂堂正正展示自己的西方认同。而长远来看,只会有一个文明在自然选择的无情测试中幸存,所以如果布鲁塞尔欧盟总部的官僚们不愿意拯救西方文明于伊斯兰文明的巨浪,那么英国、丹麦或法国最好站出来走自己的路。

  这种论点虽然广获认同,但其实会让人做出错误的判断。宗教激进派可能会带来根本性的挑战,但它挑战的"文明"是全球文明,而不仅仅针对西方文明。伊斯兰国家(除伊朗)之所以团结起来抵抗伊朗和美国,背后自有原因。即使是宗教激进派,仍带着中世纪的想象,但基础早已不再是7世纪的阿拉伯,而是有更多的当代全球文化成分。他们所诉诸的恐惧和希望,属于那些因感觉疏离而受到孤立的现代青年,而不属于中世纪的农民和商贾。潘卡吉·米什拉(Pankaj Mishra)与克里斯托弗·德·贝莱格(Christopher de Bellaigue)这两位学者说得好,伊斯兰激进组织成员虽然受穆罕默德影响,但受福柯等人的影响也同样深远;他们不仅继承了倭马亚王朝(Umayyad)和阿拔斯王朝(Abbasid)的哈里发,也继承了19世纪欧洲的无政府主义者衣钵。[2] 因此,就算是"伊斯兰国",与其说它是某棵莫名其妙的树上不该长出的分枝,不如说它同样发源于我们共享的全球文化。

  更重要的是,文明冲突论用历史和生物做模拟,但这种模拟并不正确。人类的群体(从小部落到大文明)和其他动物群体有本质差异,历史上的冲突也与自然选择的过程大异其趣。动物物种有客观上的身份认定,而且即便千千万万个世代,也不会变。你是一只黑猩猩还是一只大猩猩,并非取决于信念,而取决于基因,而且只要基因不同,表现出的社会行为也就不同。黑猩猩的群体里同时分成雄性猩猩与雌性猩猩的小团体,如果某只黑猩猩想争夺权力,就得同时争取来自两性的支持。相较之下,大猩猩的团体则只会有一只雄性大猩猩,带领着由一群雌性大猩猩组成的后宫,任何可能挑战其地位的成年雄性大

第6章 文明：世界的大同

猩猩通常都会遭到驱逐。黑猩猩不会采用像大猩猩那样的社会形态，大猩猩也不可能采用黑猩猩那样的组织安排。而且至少就我们所知，黑猩猩和大猩猩这样的社会系统存在不是短短几十年，而是几十万年来一直如此。

人类社会之中不会有这种事。没错，人类群体也可能有自成一格的社会系统，但并非由基因决定，也很少能持续超过几个世纪。如20世纪的德国，短短不到100年，就曾出现6个完全不同的体制：霍亨索伦王朝、魏玛共和国、纳粹第三帝国、德意志民主共和国（民主德国）、德意志联邦共和国（联邦德国），最后则是民主且统一的德国。当然，德国人一直说着德语，也一直热爱啤酒和德国香肠，但到底有没有什么"德国本质"，是他们与其他所有国家的人都不同，而且从威廉二世到默克尔总理一直维持不变的？如果你真的想到了什么答案，那再推到1000年前呢？5000年前呢？

尚未生效的《欧盟宪法》（European Constitution）在前言指出，其灵感来自"欧洲的文化、宗教和人文传承，这些传承逐渐发展成为各种共通价值：人类不可侵犯且不可剥夺的权利、民主、平等、自由及法治"。[3]这很容易让人以为欧洲文明的定义来自人权、民主、平等、自由等价值观。有无数演讲和文献直接把古代雅典的民主制度和今日的欧盟联系在一起，赞颂欧洲自由民主的历史长达2500年，但这就像盲人摸象的寓言，盲人只摸到了大象的尾巴，就以为大象像一支画笔一样。确实，数百年来，民主思想都是欧洲文化的一部分，但它从来不是欧洲文化的全貌。虽然雅典民主制度赫赫有名、影响深远，但其实就只是在巴尔干半岛的一个小角落，做了一个称不上真心实意的实验，而且只撑了200多年。如果说欧洲文明在过去25个世纪就是民主、就是人权，那么又怎么解释斯巴达和恺撒、十字军和西班牙征服者、宗教裁判所和奴隶贸易，以及路易十四和拿破仑？难道这些都是异地文明的入侵？

事实上，只要是欧洲人创造的就是欧洲文明，正如基督徒创造的就是基督教文明、穆斯林创造的就是伊斯兰文明、犹太人创造的就是犹太文明。这几百年来，这些人都让这些文明有过非常大的转变。各种人类群体，与其用延续性来定义，还不如用发生了什么改变来定义。但这些群体仍然靠着讲故事的技巧，为自己创造出一些能够追溯到远古的身份认同。不管发生了怎样惊天动地的改变，他们通常都能融合新旧，让故事自成体系。

一个人的人生轨迹即便出现种种重大的改变，还是会连成一个连贯且动人的人生故事："我这个人呢，本来是个工人，但后来成为资本家；出生在法国，现在住在美国；结过婚，又离婚了；得过癌症，然后又死里逃生……"同样，要定义如"德国人"这种群体的时候，也可以看看它发生过怎样的变化："我们曾经是纳粹，但是已经吸取教训，现在是和平的民主主义者。"而不用去问到底什么是从威廉二世、希特勒到默克尔所共有的"德国人的本质"。正是那些重大的改变，定义了现在德国人的身份认同。在2018年，德国人的这种身份就是要一边克服纳粹主义留下的各种艰难，一边坚持自由和民主的价值观。到2050年，谁又知道那时候该如何定义"德国人"呢？

人类常常拒绝承认这些变化，尤其是涉及核心政治或宗教价值的时候。我们总是坚称自己的价值观是古代祖先留下的宝贵遗产，但我们之所以能这样讲，完全是因为祖先仙逝已久而无法反驳。以犹太教对女性的态度为例，现在的极端正统派禁止公共领域出现女性的形象，所以如果客户群是极端正统派，那么广告牌和广告上通常只有男人和男孩，不会出现女人和女孩。[4]

2011年，总部位于纽约布鲁克林的犹太极端正统派刊物《日志》（*Di Tzeitung*）爆出丑闻。《日志》刊出了一张美国总统偕高层观看美军突袭本·拉登的照片，却用修图软件把所有女性抹去，其中包括国务卿希拉里。该报解释，根据犹太教的"庄重法则"，不得不这么做。

第 6 章 文明：世界的大同

类似的另一则丑闻，则是在《查理周刊》(Charlie Hebdo) 总部遭遇恐怖袭击之后，多国领导人在巴黎参加了一场反恐大游行，但以色列《预兆报》(HaMevaser) 所刊出的照片也用修图软件抹去了德国总理默克尔，希望避免她的影像让虔诚的读者心中生起任何淫念。另一家极端正统派报纸《通信报》(Hamodia) 的发行人也声援这种做法，解释这种做法的背后是"数千年的犹太传统"。[5]

关于不能看到女性的禁令，执行最严格的地方就是犹太教堂。正统派的犹太教会小心地将男女隔离，女性只能待在一个特定区域，隐身于布帘之后，以免任何男性在祷告或读经时意外地看到女性的身影。然而，如果这一切背后真有几千年的犹太传统、亘古不变的神圣法则，为什么考古学家在以色列发掘出了《密西拿》和《塔木德》时代的古代犹太教堂，却没发现性别隔离的迹象，反而在一些美丽的马赛克地板和壁画上都绘有女性，甚至有些女性的穿着还颇为暴露？写了《密西拿》和《塔木德》的拉比们常常在这些犹太教堂祷告和研究，但现代的正统派却认为这些图像亵渎了古代传统。[6]

扭曲古代传统的情况，其实所有宗教皆然。"伊斯兰国"夸口自己要回归纯正的伊斯兰教，但事实上是对伊斯兰教提出自己全新的诠释。没错，"伊斯兰国"会引用许多古老的文本，但在选择要引用哪些、忽略哪些，又要怎么诠释的时候，却有很大的自由裁量权。事实上，仅是他们要教徒"自己解经"的态度，就非常现代。传统上，只有学识丰富的阿訇才有权解经。阿訇都是学者，也必须先在如开罗的爱资哈尔 (Al-Azhar) 清真寺等知名机构研读伊斯兰律法及神学。然而，"伊斯兰国"的领导人很少拥有这样的资格，目前最受尊敬的阿訇也严斥"伊斯兰国"首领巴格达迪 (Abu Bakr al-Baghdadi) 等人只是无知的罪犯。[7]

有些人会说"伊斯兰国"已经"非伊斯兰"甚至"敌伊斯兰"，但事实并非如此。有一点格外讽刺，我们看到居然是像奥巴马这样信仰基督教的领导人站了出来，想要教教像巴格达迪这样自称为"穆斯林"的人，到底什么是穆斯林。[8] 各方激烈争论伊斯兰文明的本质是什么，但这根本毫无意义。伊斯兰文明没有一定的DNA，只要是穆斯林创造的，就是伊斯兰文明。[9]

德国人和大猩猩

人类群体和动物物种之间的差异更大。物种常常会分裂，但从来不会融合。大约700万年前，黑猩猩和大猩猩的祖先本来是同一个物种，后来才分裂成两个族群，各自演化。物种一旦分裂，就没有回头路了。由于不同物种交配所生的后代不具繁殖能力，因此物种永远不会融合。大猩猩无法与黑猩猩融合，长颈鹿无法与大象融合，狗也无法与猫融合。

人类部落则常常随着时间不断聚集成越来越大的群体。现代德国人是由撒克逊人、普鲁士人、施瓦本人（Swabian）和巴伐利亚人融合而成的，而这些人在不久之前还水火不容。据称，普鲁士铁血宰相俾斯麦读了达尔文的《物种起源》（*On the Origin of Species*）之后曾说，巴伐利亚人正是奥地利人与人类之间缺少的那个环节。[10] 法国人是融合了法兰克人、诺曼人、布列塔尼人、加斯科人（Gascon）和普罗旺斯人而成的。同时，在英吉利海峡对岸，英格兰人、苏格兰人、威尔士人和爱尔兰人也逐渐融合（不论是否出于自愿），形成了英国人。再过不久，德国人、法国人和英国人还可能融合成欧洲人。

即使融合之后，也不见得能长长久久。最近伦敦、爱丁堡和布鲁塞尔都很清楚，英国脱欧之后，大不列颠联合王国和欧盟可能都会开始解体。但从长远来看，历史的方向十分明确。一万年之前，人类分裂成无数个孤立的部落，每过千年，部落就融合成越来越大的群体，但创造出的独特文明越来越少。到了最近几个世纪，剩下的几个文明已经开始融合成单一的全球文明。虽然在政治、民族和文化上仍然可

第6章 文明：世界的大同

能有区别，但整体上的统一进程并不会被动摇。事实上，有些区别必须先有总体共同架构才能存在。例如，在经济上，必须人人都在一个共同的市场里，否则就不可能有专业分工。一个国家如果无法从其他种植小麦和大米的国家购买粮食，就不可能倾全国之力专门生产汽车或石油。

人类统一的过程有两种不同的形式：在不同的群体之间建立连接，以及让不同的群体采用相同的实践方式。就算群体之间已经建立连接，各自的行为表现仍然可能大不相同。即使是誓不两立的群体，也可能建立连接。举例来说，战争创造的人类连接就无比强大。历史学家常说全球化在1913年达到了第一个高峰，接着在两次世界大战之间和冷战时期长期下滑，到1989年之后才重新回升。[11] 就经济的全球化来说可能确实如此，其实，军事也存在全球化，虽然情况大不相同，但却同等重要。在传播思想、科技和人员流动方面，战争的效率比商业高多了。在1918年，美国与欧洲的关系要比战前的1913年更为紧密。然后，两者的关系再次渐行渐远，但到第二次世界大战和冷战时期，又迎来一场命运的融合。

战争也让人类对彼此更感兴趣。在冷战时期，美苏之间的联系从来没有那么紧密：莫斯科的人行道上只要发出一声咳嗽，就会让华盛顿的楼梯间里的人忽然紧张起来。比起贸易伙伴，人们更关注的其实是敌人。美国每拍一部电影来介绍中国台湾，大概就会拍50部电影来介绍越南。

中世纪的奥运会

21世纪初的世界早就不只是在不同群体之间建立联结。全球民众不仅能够互相接触，各种信念和实践也越来越一致。1000年以前，地球如同政治沃土，培育着几十种不同的政治模式。在欧洲，可以看到封建领主对抗着独立城邦以及规模不大的神权政体。在伊斯兰世界有哈里发国统一四方，也试过王国、苏丹国和大公国等形式。中国历朝各代都相信自己是唯一合法的政治实体，但在北面和西面，各夷各邦争斗得不亦乐乎。印度和东南亚的政权五花八门，而在美洲、非洲和大洋洲，则从小小的狩猎采集部落到幅员辽阔的帝国都有。这也就难怪，就算只是相邻的人类群体也很难就外交程序达成共识，要制定国际法更是异想天开。每个社会都有自己的政治模式，也都难以理解并尊重外来的政治理念。

相较之下，今天全球接受了共同的政治模式。地球上有近200个主权国家，也都大致认可相同的一些外交协议、一般的国际法规。不管在哪个国家的地图集里，瑞典、尼日利亚、泰国和巴西的国土形状都是固定的。它们都是联合国的成员，而且虽然实际有许多差异，但它们都是公认的主权国家，享有类似的权利与特权。这些国家还在更多的政治理念和实践上如出一辙，例如，都相信代表机构、政党、普选以及人权。不论在德黑兰、莫斯科、开普敦、新德里，还是在伦敦和巴黎，都有国会。而且不管是以色列人与巴勒斯坦人、俄罗斯人与乌克兰人，还是库尔德人与土耳其人，当要争取全球舆论支持的时候，都会同样诉诸人权、国家主权，以及国际法。

在全世界，"失败国家"多种多样，但"成功国家"的典范却似乎只有一种。因此，全球政治也就遵守着"安娜·卡列尼娜定律"：成功的国家都很相似，但失败的国家各有不同，就是少了主流政治那套方案的某个成分。"伊斯兰国"近来的突出之处，就在于完全拒绝这一套主流政治方案，打算打造出完全不同的另一种政治实体——统一四方的哈里发国，但它失败的原因也正在于此。确实有许多游击队和恐怖组织成功建立了新的国家或征服了现存的国家，但它们之所以能成功，仍然是因为它们遵守着全球政治秩序的基本原则。就连塔利班也希望得到国际认可，承认它们是阿富汗主权国家的合法政权。到目前为止，任何团体只要不接受全球政治原则，就不可能长久地控制

第 6 章　文明：世界的大同

某片重要领土。

想要真正了解全球政治模式的力量究竟有多强大，或许该用的例子不应是战争或外交这种硬邦邦的政治议题，而应是 2016 年的巴西里约热内卢奥运会。让我们想想奥运会是怎么组织起来的。在由 11000 人组成的全体奥运代表团里，运动员依据国籍来分团，而不是依据其宗教、阶级或语言。奥运会并没有佛教代表团、无产阶级代表团或英语代表团。

在 2016 年 8 月 5 日的开幕式上，各国运动员分组进场，各自挥舞着国旗。当美国游泳选手迈克尔·菲尔普斯（Michael Phelps）获得一枚金牌时，会场升起了美国国旗，奏响了美国国歌。当法国柔道选手埃米莉·安德尔（Emilie Andéol）获得柔道金牌时，会场升起了法国国旗，奏响了法国国歌。

实在很凑巧，全世界每个国家的国歌都遵守同样的模式。几乎所有国歌都是管弦乐曲，曲长也都只有几分钟，绝不会是曲长 20 分钟，还限定只能由专门的世袭祭司阶级来吟唱。就连沙特阿拉伯、巴基斯坦和刚果（金）这样的国家，也已经采用西方音乐惯例来谱写国歌。这些国歌听起来就像贝多芬在没什么特别灵感的时候创作出来的（你可以找一天晚上，和朋友一起用 YouTube 播放各国国歌，猜猜哪首属于哪个国家）。甚至就连各国的国歌歌词也大同小异，显示人们对政治和团体忠诚的理解相差不大。举例来说，你认为下面这首歌是哪个国家的国歌？（我只是把该国的名字留空）：

_____，我们的国家，

满腔热血为你洒，

为了保卫我们的祖国，

头颅可抛身可杀。

_____，我们的民族，

我们的人民和国家，

来吧，
让我们一致要求
"统一的 ＿＿＿＿"
祖国万万岁，政权万万岁，
民族精神不断发扬光大。
全国人民团结一致，
组成伟大的 ＿＿＿＿！
啊，＿＿＿＿，独立、自由、伟大，
我们亲爱的土地和国家。
啊，＿＿＿＿，独立、自由、伟大，
万岁，万岁 ＿＿＿＿。

　　答案是印度尼西亚。但如果我说是波兰、尼日利亚或巴西，你也不会觉得意外吧？

　　各国国旗也呈现出同样沉闷的从众性。除了唯一的例外，所有国旗都是长方形的，使用的颜色、条纹和几何形状也十分有限（那个特立独行的国家是尼泊尔，它的国旗是两个重叠的三角形，但尼泊尔从没在奥运会上夺得奖牌）。印度尼西亚国旗的上半部分是红色横条，下半部分是白色横条。波兰国旗的上半部分是白色横条，下半部分是红色横条。摩纳哥的国旗和印度尼西亚的一样，上半部分是红色横条，下半部分是白色横条。如果是个色盲的人，大概很难分辨出比利时、乍得、科特迪瓦、法国、几内亚、爱尔兰、意大利、马里和罗马尼亚的国旗，这些国旗都是由三个不同颜色的直条组成的。

　　世界上确实曾爆发多次战争，但在动荡的20世纪里，只有三届奥运会（1916年、1940年、1944年）因为战争而被取消。1980年，美国及其盟友抵制莫斯科奥运会。1984年，苏联阵营抵制洛杉矶奥运会。另外，也有几届奥运会卷入政治风暴中心（比如1936年由纳

第6章 文明：世界的大同

粹德国主办的柏林奥运会，比如1972年慕尼黑奥运会期间以色列代表团成员被恐怖分子杀害）。但无论如何，总体来说，政治纷争并未对奥运会造成太大影响。

让我们把时间倒回到1000多年前，假设要在1016年的里约热内卢举办中世纪奥运会。就让我们暂时先别管当时里约热内卢还是图皮族（Tupi）的一个小村庄[12]，亚洲人、非洲人和欧洲人甚至还不知道美洲的存在；也别管既然没有飞机，世界各地的顶级运动员要如何前往里约；甚至别管当时很少有共通的体育项目，而且就算大家都会跑步，但对于跑步比赛的规则可能很难达成共识。我们只要问一个问题："到底要怎么组织各国的代表团？"就连今天的国际奥委会，也得花上大把的时间讨论中国台湾地区和巴勒斯坦的问题。如果要讨论的是中世纪奥运会涉及的政治问题，大概得把花的时间再乘上一万倍。

首先，在1016年，中国的宋朝可不认为全世界有什么平起平坐的政治实体，只是让当时位于朝鲜半岛的高丽王朝或越南的大瞿越（Dai Co Viet）王朝同样享有代表团地位，对宋朝来说就已经是一个无法想象的羞辱，其他茹毛饮血的海外蛮夷更是不在话下。

同样，巴格达市的哈里发也宣称自己是统一四方的霸权，多数逊尼派穆斯林奉他为最高领袖。实际上，哈里发统治的几乎只有巴格达市。所以，这些逊尼派运动员到底是要共组一个哈里发代表团，还是要回到逊尼派的诸多大公国和苏丹国，分成几十个代表团？而且，为什么只分到大公国和苏丹国？阿拉伯沙漠还有许多自由自在的贝都因部落，只承认安拉是唯一的真主。这里的每个部落，是不是都有权派出独立的代表团参加射箭或骑骆驼比赛？欧洲也会有同样的问题，来自诺曼底伊夫里镇的运动员，究竟是该代表当地的伊夫里伯爵、伯爵上面的诺曼底公爵，还是该代表勉强号称统治整个法兰西的法兰西国王？

这些政治实体常常是在短短的几年之间出现又消失，在准备举办1016年奥运会的时候，绝对无法事先知道会有哪些代表团，因为根本没人能确定第二年还会有哪些政治实体能够存在。如果英格兰王国派出代表团参加1016年奥运会，等到运动员带着奖牌回家，会发现丹麦人已经占领伦敦，英格兰、丹麦、挪威和瑞典的一部分都成为克努特大帝（King Cnut the Great）北海帝国的一部分。过了20年，北海帝国解体。又过了30年，英格兰被诺曼底公爵征服。

不用说，这些生命短暂的政治实体绝大多数既无国歌，也无国旗。政治符号当然非常重要，但是欧洲、印度尼西亚、中国或图皮族的符号语言存在巨大差异。仅是就用哪种仪式来庆祝"胜利"达成一致，几乎都绝无可能。

因此，等到观看2020年东京奥运会的时候，请记住，虽然这看似是国与国之间的竞争，但实际上是世界各国达成了极为了不起的协议。每当有代表团获得金牌、看着国旗升起而深感民族自豪的时候，别忘了我们更有理由为全人类有能力组织这样一场盛会而深感荣耀。

至尊美元驭众人

在前现代时期，人类除了试行各种不同的政治体系，还有许许多多的经济模式。俄罗斯的波耶（Boyar）贵族、印度的大君或印第安的部落首领，对于金钱、贸易、税收和就业的想法都截然不同。相比之下，除了一些细节上的差异之外，今天几乎人人相信的都是同一个资本主义，也觉得大家都是同一条全球生产线上的小齿轮。不管你是住在刚果（金）、蒙古、新西兰，还是玻利维亚，每天的日常生活和经济财富都遵循同样的经济理论、同样的企业和银行制度、同样的资金流动。如果以色列和伊朗的财长共进午餐，他们能够用同一套经济语言来沟通，也很容易了解及同情对方的痛苦。

"伊斯兰国"占领叙利亚和伊拉克的大片国土后，杀害了数万人，

第6章 文明：世界的大同

炸毁了历史遗迹，推倒了雕像，有系统地毁掉了过往政权和西方文化影响的符号象征。[13] 但当"伊斯兰国"的士兵走进当地银行，看到美元上有美国总统的肖像、用英文写着赞颂美国政治与宗教理想的语句时，却不会烧毁美国的这一象征。因为美元超越了政治和宗教分歧，得到了世界的广泛认可。虽然美元本身没有价值（不能拿来吃，也不能拿来喝），但全世界对于美元和美国联邦储备银行的信心如此坚定，就算是宗教激进派、墨西哥毒枭和专制统治者也能志同道合。

然而，如果要说现代人在哪方面最为同质，大概就是对世界和人体的看法了。如果你在1000年前病了，那么你住在哪里事关重大。在欧洲，教区神父大概会说你让上帝不悦，想要恢复健康，你就要捐钱给教会，到圣地朝圣，再真诚祈求上帝饶恕你。或者，村里的女巫可能会说你被恶魔附身，她要用唱歌、舞蹈和黑色公鸡的血帮你驱魔。

在中东，受古典传统训练的医生可能会说你的4种体液不平衡，要靠适当的饮食和恶臭的药水来加以协调。在印度，阿育吠陀医学专家也有自己的理论，讲究三种能量（doshas）之间的平衡，并建议用药草、按摩及瑜伽来治疗。不管是中国的郎中、西伯利亚的萨满巫医、非洲巫医，还是美洲印第安巫医，每个帝国、王国和部落都有自己的传统和专家，各自对人体和疾病的本质持有不同的观点，也都各自有着全套的仪式、药剂和疗法。其中有些疗效惊人，但也有些几乎一出手就等于必死无疑。在欧洲、亚洲、非洲和美洲的各种医疗实践当中，唯一的共同点就是至少有1/3的儿童无法活到成年，人们的平均预期寿命也远低于50岁。[14]

时至今日，如果你生病了，住在哪里的影响比过去小多了。不论是在多伦多、东京、德黑兰，还是在特拉维夫，所有医院看起来都大同小异，医生都穿着白大褂，过去也都在差不多的医学院里学着同一套科学理论。他们会遵循同样的医疗方案，进行同样的检测，得出非常类似的诊断结果，接着还可能开出由同一个国际药厂生产的同一种药物。虽然仍然存在细微的文化差异，但不论是加拿大、日本、伊朗，还是以色列的医生，对人体和人类疾病大多抱持相同的看法。"伊斯兰国"占领拉卡和摩苏尔之后，并没有拆毁当地的医院，反而向全世界的穆斯林医生和护士发出呼吁，希望他们自愿前往提供服务。[15] 这样看来，即便是信奉伊斯兰教的医生和护士，也同样相信身体是由细胞组成的、疾病是由病原体引起的、抗生素会杀死细菌。

这些细胞和细菌是由什么构成的？整个世界又是由什么构成的？1000年前，每种文化都有自己的一系列故事来解释宇宙是什么、有什么基本成分。但到今天，全球受过教育的人都相信同样一系列关于物质、能量、时间和空间的理论。以伊朗和朝鲜的核计划为例，最大的问题，其实是伊朗和朝鲜对物理学的观点完全与以色列和美国一模一样。如果伊朗和朝鲜相信 $E = mc^4$，以色列和美国根本不会在意它们的核计划。

虽然人类有不同的宗教、不同的国家认同，但只要讲的是实际议题（例如，如何建立国家、打造经济体、兴建医院或制造炸弹），就能说几乎所有人都属于同一个文明。分歧当然还是会存在，但不论哪个文明都必然存在内部分歧。事实上，文明可能正是由这些分歧所定义。要界定身份认同的时候，我们常常想列出共同的特征，但这是错误的。如果改为列出共同的冲突和困境，界定起来会容易得多。例如，1618年，欧洲并没有单一的宗教认同，而是由宗教冲突定义。要当一个1618年的欧洲人，就得对天主教徒与新教徒之间、加尔文教派与路德教派之间的微小教义差异了如指掌，而且愿意为了这些差异而杀人或被杀。如果活在1618年，却不在意这些冲突，这个人或许是土耳其人或印度人，但绝对称不上是欧洲人。

同样，1940年，英国和德国虽然在政治观点上水火不容，但都是"欧洲文明"的重要组成部分。希特勒并不比丘吉尔"不欧洲"。相反，正是他们之间的争战，定义了历史上这个时刻作为欧洲

第 6 章　文明：世界的大同

人的意义。相较之下，位于非洲南部、过着狩猎采集生活的库恩人（!Kung）绝不是欧洲人，因为对他们来说，欧洲内部那些关于种族和帝国的冲突真的毫无意义。

我们最常发生争吵的对象，就是自己的家人。身份认同是由冲突和困境来定义的，而不是由共同之处来定义的。在 2018 年，怎样才算是一个欧洲人？并不是要有白皮肤、信仰耶稣或相信自由，而是要激烈地争论关于移民、欧盟、资本主义的限制等议题；还要不断自问："我的身份应如何定义？"并且担心人口老龄化、消费主义猖獗，以及全球变暖。21 世纪欧洲人面临的冲突和困境，与 1618 年和 1940 年的欧洲人大不相同，反而与其贸易伙伴中国和印度越来越相似。

无论未来会有什么变化等待着我们，都可能像同一文明里的兄弟阋墙，而不是不同文明之间的冲突纠纷。21 世纪的巨大挑战将是全球层面的。当气候变化引发生态灾难时会怎样？当计算机在越来越多的方面打败人类，并在越来越多的职位上取代人类，又会如何？当生物技术让我们能够为人类升级、延长寿命，会发生什么事？在这些问题上，我们必然会产生激烈的争论和冲突，但这些争论和冲突并不会让人类相互孤立，反而会让我们更加相互依赖。虽然人类距离建成一个和谐社会还很遥远，但已经属于同一个熙攘的全球文明。

这样一来，又怎么解释目前有一股民族主义浪潮正在席卷全球许多地区？或许我们在追求全球化的同时，过快地否定了过去美好的国家和民族？回归传统的民族主义，会不会是解决紧迫的全球危机的好方法？如果全球化会带来这么多问题，为什么不干脆放弃它？

第7章　民族主义：
无法解决全球性问题

既然现在人类已经构建共同的文明，面对共同的挑战和机会，为什么英国、美国、俄罗斯和许多其他群体却走向孤立？回归民族主义，是否能真正解决全球化世界面临的前所未有的问题，还是只是逃避现实，到头来会让人类和整个生物圈陷入灾难？

要回答这个问题，首先要消除一个普遍的误解。与一般人所认为的不同，民族主义并不是人类心理自然而永恒的一部分，也并非根植于人类生物学。的确，人类是一种社会性动物，有对群体忠诚的基因。但几十万年前，智人及其原始祖先的生活形态是小型、亲密的社群，人数不超过几十人。所以，人类很容易对小型、亲密的群体（如小部落、步兵连、家族企业）产生忠诚感，但要让人类对几百万个陌生人产生忠诚感是不自然的。这样大规模的忠诚在近几千年才出现（从进化论的角度看，几乎就是昨天早上的事），而且需要社会建设的巨大努力。

人类之所以不辞辛劳地打造出国家这种共同体，是因为遇到了任何部落都无法独自应对的挑战。让我们以几千年前尼罗河沿岸的古老部落为例，尼罗河是它们的生命线，灌溉着田地、承载着商业活动。但这个盟友随时可能翻脸：雨下得太少，人就会饿死；雨下得太多，河水就会溃堤，摧毁整个村落。每个部落都只控制着一小段河流，也顶多有几百个人力，不可能单独解决这个问题，必须同心协力，才能建起大坝，挖出长达数百公里的运河，驾驭伟大的尼罗河。这是其中一个原因，让各个部落逐渐融合成为一个国家，得以建造大坝、修筑运河、调节河水流量、存粮以备荒年，并且建立全国运输和通信系统。

虽然有着种种优点，但无论古今，要把部落或氏族转变为国家都并非易事。要想知道个人认同国家有多困难，只要自问：“我认识这些人吗？”如果是我的两个姐姐、11位表兄弟姐妹，那么我对每个人的名字都清清楚楚，能花上一整天跟你说说他们的个性、喜好和关系。但对于和我一样的其他800万以色列公民，有绝大多数我从未谋面，未来见面的机会也不大。然而，我却能对这种形象模糊的群体怀有一种忠诚，这种能力并非遗传自我的狩猎采集者祖先，而是一项近代历史创造的奇迹。如果有一个来自火星的生物学家，只了解智人的进化和解剖学，那么他绝不可能想到这些猿类竟然能够与数百万陌生的个体发展出社群联结。为了让我愿意忠于以色列及其800万公民，犹太复国主义运动和以色列国家组织就得打造出一整套庞大的体系，包括教育、各种宣传品和飞扬的旗帜，以及国家的安全、健康和福利制度。

我并不是说国家的凝聚力有什么不对。大型的系统需要大规模的忠诚才能运转，而且扩大人类同理心的范围也肯定有其优点。比较温和的爱国主义一直是人类创造的最有利的概念之一。相信自己的国家独一无二、值得自己付出忠诚、自己对全体国民有特殊的义务，就能激励人们关心他人、愿意为他人牺牲。如果认为只要没有民族主义，我们的世界就会是一个人人自由自在的天堂，那么这会是一个危险的误解。没了民族主义，我们更可能面临部落割据、一片混乱。而且，没有民族主义，民主也无法真正发挥作用。通常，只有各方都对民族表现出忠诚，民主选举的决定才能够被人们接受。例如，瑞典、德国

第 7 章 民族主义：无法解决全球性问题

与瑞士等和平、繁荣及自由的国家的人，都有强烈的民族主义意识。缺少民族主义的国家则包括阿富汗、索马里、刚果（布），以及大多数失败国家。[1]

问题在于，有时候良性的爱国主义会摇身一变，成为盲目的极端国家主义。这时，人们不仅相信自己的国家独一无二（其实所有的国家都是独一无二的），更会相信自己的国家至高无上，需要自己付出所有的忠诚，其他人对自己来说就不那么重要了。这样一来，就很容易出现暴力冲突。几个世纪以来，对民族主义最基本的批评就是民族主义会导致战争。然而，只是指控民族主义与暴力有关，并不能遏制民族主义者做出极端行为，特别是每个国家都说自己是为了自保、对抗狡诈的邻国，才进行军事扩张的。只要国家让多数公民享受前所未有的安全和繁荣，公民就愿意以鲜血为代价。在 19 世纪和 20 世纪初，这种民族主义交易看起来极具吸引力。虽然民族主义造成前所未有的骇人冲突，但现代国家也建立了大型的医疗、教育和福利制度。有了公立的医疗服务，似乎帕斯尚尔战役和凡尔登战役也值得了。

但是到了 1945 年，一切都变了。核武器的发明，极大地削弱了民族主义交易的平衡。在广岛遭美国原子弹轰炸之后，人们害怕的不再是民族主义会导致普通战争，而是害怕导致核战争。面临彻底被毁灭的局面时，人的心智思考会变得更敏锐。于是在很大程度上要归功于原子弹，让不可能的事情发生了：民族主义这个神灯精灵至少有一半被塞回了神灯。就像尼罗河流域的那些古代部落，靠着把部分的忠诚从地方部落转向更大的王国，得以合力控制住危险的河流。在核时代，全球社群逐渐超越了单纯各个国家的层面，因为只有更大的社群才能控制核武器这个魔鬼。

在 1964 年的美国总统大选中，林登·约翰逊（Lyndon B. Johnson）推出了著名的竞选广告《雏菊》，这是电视史上最成功的宣传片之一。广告一开始是一个小女孩一边一片一片摘着雏菊的花瓣，一边数着数字,当她从 1 数到 10 时,突然一个冷峻的男声开始像发射导弹一样倒计时。数到零的时候,画面中满是核爆炸的明亮闪光。约翰逊向公众高声说道:"这就是可能的代价。我们要创造的世界,是要让上帝所有的孩子都能活下去,还是要让他们落入黑暗?我们必须彼此相爱,否则就必定死亡。"[2] 我们谈到"要爱,不要战争"(make love, not war)这句口号,常常把它和 20 世纪 60 年代末的反主流文化联系在一起,但其实早在 1964 年它就已经是一个普遍的观念,就连约翰逊这种强硬的政治家都已经接受。

因此,冷战期间,国际政治走向更为全球化的方向,民族主义被打入冷宫。冷战结束后,全球化似乎已经成为无法阻挡的浪潮。当时人们普遍认为人类将完全抛弃民族主义政治,视之为原始的时代废墟,民族主义顶多只能吸引一些发展中国家教育落后的民众。但近年来的事实证明,民族主义就算对欧洲和美国的民众也仍然深具魅力,俄罗斯、印度和中国更是如此。各地民众开始觉得全球资本主义冷酷无情,令人感到孤立无援,再加上担心未来国家健康、教育和福利制度无以为继,于是又投入民族主义的怀抱来寻求安慰和意义。

其实,在今天,约翰逊在《雏菊》广告里提出的问题的意义比在 1964 年更为重大。我们要创造的世界,是要让所有人能够一起生存,还是要让所有人都落入黑暗?美国的特朗普、英国的特雷莎·梅、俄罗斯的普京、印度的莫迪等人诉诸国家情感,是能够拯救世界,还是只是逃避现实,不想面对棘手的全球问题?

核挑战
让我们先谈谈人类熟悉的克星:核战争。《雏菊》广告于 1964 年播出,当时古巴导弹危机才过去两年,核毁灭是一个近在眼前的威胁。无论专家,还是一般大众,都担心人类的智慧不足以避免这场浩劫,也觉得冷战升温只是时间问题。但事实上,人类成功地处理了这场核

第7章 民族主义：无法解决全球性问题

挑战。美国、苏联、欧洲和中国改变了行之千年的地缘政治，让冷战在几乎没有流血的情况下结束，建立了新的国际主义世界秩序，人类进入前所未有的和平时代。不仅核战争免于爆发，各种战争的数量也在减少。自1945年以来，单纯因为侵略而造成的边界变化少之又少，大多数国家也不再将战争作为标准的政治工具。2016年，虽然在叙利亚、乌克兰等几个动乱地区仍有战争，但人类因暴力而死亡的人数已经远少于因肥胖、车祸或自杀而死亡的人数。[3] 这可能正是我们这个时代最伟大的政治和道德成就。

很遗憾，我们现在太过于习惯这项成就，把它视为理所当然。也正因为如此，人类开始玩火自焚。美、俄近来又展开了新的核军备竞赛，开发新型的世界末日武器，可能会让过去几十年得之不易的成果一笔勾销，把我们重新带到核毁灭的边缘。[4] 与此同时，大众已经学会不再担心，并爱上核弹〔正如奇爱博士（Dr. Strangelove）所言〕，或者只是忘了它的存在。

因此，当英国（一个主要的有核国家）讨论脱欧议题的时候，主要谈的是经济和移民问题，而几乎不提欧盟对欧洲和全球和平有多大的贡献。经过几个世纪的血流成河，法、德、意、英等国才终于建立起确保欧洲大陆和谐的机制，但现在英国民众却又来捣乱。

当初，人类能够通过建立一个国际组织来阻止核战争、维护世界和平，其实克服了无数困难。这个组织当然应该顺应世界局势而有所调整，例如，减少对美国的依赖，同时让中国和印度等非西方国家扮演更重要的角色。[5] 然而，完全放弃这个组织，退回到民族主义强权政治，是一种不负责任的赌博行为。确实，19世纪的国家也玩过民族主义的游戏，且当时并未摧毁人类文明。然而，那是在广岛原子弹爆炸之前的时代。在那之后，核武器提高了赌注的代价，也改变了战争和政治的基本性质。只要人类知道如何浓缩铀和钚，人类的生存就有赖于将"预防核战争"看得比任何特定国家的利益更为重要。那些激动地高喊"本国优先"的民族主义者应该自问:"如果没有强有力的国际合作体制,只靠自己这个国家,是否真有能力保护世界甚至保护自己免遭核毁灭?"

生态挑战

除了核战争,人类在未来几十年还会面临一种新的生存威胁,这几乎是1964年的政治界无须考虑的:生态崩溃。人类在许多方面都正在破坏全球生物圈的稳定,不断地从环境中夺取越来越多的资源,排放大量的垃圾和有毒物质,并由此改变了土壤、水和大气的成分。

地球微妙的生态平衡是经过几百万年才形成的,但是人类目前正对它造成破坏,而且几乎毫不自知。例如,使用磷肥。少量的磷是植物生长的必需养分,但一旦过量便会产生毒性。现代工业化农业的基础,就是人工在土地上施用大量的磷。过量的磷随降水或灌溉流走之后,就会污染河流、湖泊和海洋,对海洋生物造成危害。于是,在艾奥瓦州种植玉米的农民可能无意中杀死了墨西哥湾的鱼类。

这些人类活动造成栖息地退化、动植物灭绝,澳大利亚大堡礁和亚马孙热带雨林等生态系统也可能被毁灭。几千年来,智人就像生态的连环杀手,现在更逐渐成为大规模的生态屠夫。如果现在的情况继续下去,不仅会造成大量的生物灭绝,还可能动摇人类文明的基础。[6]

最具威胁的是气候变化。人类已经存在几十万年,经历了多个冰河期和温暖期。然而,农业、城市和复杂社会存在的时间还不到一万年,在这个被称为全新世(Holocene)的地质年代,地球的气候一直维持相对稳定。如果气候开始偏离全新世的标准,就会让人类社会面临前所未有的巨大挑战。这就像对几十亿只人类小白鼠进行开放式实验,就算人类文明最终适应了新的环境,谁也不知道在适应的过程中会有多少牺牲者。

这个可怕的实验已经开始。相较之下,核战争只是可能的未来,

第 7 章　民族主义：无法解决全球性问题

但气候变化却是眼下的现实。科学界早有共识，人类活动（特别是二氧化碳等温室气体的排放）正使地球气候以惊人的速度发生变化。[7] 没人知道我们还能把多少二氧化碳排进大气，而不会引发不可逆转的灾难。依据目前最精准的科学预测，除非我们在接下来 20 年间大幅减少温室气体的排放，否则全球平均气温将会上升超过 2℃ [8]，致使沙漠扩大、冰盖消失、海平面上升，极端天气事件（例如飓风和台风）将更加频繁。这些变化会破坏农业生产、淹没城市，使全球大部分地区不宜人居，数亿难民必须寻找新的家园。[9]

此外，我们正迅速接近许多临界点，一旦超越之后，就算能够急剧减少温室气体的排放，也不足以扭转趋势，避免全球悲剧。举例来说，随着全球变暖，极地冰盖融化，从地球反射回太空的阳光就会减少，于是地球会吸收更多的热量，使温度升得更高，冰盖也融化得更快。一旦整个循环超过临界值，就再也无法阻挡，就算人类从此不再燃烧任何煤、石油和天然气，极地的所有冰层也将融化。因此，我们只是认识到目前面临的危险还不够，更需要现在立即动手做些什么。

不幸的是，到 2018 年，全球温室气体排放不减反增。人类摆脱化石燃料的时间已经所剩不多。今天，我们必须开始戒掉这种瘾，不是明年，不是下个月，而是今天。要诚实面对"大家好，我是智人，是一个化石燃料成瘾者"。

民族主义在这整件事中的定位是什么？面对生态危机，民族主义能给出答案吗？不论国力多么强大，难道有哪个单一国家能够阻止全球变暖吗？个别国家当然可以制定各种环保政策，这些政策也都有良好的经济和环境意义。例如，政府可以征收碳排放税，让石油和天然气的价格承担更多的外部成本，制定更严格的环境法规，减少对污染产业的补贴，以及鼓励改用再生能源。政府也可以投入更多的资金，研发革命性的生态友好型技术，就像生态方面的曼哈顿计划。在过去 150 年间，人类靠内燃机才取得了许多进步和发展，但如果我们想维持生态环境和经济环境，就得立刻淘汰内燃机，研发不燃烧化石燃料的新技术。[10]

除了能源领域，技术突破在许多领域都能帮上忙。举例来说，"人造肉"（clean meat）应该大有可为。目前，肉类产业不仅给数十亿动物造成无尽的苦难，同时也是全球变暖的主要原因；肉类产业大量使用抗生素和有毒物质，是污染空气、土地和水资源的一个元凶。根据英国机械工程师协会（Institution of Mechanical Engineers）2013年的报告，每生产1千克牛肉需要15000升淡水，而生产1千克马铃薯只需要287升淡水。[11]

随着中国和巴西等国家日益繁荣，会多出几亿人从吃马铃薯转为常吃牛肉，环境压力也将日益沉重。想要说服中国人和巴西人别吃牛排、汉堡和香肠，实在是难之又难（美国人和德国人就更不用提了）。如果工程师能找到办法，直接把细胞培育成肉块呢？想吃汉堡的话，只要培育出一片汉堡肉就行了，而不需要养一整头牛（还得把牛肉运送几千公里）。

这听起来可能像科幻小说，但早在2013年，人们就已经用细胞培育出了世界上第一片人造汉堡肉，而且被人吃了。当时这片肉的造价是33万美元。经过4年的研发，价格已经降至单价11美元。再过10年，工业生产的人造肉预计会比屠宰肉更便宜。这项技术有可能拯救数十亿动物的生命，养活数十亿营养不良的人口，同时还有助于避免生态崩溃。[12]

因此，要避免气候变化，政府、企业和个人能做的事有很多。如果想取得成效，就必须提升到全球层面。面对气候问题，各国不能以为自己主权独立，就可以各行其是，毕竟人类生存的一切都会受到地球上每个人行为的影响。举例来说，就算太平洋岛国基里巴斯把自己的温室气体排放量减到零，如果其他国家不跟进，基里巴斯最后还是会被上升的海平面淹没。就算乍得在全国每家的屋顶上都安装了太阳

第7章 民族主义：无法解决全球性问题

能板，还是有可能因为远方某些国家的环境政策不负责任，而变成一片贫瘠的沙漠。就算中国和日本这样强大，在生态上也没有主权独立可言。想保护上海、香港和东京不受洪水和台风侵袭，中国和日本就不得不说服俄罗斯和美国政府放弃"业务一切照旧"的作风。

国家用孤立主义来面对气候变化，造成的危险可能比面对核战争更加严重。全面核战争可能摧毁所有国家，因此所有国家都会努力加以避免。然而，全球变暖对不同国家会产生不同的影响，一些国家（特别是俄罗斯）甚至可能从中得利。因为俄罗斯在海岸线附近的资产相对较少，因此相较于中国或基里巴斯，海平面上升引发的担忧也小得多。而且，虽然气温升高可能让乍得变成沙漠，但同时也可能让西伯利亚变成世界粮仓。此外，随着北极冰盖融化，俄罗斯掌握的北冰洋航道可能成为全球商业动脉，堪察加半岛可能取代新加坡，成为世界的十字路口。[13]

同样，用再生能源代替化石燃料，对各国的吸引力大小不一。中国、日本和韩国都需要大量进口石油和天然气，当然乐见其成。但俄罗斯、伊朗和沙特阿拉伯都依赖出口石油和天然气，如果石油和天然气突然被太阳能与风能取代，这些国家的经济就会崩溃。

因此，尽管中国、日本和基里巴斯等国都希望尽快减少全球碳排放，但俄罗斯和伊朗等国的积极程度可能低得多。就算像美国这种已经开始因为全球变暖而蒙受巨大损失的国家，也可能因为民族主义者目光短浅、自私自利，而不能看清风险。2018年1月，就有一个足以由小见大的例子，美国对外国制造的太阳能板和太阳能设备征收高达30%的关税，宁可拖延转换再生能源的时间，也要保护美国的太阳能设备生产者。[14]

原子弹是一个明显且直接的威胁，任何人都无法忽视。相较之下，全球变暖的威胁比较模糊，来得也比较慢。因此，每当长期的环境考虑必须牺牲短期利益的时候，民族主义者常常会把当下的国家利益放在首位，之后再考虑环境问题，或者直接把问题留给其他国家的人。还有一种可能，他们根本就否认这个问题的存在。气候变化的怀疑论者往往都是右翼民族主义者，这并非巧合。我们很难看到左翼人士发推文声称"气候变化是某国的骗局"。由于全球变暖问题无法从国家立场找出答案，因此一些坚持民族主义的政治人物宁可认定这个问题根本不存在。[15]

科技挑战

出于同样的原因，民族主义者也很难处理 21 世纪的第三大威胁：破坏性创新造成的科技颠覆。正如我们在前几章所见，信息技术和生物技术融合，带来毁灭世界的许多可能，从数字独裁到全球无用阶级不一而足。

面对这些威胁，民族主义的答案是什么？

民族主义没有答案。就像面对气候变化，当碰上科技颠覆的时候，民族国家这种架构无法化解相关威胁。由于研发不是任何一个国家的专利，所以就算美国这样的超级大国也不能单独限制科技发展。即便美国政府禁止对人类胚胎进行基因改造，中国科学家也不会受到任何影响。而且，如果相关研发让中国取得了重要的经济或军事优势，美国就很有可能撤销禁令。在这样一个充满无情竞争的世界，落后的代价谁都承受不起，所以只要有一个国家选择走上高风险、高回报的科技之路，其他国家就会被迫跟进。为了避免这样的向下竞争，人类需要某种全球性的认同和忠诚。

此外，核战争和气候变化威胁的只是人类的生存，但破坏性创新的科技却可能改变人类的本质，从而与人类最深层的伦理道德和宗教信仰产生纠缠。人人都同意我们应该避免核战争和生态崩溃，但如果讲到要用生物工程和人工智能来升级人类，创造新的生命形式，就会众说纷纭。如果人类无法制定并执行全球公认的伦理准则，科学怪人

第 7 章　民族主义：无法解决全球性问题

满街跑将为时不远。

一说到要制定这样的伦理准则，民族主义遇到的第一个问题就是想象力不够。几个世纪以来，民族主义都是以领土争端为思考的出发点，但说到 21 世纪的科技革命，则必须从宇宙宏观的角度才能理解。经过 40 亿年由自然选择造就的有机生命进化之后，科学正在迎来由智能设计塑造无机生命的时代。

在这个过程中，智人本身可能会消失。时至今日，我们仍然是人科的一种猿类，与尼安德特人或黑猩猩的身体结构、身体能力和智力依然大致类似。我们不仅双手、眼睛和大脑明显属于人科动物，就连各种欲望、爱情、愤怒和社会关系也是如此。但在一两个世纪内，生物技术和人工智能结合之后，可能会让我们的身体结构、能力和心理特征完全摆脱人科动物的模式。一些人相信未来可以将意识从有机结构中抽离，再也不受生物和物理限制，能自在悠游于网络空间。另外，我们也可能看到智能与意识完全脱钩，在人工智能发展之后，创造出一个由具备超高智能但完全无意识的实体支配的世界。

面对这些可能，以色列、俄罗斯或法国的民族主义者，会如何抉择？如果想对生命的未来做出明智抉择，就必须以远高于民族主义的观点，从全球甚至宇宙的观点来看待事物。

地球这艘宇宙飞船

核战争、生态崩溃和科技颠覆，这三个问题中的每一个都足以威胁人类文明的未来。如果它们交织在一起，更有可能因为互相促进、彼此结合，让人类面临前所未有的生存危机。

举例来说，虽然生态危机可能扼杀我们目前所知的人类文明，但大概不会阻挡人工智能和生物工程的发展。如果你以为等到海平面上升、食物供应大减、人口大规模迁徙，就能转移我们对算法和基因的关注，那么我劝你再好好想一想。生态危机加剧，大概只会加快高风险、高回报技术的研发速度。

事实上，气候变化很有可能发挥与两次世界大战相同的作用。在1914—1918年及1939—1945年两次世界大战期间，随着战争全面展开，所有参战国都把审慎心态与经济考虑抛诸脑后，纷纷投入巨大的资源，进行各种大胆且不可思议的研究计划，让科技发展一飞冲天。虽然许多计划都以失败告终，但也有一部分成功了，研制了坦克、雷达、毒气、超音速喷气式飞机、洲际导弹和核弹。同样，面临气候灾难的国家有可能孤注一掷，不顾一切来一场科技豪赌。出于理性，人类对人工智能和生物工程会有诸多疑虑，然而一旦面临危机，人类就会愿意冒险。不论你现在觉得应该如何管制颠覆性科技，请自问，如果气候变化已经造成全球粮食短缺、城市被洪水吞没、数亿难民流离失所跨越国界，你能否坚持这些管制措施？

相应地，科技颠覆一方面会让全球局势更加紧张，另一方面又会破坏核武器势力的平衡，从而加剧末日战争的危险。自20世纪50年代以来，各超级大国心知肚明，一旦开战必然相互毁灭，因此都尽力避免彼此冲突。但随着新型攻防武器的出现，新兴的科技强权可能认为自己能够在毁灭敌人的同时毫发无伤。反之，丧失优势的国家可能担心自己的传统核武器不再具有威慑力，于是认为与其失去优势，不如尽快使用它们。传统上，核对抗就像一场超理性的国际象棋棋局。如果现在玩家可以用网络攻击来控制对手的棋子，或者有个不知名的第三方神不知鬼不觉地移动棋子，甚至 AlphaZero 也来下这盘核武器国际象棋，将会发生什么？

不仅不同的挑战可能因为相互影响而加剧，应对某个挑战所需的善意也可能因为其他挑战造成的问题而消失。例如，陷入军备竞赛的国家，不太可能同意限制人工智能的研发。试图在科技方面超越对手的国家，也很难同意共同拟订计划来阻止气候变化。只要世界仍然分裂为各个敌对的国家，就很难同时应对这三个挑战，而且只要任何一

第 7 章 民族主义：无法解决全球性问题

个失败，就可能带来灾难性的结局。

总而言之，目前席卷全球的民族主义浪潮并不会把时光带回1914年或1939年。科技已经让一切与过去截然不同，没有任何国家能独自解决科技发展带来的一系列全球生存威胁。共同的敌人是让世界形成共同身份认同的最佳催化剂，人类现在至少有三个这样的共同敌人：核战争、生态崩溃、科技颠覆。但如果即便面对这些共同威胁，人类仍然选择坚持对自己国家的忠诚高于一切，最后的结果可能远比1914年和1939年惨烈。

《欧盟宪法》指出了一条更好的道路，它说："欧洲各国人民虽然仍为本国的身份认同及历史而自豪，但同时决心超越过往的分歧，更紧密地联合起来，打造共同的命运。"[16] 这并不代表要废除所有的国家身份，放弃所有的地方传统，把人类变成一样的灰色傀儡，也不代表要对所有爱国主义的表现嗤之以鼻。事实上，通过提供涵盖全欧洲的军事和经济保护，欧盟可以让法兰德斯（Flanders）、伦巴第（Lombardy）、加泰罗尼亚（Catalonia）和苏格兰等地得以培养当地的爱国主义情怀。想要推动苏格兰或加泰罗尼亚独立吗？如果不用担心德国入侵，同时知道全欧洲会携手对抗全球变暖和跨国企业，独立的前景将更为看好。

因此，欧洲民族主义者的态度正在缓和。虽然回归各民族国家的话题甚嚣尘上，但很少有欧洲人真的愿意为此互相残杀，赔上性命。在过去，比如威廉·华莱士（William Wallace）和罗伯特一世（Robert Bruce）的时代，苏格兰人希望摆脱伦敦的控制，唯有起兵开战。相较之下，2014年苏格兰公投期间没有任何一人送命，而且就算下一次苏格兰独立公投通过，也极不可能看到班诺克本战役（Battle of Bannockburn）重新上演。至于加泰罗尼亚试图脱离西班牙，虽然引发的暴力冲突大大多于苏格兰，但远远不及巴塞罗那在1714年或1939年经历的大屠杀。

希望全球其他国家能够学习欧洲的例子。即便整个地球已经统一，如果只是希望能够歌颂自己国家的独特性、强调自己对本国依然有一份特殊的义务，这样的爱国主义也必定能被人接受。然而，如果人类还希望继续生存、维持繁荣，就必然别无选择，只能在这样的地方忠诚之外，加上对全球社群的各种重大义务。一个人确实能够也应该同时忠于其家人、邻居、专业及国家，那么为什么不把全人类和地球也加到这个清单里？确实，如果许多对象都需要你的忠诚，冲突就难以避免，但谁说生活很简单呢？勇敢面对吧。

在过去的几个世纪中，之所以需要塑造"国家"这种身份认同，是因为人们面临的问题和机会远远超出地方部落能够处理的范围，唯有通过国家规模的合作才有望解决和把握。在21世纪，各个国家发现自己的情况如同过去的部落："国家"这种架构不再足以应对这个时代最重要的种种挑战。我们需要一个新的全球身份认同，才能处理这一系列前所未有的全球困境。我们现在已经有了全球生态、全球经济、全球科学，只剩下政治还卡在国家层面。在层面上无法搭配，也就让政治系统无法有效地解决人类的重大问题。想要让政治有效地发挥作用，只有两种选择：要么让生态、经济和科学的进步"去全球化"，要么让政治"全球化"。既然生态和科学进步已经不可能"去全球化"，而且让经济"去全球化"的成本极高，政治全球化也就成了唯一有效的方法。

要让政治全球化，民族主义情怀大概帮不上忙。是否可以依靠人类普遍共有的宗教信仰传统，协助我们统一世界？几百年前，基督教和伊斯兰教等宗教的思考方式就已经属于全球而非地方层面，探寻的也一直是生命中的种种重大问题，而不是这个国家或那个国家的政治斗争。只不过，传统宗教现在还有影响力吗？它们是否仍有能力塑造这个世界？它们是否只是过去残余的无用之物，在现代国家、经济和科技的强大力量冲击下四处飘零？

第 8 章　宗教：
神祇只是为国家服务

到目前为止，不论是现代的意识形态、科学专家，还是国家政府，都无法为人类未来提出可行的愿景。从人类宗教传统的深井里，是否能汲取出这样甜美的愿景？或许在《圣经》《古兰经》《吠陀经》的字里行间，早有答案等着我们。

没有信仰的世俗之人，可能会对这种想法嗤之以鼻，也可能会感到担心。各种宗教经典或许在中世纪很有影响力，但到了人工智能、生物工程、全球变暖和网络战争的时代，怎么可能还由它们来指引我们？只不过，真正没有信仰的人其实是少数。比起进化论，仍然有数十亿人更相信《古兰经》或《圣经》。印度、土耳其和美国等诸多国家虽然大不相同，但政治都同样受到宗教运动的影响。宗教之间的敌意更让尼日利亚和菲律宾等国的内部冲突火上浇油。

那么，基督教、伊斯兰教和印度教等现在到底还能发挥多少作用？这些宗教能帮助我们解决目前的主要问题吗？想要讨论传统宗教在 21 世纪的作用，得先把问题分成三类：

  1. 技术问题。例如，在气候干燥的国家，农民如何应对全球变暖造成的严重干旱？

  2. 政策问题。例如，各国政府应该采取什么措施，才能预防全球变暖？

3. 身份认同问题。例如，我真的需要在意世界另一边的农民有什么问题吗？还是只要关心自己的部落或国家的人就好？

正如我们接下来会提到的，传统宗教基本上与技术和政策问题的关系不大，却和身份认同问题息息相关，只不过多半是造成问题，而不是解决问题。

技术问题：基督教农业

在前现代时期，宗教要负责解决许多世俗领域的技术问题，例如农业。各种神圣历法会告诉你什么时候该播种，什么时候要收获。另外，配合寺庙仪式，祈求风调雨顺、害虫不兴。如果发生干旱或蝗虫肆虐等农业灾害，农民就会请祭司或牧师等神职人员来和众神交涉。此外，医学也属于宗教的领域。几乎所有的先知、大师和萨满巫师都兼任医生，耶稣也花了不少时间为患者治病，让盲者得见、哑者得言、狂者重获神智。不管你是住在古埃及，还是中世纪的欧洲，生了病可能要找巫医而不是医生，去的是寺院而不是医院。

现在，医疗已经由生物学家和外科医生接手，不再靠神职人员或谁来行神迹。如果现在埃及遭遇蝗灾，埃及人可能还是会向真主安拉求援（反正没什么损失），但他们绝不会忘记同时找来化学家、昆虫学家和遗传学家，努力研发更有效的杀虫剂、更能抗虫的小麦品种。如果某位虔诚的印度教徒的孩子患上了严重的麻疹，这位父亲会向医神昙梵陀利（Dhanvantari）祈祷，也会在当地的寺庙供上鲜花和甜点；但首先，他得先把孩子送到最近的医院，交给那里的医生医治。即便精神疾病这个宗教治疗师的最后据点，也正逐渐转移到科学家手中。原本的恶魔学改成了神经学，驱魔术改成了百忧解。

第 8 章　宗教：神祇只是为国家服务

可以说科学大获全胜，也改变了我们对宗教的看法。我们不再认为农业和医学与宗教有关，就连许多宗教狂热分子也好像集体得了失忆症，宁可忘记传统宗教曾经主张这些领域都归它管辖。狂热分子说："现在找工程师和医生又怎样？这证明不了什么。从一开始就是宗教归宗教、医归医、农归农。"

传统宗教之所以输掉这么多地盘，老实说就是因为它在农业或医疗保健上的表现实在不好。各家祭司或各方大师的真正专长从来就不是降雨、治疗、预言或魔法，而一直都只是诠释。要想当一个祭司，重点不是知道怎么跳祈雨舞，结束干旱，而是知道如何在祈雨舞失败的时候找到借口，并让人们继续信神，就算人们所有的祈祷神似乎都听不到。

正是因为宗教人士太注重诠释，一旦面对科学，就会处于劣势。虽然科学家也会投机取巧和扭曲证据，但说到底，科学的真正意义还是在于愿意承认失败、尝试不同的方法。正因为如此，科学家逐渐学会怎样种出更优良的作物、研制出更好的药物，但祭司和大师只学会了怎么找出更好的借口。几个世纪以来，就连最虔诚的信徒都开始注意到这种差异，于是宗教权威在越来越多的科技领域节节败退。这一点也让整个世界逐渐走向共同的文明，毕竟只要东西真的有用，人人都会用。

政策问题：伊斯兰教经济学

虽然科学能明确解答如何治疗麻疹等技术问题，但当科学家面对政策问题时却会各说各话。几乎所有的科学家都认同全球变暖是一个事实，但对于经济该如何应对这种威胁，却无法达成共识。然而，这并不代表传统宗教就能解决问题。古代宗教经典在现代经济中就是发挥不了什么作用，而且现代经济的主要分歧（例如资本主义者和社会主义者）也无法对应传统宗教中的分歧。

确实，在以色列或伊朗这样的国家，拉比和阿亚图拉（Ayatollah，伊朗伊斯兰什叶派领袖的称号）确实能直接影响政府的经济政策。即便在美国和巴西等比较世俗的国家，宗教领袖也会针对税收、环境法规等问题，影响公众舆论。如果仔细观察这些例子，你会发现传统宗教在大多数时候就像现代科学理论的副手。举例来说，当伊朗的阿亚图拉哈梅内伊（Ayatollah Khamenei）要针对伊朗经济做出重要决定时，他在经文中一定找不到需要的答案，因为7世纪的阿拉伯人根本不懂现代工业经济或全球金融市场的问题和商机。所以，他或手下的人就得求助于马克思、米尔顿·弗里德曼（Milton Friedman）、弗雷德里克·哈耶克（Friedrich Hayek）以及现代经济学，才能获得解答。当决定要提高利率、降低税负、将国营企业民营化或签署国际关税协议时，哈梅内伊再运用其宗教知识和权威，把科学包装进这段或那段经文里。但不管怎么包装，意义并不大。只要比较一下就会发现，不管是什叶派的伊朗、逊尼派的沙特阿拉伯、犹太教的以色列、印度教的印度、基督教的美国，经济政策都大同小异。

在19世纪和20世纪，伊斯兰教、犹太教、印度教和基督教思想家挞伐现代物质主义，反对缺少灵魂的资本主义，也指责官僚制国家大而无当。这些宗教都承诺，只要给它们一个机会，就能扫除所有现代性的弊病，并根据其信条当中永恒的精神价值，建立完全不同的社会经济体系。现在，它们有过好几次机会，但如果说现代经济就像一栋大楼，那么宗教对它唯一的改变大概就是重新刷漆，再在屋顶装一个大大的十字架、新月、大卫之星或"唵"的标志。

就像前面提过的祈雨的例子，宗教在经济方面也是如此，正是因为宗教学者长期练习重新诠释文本的技巧，最后反而让宗教与实用越来越远。不管哈梅内伊选了哪种经济政策，都一定能够从伊斯兰教经典里找到选择的理由。但这种做法等于让伊斯兰教经典倒退一步，不再被视为真正的知识来源，而只是为了显示它的权威性。面对经济

第8章 宗教：神祇只是为国家服务

困境，需要先读马克思和哈耶克，以便帮助你进一步理解经济体系，用新的观点看待事物，思考可能的解决方案。直到找到答案，你才会仔细阅读伊斯兰教经典，希望能找到某个篇章，只要诠释的时候发挥足够的想象力，就能用来支持你从哈耶克或马克思那里得到的解决方案。总之，只要你是一个优秀的伊斯兰教经典学者，就一定能从经文里找到支持的说法。

基督教也是如此。基督徒既可能支持社会主义，也可能支持资本主义，而且虽然耶稣说的某些内容与共产主义相似，但在冷战时期，美国的资本主义者还是继续读着"登山宝训"而没有觉得有什么不对。总之，就是没有"基督教经济学""伊斯兰教经济学""印度教经济学"这样的东西。

并不是说《圣经》《吠陀经》、伊斯兰教经典里没有任何经济观点，只是那些概念可能已过时。圣雄甘地读了《吠陀经》之后，理想中的独立印度就是集合了许多自给自足的农业社群，各自纺着自己的印度手工织布，出口量不大，进口量更少。在甘地最著名的照片里，他用双手纺织棉花，于是纺织机轮子这个不起眼的标志成了印度民族主义运动的象征。[1] 然而，这种田园牧歌式的观点实在无法贴合现代经济学现实，因此现在只剩下甘地的肖像，继续在几十亿张印度卢比钞票上微笑。

今天，现代经济理论之所以比传统宗教教条更实用，是因为即使表面上是宗教冲突的事件，也能用经济理论来解释，但没有人想反过来用宗教理论解释经济事件。举例来说，有人会说天主教徒和新教徒之间的北爱尔兰问题主要是由阶级冲突引起的。由于历史上的各种意外，北爱尔兰的上层阶级主要是新教徒，下层阶级则主要是天主教徒。因此，乍一看，这场冲突似乎是关于基督教本质的神学之争，实际上则是典型的贫富斗争。但相对地，关于20世纪70年代南美共产党游击队和资本家地主之间的冲突，大概很少有人会说实际上这是由于对基督教神学更深层次的分歧所致。

当面对21世纪的重大问题时，宗教能做些什么？举例来说，该不该让人工智能有权决定人们的生活？例如，该读什么专业、在哪里工作、和谁结婚。在这个问题上，伊斯兰教的立场是什么？犹太教的立场是什么？这个问题并不会有伊斯兰教或犹太教的立场之别，人类大概只会分成两大阵营：一派赞成让人工智能拥有这些重要权力，另一派则反对。很有可能两派中都各自会有穆斯林和犹太人，也各自会从伊斯兰教和犹太教经典里面找出经文，再运用想象力来诠释、支持自己的立场。

当然，宗教团体也可能在特定问题上坚持自己的看法，再把这些看法说成是既神圣又永恒的教条。在20世纪70年代，拉丁美洲的神学家就曾提出解放神学（Liberation Theology）理论，让耶稣变得有点儿像切·格瓦拉。同样，在关于全球变暖的辩论中经常有人会召唤耶稣，把政治立场装扮得像是永恒的宗教定律。

这是已经开始发生的事。某些美国福音派牧师，就在布道词里呼吁反对环境法规，并表示如果人们不这么做就会在地狱中遭受火刑。教皇方济各更是以耶稣之名，带头否定全球变暖〔正如他的第二篇教皇通谕《愿上主受赞颂》（Laudato si）所示〕。[2] 所以或许到2070年，对环境议题的看法，完全取决于你是一个福音派教徒还是一个天主教徒。毋庸置疑，福音派肯定会反对设定任何碳排放上限，天主派则相信耶稣让我们推行环保。

可能就连人们开的车也会不同。福音派开的会是气派耗油的SUV（运动型多用途车），虔诚的天主派则会开流线时髦的电动车，后面保险杠的贴纸上还写着："让地球燃烧，就等着在地狱燃烧！"虽然他们都可能引用《圣经》来捍卫自己的立场，但分歧的真正根源在于现代科学理论和政治运动，而非《圣经》。从这个角度来看，宗教对于我们这个时代的重大政策争议也派不上什么用场。

第 8 章　宗教：神祇只是为国家服务

身份认同问题：沙地上不可跨越的那条线

批评宗教只是虚饰的外表、背后是科技和经济强大的力量，有些夸张了。虽然伊斯兰教、印度教或基督教在现代经济这栋大楼上只能说是装饰，但民众往往认同的就是这个装饰，而民众的认同又是历史上极为重要的力量。人类的力量需要群众合作，群众合作又需要先打造群众的身份认同，而且所有群众的身份认同都以虚构的故事为基础，而不是以科学事实或经济必需品为根基。即便到了 21 世纪，要把人类分成犹太人或穆斯林、俄罗斯人或波兰人，靠的也是宗教神话。纳粹曾经尝试用科学将人类分为不同的种族和阶级，但已经被证明那只是危险的伪科学。在那之后，科学界一直很不愿意再协助找出人类究竟有什么"自然"的身份定义。

所以到了 21 世纪，虽然宗教无法带来雨水，无法医治疾病，也无法制造炸弹，但能用来判断谁是"我们"，谁又是"他们"，哪些是我们该医治的目标，哪些又是我们该轰炸的对象。如前所述，不管是什叶派的伊朗、逊尼派的沙特阿拉伯，还是犹太教的以色列，实际上的差异都不大，都是官僚组织的民族国家，多少都奉行资本主义政策，都让儿童接种脊髓灰质炎灭活疫苗，也都靠化学家和物理学家制造炸弹，没有什叶派官僚组织、逊尼派资本主义或犹太教物理学这种玩意儿。所以，到底是什么让人们觉得自己有特殊之处，愿意忠于某个人类部落，而且还要敌视另一个部落呢？

人类就像一片不断变动的沙地，为了画出彼此明确的界线，宗教用的就是各种仪轨、仪式和典礼。什叶派、逊尼派和正统派犹太教穿着不同的衣服，唱着不同的祷歌，遵守着不同的禁忌。这些不同的宗教传统往往让日常生活充满美，也鼓励人类更加亲切和慈爱。每日 5 次，在集市、办公室和工厂的一片嘈杂声中，宣礼员（muezzin）悠扬跌宕的声音会再次响起，呼唤穆斯林暂时放下世俗追求的喧嚣扰攘，让自己触碰联结永恒的真理。印度教信徒则靠普迦（puja）仪式和吟唱箴言，达到相同的目标。每周五晚上，犹太教信徒全家人会共进晚餐，享受着特别的欢乐、感恩和团聚。周日早上，则有基督教福音合唱团为数百万人的生活带来希望，希望培养信任和情感，让社群的关系更紧密。

有些宗教传统给世界带来许多丑陋，让人们表现得既刻薄又残酷。举例来说，宗教造成的厌女症或种姓歧视就绝非好事。无论带来的是美丽，还是丑陋，这些宗教传统都会让某些人团结起来并觉得与他人有所不同。在外界看来，宗教传统区分彼此的标准常常只是一些芝麻小事，弗洛伊德将人类对区分此类细节的痴迷，戏称为"对微小差异的自我陶醉"。[3] 其实，在历史和政治上，微小的差异也能产生深远的影响。例如，假设你是男同性恋或女同性恋，那么你待在什么国家就成了真真切切、生死攸关的问题。在以色列，LGBT（女同性恋、男同性恋、双性恋、跨性恋）享有法律保护，甚至也有一些拉比愿意为两位女性证婚。在伊朗，同性恋者遭到系统性的迫害，甚至偶尔会遭到处决。在沙特阿拉伯，女同性恋到2018年才获准开车，但只因为她是女性，和女同性恋没什么关系。

日本是传统宗教仍然持续在现代世界发挥力量、具有重要性的最好的例子。1853年，美国舰队逼迫日本向现代世界敞开大门，日本开始了迅速且极其成功的现代化进程，短短几十年就成为一个强大的现代化国家，依靠科学、资本主义和最新的军事科技侵略中国，打败俄国，占领中国台湾和朝鲜半岛，最后偷袭珍珠港，并且击溃了欧洲在远东的各个殖民地。然而，日本并没有盲目复制西方的蓝图，而是坚决维护其独特的身份认同，希望让现代日本人仍旧忠于日本，而不是忠于科学、现代性或意义模糊的全球社群。

为此，日本推崇本土的神道教，作为日本身份认同的基石。事实上，日本这个国家重新改造了神道教。传统的神道教是信奉各种神灵鬼怪的泛灵信仰，每个村庄、寺庙都有自己偏好的神灵及地方习

第 8 章　宗教：神祇只是为国家服务

俗。到了 19 世纪末 20 世纪初，日本创造了官方版本的神道教，同时打压了许多地方传统。日本当时的精英分子筛选并采用了欧洲帝国主义的想法，使官方的"国家神道"融合了再现代不过的国家和种族观念。另外，只要有助于巩固国家忠诚，佛教、儒学或武士封建习俗元素一律采纳。最重要的一点，国家神道的最高原则就是要崇敬日本天皇，认为天皇是一位永生神（living god），是天照大神的直系后裔。[4]

乍看之下，对于一心想要快速现代化的国家来说，这种新旧混搭似乎是一个极不合理的选择。永生神？万物都有灵性？封建精神？这听起来实在不像是现代工业强国，反而像新石器时代的部落酋长。

然而，这套制度完全发挥了神效。日本现代化发展的速度十分惊人，同时也使国民对国家极度忠诚。能够证明国家神道成功的最知名的例子，就是日本比其他国家更早地研制出自己的精确制导炸弹，击沉了数十艘盟军舰艇。这比美国的智能炸弹早了几十年，纳粹德国当时也才刚开始部署 V-2 火箭。我们通过神风特攻队认识了这批精确制导炸弹的威力。现在的精确制导炸弹是由计算机来引导的，而神风特攻队就是用一般飞机装满炸药，再由自愿踏上单程任务的人类飞行员来驾驶。这种自愿牺牲、视死如归的精神，正是国家神道培育的产物。因此可以说，神风特攻队其实融合了当时最先进的科技和最先进的宗教洗脑。[5]

无论是有心，还是无意，今天许多国家都同样在学习日本：一方面，运用现代化共同的工具和架构；另一方面，也依靠传统宗教来维护自己独特的国家认同。国家神道在日本的角色，多少像东正教在俄罗斯、天主教在波兰、伊斯兰什叶派在伊朗、伊斯兰瓦哈比派在沙特阿拉伯，以及犹太教在以色列的角色。无论某个宗教看起来多么古老，只要发挥一点儿想象力并重新诠释，几乎就能搭配最新的科技装备，结合最先进的现代制度。

如同婢女，侍奉着民族主义

因此，无论科技如何发展，还是会受宗教认同和仪式影响，也同样可能造成世界动荡。虽然人们争论的是某个中世纪文本上的教条，但动用的可能是最先进的核弹和网络炸弹。只要人类仍然需要大规模合作，而大规模合作依然需要虚构的共同信仰，宗教、仪轨和仪式的重要性就不会下降。

遗憾的是，这一切都让传统宗教成为人类问题的一部分，而没有成为人类问题的解决方案。宗教依然握有许多政治权力，可以巩固国家身份认同，甚至点燃第三次世界大战的导火线。如果人类希望解决而非激化21世纪的全球性问题，那么传统宗教能做的似乎不多。虽然许多传统宗教都宣称自己奉行的是共通价值观，且放诸四海而皆准，但无论是在朝鲜、俄罗斯、伊朗，还是以色列，传统宗教仍然只是如婢女般侍奉着现代民族主义。于是宗教也就更难超越国界而应对核战争、生态崩溃和科技颠覆等全球威胁。

因此，当面对全球变暖或核扩散等问题时，什叶派教士鼓励伊朗人从狭隘的伊朗观点出发，犹太拉比呼吁以色列人先关心以色列有何好处，东正教神父也敦促俄罗斯人以俄罗斯利益为重。毕竟，我们是神选定的国家，所以对我们国家有利的事，就是神所喜悦的。当然，也有一些睿智的宗教人士拒绝过度的民族主义，抱持更共通的愿景。遗憾的是，他们近来在政治上没有什么权力。

于是，我们就这样陷入左右为难的境地。人类现在形成了共同的文明，核战争、生态崩溃和科技颠覆等问题也只能从全球角度来解决。但同时，民族主义和宗教仍然将人类文明分裂成许多常常敌对的阵营。这种全球问题与地方认同之间的冲突，正危及全球最大规模的多元文化实验：欧盟。欧盟的基础，在于承诺要践行共通的自由主义价值观，现在却因为融合与移民问题而处于崩溃的边缘。

第 9 章　文化认同：
　　　　　开放与宽容

　　全球化大大弥补了世界各地的文化差异，同时让人们更容易遇见陌生人，于是人们难免会因为彼此的差异而产生摩擦。古代盎格鲁-撒克逊人的英格兰与印度帕拉王朝（Pala Empire）之间的差异，远远大于现代英国和现代印度之间的差异，但在阿尔弗雷德大帝（King Alfred the Great）的时候，可没有英国航空公司提供的德里和伦敦之间的直飞航班。

　　现在有越来越多的人跨过国界，追求工作机会、安全保障，以及更美好的未来，但这同时也会挑战政治系统，以及过去人口流动不明显时塑造的集体身份认同，他们需要决定如何面对、同化甚至驱逐这些陌生人。目前对这个问题感受最深切的地方就是欧洲。欧盟成立的时候，承诺要超越法国、德国、西班牙和希腊文化之间的差异，但现在它却可能因为无法调和欧洲人与非洲、中东移民之间的文化差异而崩溃。具有讽刺意味的是，一开始正是由于欧洲成功建立了繁荣的多元文化体系，才会吸引那么多移民前赴后继。叙利亚人想移民到德国，而不想移民到沙特阿拉伯、伊朗、俄罗斯或日本，并不是因为德国更近或更富裕，而是因为德国在欢迎和接纳移民方面做得更好。

　　随着难民和移民潮越来越汹涌，欧洲内部开始出现不同反应，引发对欧洲身份认同及未来的激烈讨论。有些欧洲人要求欧洲关闭大门。是否可以说这些人背离了欧洲多元文化和宽容的理想，或者只是做出明智的选择，希望避免灾难？有些人则呼吁把门开得更大些。难道这些人是忠于欧洲核心价值，或者不负责任地给欧盟加上了不可承受之重？关于移民问题的讨论，最后常常演变成双方无谓的叫嚣，而非真正听取对方的意见。为了把事情说清楚，或许可以把移民比作一项协议，协议内容包括以下三项条款：

第一条：东道国允许移民进入。

第二条：作为回报，移民至少必须接受东道国的核心规范和价值观，甚至需要放弃自己原有的某些传统规范和价值观。

第三条：如果移民同化到一定程度，就会慢慢成为东道国平等且正式的一员，这时"他们"也就成为"我们"。

以上三项条款引出各自关于精确含义的讨论。另外，还有第四项讨论内容，即如何履行协议。现在谈移民问题时，如果把四项讨论混为一谈，人们将无法确定重点，因此最好把这些讨论区分开。

讨论一：移民协议的第一条只说了东道国允许移民进入，但这究竟是一种责任，还是一种施舍？东道国是否有义务向所有人敞开大门，或是否有权选择让哪些人进入，甚至完全拒绝移民？支持移民主义的人似乎认为各国有道德上的责任，不仅应该接收难民，还应该接收那些因为国家贫困而希望寻找工作和更美好未来的人。特别是在这样一个全球化的世界里，人人都对全人类有道义责任。如果推卸这些责任，就是只想着自己甚至就是种族主义者。

此外，许多支持移民主义的人强调，想彻底阻止移民是不可能的事，不管砌了多少高墙、修筑了多少隔离栏，绝望的人都能找到办法跨越边界。所以与其把这一切逼到暗处，成为充斥人口贩运、非法劳工和流浪儿童的庞大地下社会，还不如将移民机制合法化，

第9章 文化认同：开放与宽容

公开处理。

反移民主义者认为，只要动用足够的武力，就能彻底阻挡移民。除了对在邻国真的遭受残酷迫害的难民放行之外，并无义务敞开国门。土耳其或许就有道德义务，让已经被逼到绝路的叙利亚难民跨越边界。如果这些难民接下来想去瑞典，瑞典并没有义务接收他们。如果是想寻求工作或福利的移民，则完全由东道国决定是否要接收他，以及采用怎样的接收条件。

反移民主义者强调，每个人类群体最基本的一项权利就是抵御入侵，不论入侵的是军队，还是移民。瑞典人依靠过往的辛勤工作及无数牺牲，才建立繁荣的自由民主政体。如果叙利亚人没有选择这么做，产生的问题可不能强加到瑞典人头上。如果瑞典选民不希望接收更多的叙利亚移民，无论原因是什么，他们都有拒绝的权利。而且即便他们愿意接收某些移民，大家也要知道这是一种怜悯，而非履行义务。换言之，获准进入瑞典的移民不论得到怎样的对待都应该心存感激，而不能认为自己成了主人，还想提出各种要求。

此外，反移民主义者还会说，任何国家都能自己决定自己的移民政策，除了可以要求移民身家清白、学有所长，甚至还能要求移民所信仰的宗教。如果以色列只想接收犹太人，波兰只愿意接收信仰基督教的中东难民，那么这虽然令人反感，但完全是以色列或波兰选民的权利。

麻烦的是，人类在很多时候总是希望鱼与熊掌兼得。许多国家会对非法移民睁一只眼闭一只眼，甚至愿意引进短期外国劳动力，就是为了利用外国人的干劲、才能和廉价的劳动力。但接下来，这些国家却拒绝让这些人的地位合法化，说自己不愿意接收移民。长远来看，这可能会使社会出现阶级分化，公民属于上层阶级，剥削着无权无势处于下层阶级的外国人。今天，卡塔尔和其他几个海湾国家的情况正是如此。

只要这项讨论没有定论，移民问题的所有后续工作都很难继续。由于支持移民主义的人认为人类有权根据自己的意愿迁徙到另一个国家，且东道国有接收义务，所以一旦这样的迁徙权遭到侵犯，东道国不履行接收义务，他们就会燃起熊熊的道德怒火。听到这种想法，反移民主义者则会瞠目结舌。他们认为移民是一种特权，接收是一种怜悯。不过只是因为拒绝外国人进入自己的国家，就成了种族主义或法西斯主义了吗？

当然，即便允许移民是一种怜悯而非义务，等到移民在东道国逐渐落地生根，东道国也得对他们及其后代承担各种责任。所以，今天，美国的反犹太主义者说，"我们在1910年帮了你的曾祖母一个大忙，让她进入这个国家，所以我们现在想怎样对你都行"，这是绝对说不通的。

讨论二：移民协议的第二条提到，当移民获准入境后，有接受当地文化的义务。那么，接受程度有多大？如果移民从父权社会来到自由社会，就得成为女权主义者吗？如果原本的社会笃信宗教，现在就得接受世俗的世界观吗？传统的服饰规范和饮食禁忌都要全部被抛弃吗？反移民主义者常常会把这些标准定得很高，但支持移民主义的人则把标准定得很低。

支持移民主义的人会说欧洲本身就非常多元，各个原生族群原本就有非常多样的信仰、习惯和价值观，正因为如此，欧洲才会生机勃勃，格外强大。所以，为什么要逼着移民遵守某些只存在于想象，其实欧洲人也很少会真正照办的身份认同呢？当英国公民几乎都不去教堂时，真的要逼移民到英国的穆斯林变成基督徒吗？如果这些移民来自印度旁遮普邦，他们真的要放弃咖喱和印度香料，支持炸鱼薯条和约克郡布丁吗？如果说欧洲有一个真正的核心价值，那就应该是一种宽容与自由的开放价值观。这也就意味着欧洲应该对移民持宽容态度，并且允许移民在不损害他人自由及权利的前提下，自由自在地保持其

第 9 章 文化认同：开放与宽容

传统。

反移民主义者也同意宽容和自由是欧洲最重要的价值观，并指责许多移民群体（特别是来自伊斯兰国家的移民群体）不宽容、厌恶女性、厌恶同性恋、反犹太。他们认为，正因为欧洲人重视宽容，所以不能让太多不宽容的人移民。如果意见偏执的群体人数不多，宽容的社会还能够接纳，然而此类极端主义者的数量一旦超过一定的门槛，社会就会发生质变。当欧洲接收了太多来自中东的移民时，最终就会变成中东的模样。

一些反移民主义者想得更远，认为民族不仅仅是一群能够彼此包容的人，所以只是要求移民遵守欧洲的宽容标准还不够，他们必须具备英国、德国或瑞典文化的各种独特样貌，无论这些样貌是什么样的。毕竟，当地方文化允许移民进入的时候，就已经在冒巨大的风险并承担巨大的代价，我们绝不应要求地方文化自我摧毁。既然地方文化提供了完全的平等，就应该有权要求完全的同化。如果移民无法接受英国、德国或瑞典文化里的某些怪癖，欢迎他们去其他国家。

这个争论里的两个关键问题，在于对"移民的不宽容"有不同意见，对"欧洲身份认同"也有不同看法。如果移民确实都抱持令人难以忍受的不宽容态度，那么即便目前支持移民的自由主义欧洲人迟早也会持反对意见。相反，如果多数移民在面对宗教、性别和政治时也展现出自由和宽容，就会让目前这个反对移民的最有力的论点失去力量。

然而，欧洲身份认同的问题仍然有待解决。虽然宽容是一种共通价值，但说到底，要移民到法国的人得接受哪些独特的法国规范和价值观，要移民到丹麦的人又得认同哪些独特的丹麦规范和价值观？只要欧洲人对这个问题还有不同的看法，就很难制定明确的移民政策。相反，只要欧洲人对这些问题有一致的看法，欧盟人口总数高达 5 亿，要接收（或拒绝）100 万难民应该不是难事。

讨论三：移民协议的第三条提到，如果移民确实真诚地努力融入同化（特别是接受了宽容的价值观），那么东道国就有义务将其视为一等公民。然而，究竟得花多长时间，移民才能成为这个社会的正式成员？来自阿尔及利亚的第一代移民，到法国已超过20年，却仍然未被接受为法国公民，他们该感到委屈吗？至于那些祖父、祖母于20世纪70年代来到法国的第三代移民，他们又该怎么想？

支持移民主义的人通常认为应该迅速接受这些移民，而反移民主义者则希望有更长的观察期。对于支持移民主义的人来说，如果第三代移民仍未被视为平等的公民，这是东道国没有履行应尽的义务。如果由此引发了紧张局势、敌意甚至暴力事件，东道国只能怪自己的偏见惹事了。在反移民主义者眼中，这种过高的期望正是问题的一大来源。移民就应该耐心地等着被别人接受。如果你的祖父、祖母移民过来才短短40年，你现在就因为觉得自己还没被当成当地人而上街吵吵闹闹，那显然是你的问题。

这个讨论的根本问题，在于个人和整体对于时间长短的感受不同。从人类整体的角度来看，40年并不长。想要期望社会在几十年内完全吸收并接纳某些外来的群体，无异于缘木求鱼。历史上确实有一国文明将外国人同化、视之为平等公民的例子，例如，罗马帝国、伊斯兰哈里发、中国和美国，但这些转型都花了几个世纪，而不是短短几十年。

从个人角度来看，40年已经如同永恒。如果一个青少年，在祖父、祖母移民法国20年后出生，那么当初从阿尔及尔到马赛的这段旅程对他来说就像上古的历史一样久远，毕竟他出生在法国，所有的朋友也都在法国，他说的是法语而非阿拉伯语，这辈子也没去过阿尔及利亚。对他来说，法国是他唯一的家，但现在却有人说法国不是他的家，叫他滚回他从未居住过的地方，这岂不是无稽之谈？

这就好像你拿了一颗澳大利亚尤加利种子，种在了法国。从生态

第 9 章 文化认同：开放与宽容

学的角度来看，尤加利是一种入侵物种，需要经过许多世代，植物学家才会将它们重新归类为欧洲本土植物。但对于每棵生长于法国的树来说，当然觉得自己就是一棵法国树。如果不用法国的水去灌溉，它就会枯萎。如果把它挖出来，会发现这棵树已经深深扎根于法国的土壤中，和当地的栎树和松树别无二致。

讨论四：除了以上所有关于移民协议的定义问题之外，最重要的问题就是这种协议到底能不能执行。双方真的会履行义务吗？

反移民主义者常常会说移民并未遵守第二条，并非真心实意地想融入东道国，而且许多移民还死守着不宽容、固执己见的世界观，所以东道国自然不用遵守第三条（将移民视为一等公民），也很有理由重新考虑第一条（允许移民进入）。如果来自某个特定文化的移民一直明显不遵守移民协议，为什么还要继续让更多的人移民过来，制造更大的问题呢？

支持移民主义的人则会说，真正没履行义务的是东道国，绝大多数移民都真心实意地想要融入同化，是东道国让一切窒碍难行。而且即便移民已经成功同化，甚至到了第二代或第三代，还是会被视为二等公民。这样一来，很可能因为双方都不履行承诺，形成恶性循环，使得对另一方的怀疑和不满日益加剧。

想解决第四项讨论，就必须先清晰地定义前面三项条款。如果我们不知道接收移民究竟是一种责任，还是一种怜悯，移民的融入同化究竟要到什么程度，东道国应该用多长时间将移民视为平等公民，那么就不可能判断双方究竟是否履行了义务。还有一个问题，即这些账该怎么算？当评估这种移民协议的时候，双方总是盯着另一方违约的行为，而很少会注意履约的部分。如果有 100 万个移民都是守法的公民，但有 100 个加入了恐怖组织并攻击了东道国，那么就所有移民而言，这到底是遵守了条款，还是违反了条款？或者，如果某位第三代移民曾在某条街走过上千次，虽然不曾被骚扰调戏，但偶尔会有几个种族主义者对她进行辱骂，这到底算当地民众接纳了移民，还是拒绝了移民？

其实，在所有这些讨论的背后，还潜藏着更根本的问题，涉及我们对人类文化的理解。当我们讨论移民问题的时候，究竟是假设所有文化在本质上都平等，还是认为某些文化可能比其他文化更优越？当德国人讨论接收100万个叙利亚难民的时候，如果认为德国文化在某些方面优于叙利亚文化，是否有道理？

从种族主义到文化主义

一个世纪以前，欧洲人一心认为某些种族（特别是白人种族）在本质上比其他种族优越。1945年以后，此类观点越来越遭人唾弃，种族主义不仅被认为在道德上大有问题，在科学上也破产了。生命科学家（特别是遗传学家）提出了极有力的科学依据，证明欧洲人、非洲人、中国人和美洲原住民之间的生物学差异小到可以忽略不计。

但与此同时，人类学家、社会学家、历史学家、行为经济学家甚至脑科学家已经收集了大量的数据，显示人类的各种文化之间确实存在显著差异。确实，如果人类的所有文化基本上都相同，哪还需要人类学家和历史学家？何必投入资源研究那些微不足道的差异？派人到南太平洋和卡拉哈里沙漠做调查的花费实在太高，省下这笔钱，研究住在牛津或波士顿的人不就行了吗？如果文化差异小到可以忽略，那么我们研究哈佛大学学生的结果，套用到卡拉哈里沙漠狩猎采集者身上应该也说得通。

只要思考一下，大多数人都会承认人类文化（从性习俗到政治习惯等）之间确实有一些重大差异。那么，我们该怎样处理这些差异呢？文化相对主义者认为，差异并不代表有高下之别，我们也绝不应该偏爱某种文化。人类思考和做事的方式可能有所不同，但我们应该欣赏这种多元性，并认为所有信仰和行为一律平等。不幸的是，这种

第9章 文化认同：开放与宽容

宽容的态度在现实中行不通。如果面对的是美食、诗歌，那么人类确实能够接受多元化；但如果面对的是烧死女巫、杀死婴儿或奴隶制度，大概很少有人会说这些也是人类迷人的多样性，应该受到保护，不该受到全球资本主义和可口可乐殖民主义的侵扰。

让我们再想想不同文化如何看待陌生人、移民和难民。各个文化接纳异己的程度都不相同，21世纪初的德国文化，就比沙特阿拉伯文化更欢迎移民，对待陌生人也更宽容。穆斯林想移民到德国，会比移民到沙特阿拉伯更容易。事实上，即便是来自叙利亚的穆斯林难民，移民到德国也可能比移民到沙特阿拉伯更容易。自2011年以来，德国接收的叙利亚难民人数要远高于沙特阿拉伯接收的人数。[1] 同样，也有有力的证据显示，21世纪初的加州文化比日本文化更欢迎移民。这样一来，如果你觉得"欢迎移民、宽容对待陌生人"是一件好事，是否也代表你认为至少在这方面，德国文化优于沙特阿拉伯文化、加州文化优于日本文化？

此外，即便理论上两套文化规范不分高下，在实际的移民情境里，也有理由认为东道国的文化更好。在某国适用的规范和价值观，换个地方就可能窒碍难行。让我们讨论一个具体例子。为了不受固有偏见的影响，且让我们虚构两个国家：冷国和热国。这两个国家在文化上有许多不同，其中包括对人际关系的态度，以及处理人际冲突的方法。冷国的人从小就被教导，如果在学校、公司甚至在家里和别人发生冲突，最好忍让，千万别大吼大叫、表达愤怒或与对方针锋相对，怒火只会让事情变得更糟。最好控制自己的情绪，让双方冷静下来，并尽量离那个人远一点儿。如果不得不联系，就保持礼貌、长话短说，并避免敏感问题。

相较之下，热国的人从小就被教导要把所有冲突表现出来。遇到冲突的时候千万别憋着，也千万别压抑。要把握机会，第一时间把情绪表达出来，可以生气，可以大吼大叫，要让对方明确知道你的感受。

只有像这样诚实又直接，才能让双方一起解决问题。宁可今天吼一吼，也不要让问题拖好几年。尽管正面冲突绝不会愉快，但事后会觉得好多了。

这两种方法各有利弊，很难说哪个一定比较好。然而，如果热国人移民到冷国，在冷国的公司就职，会发生什么事？

每次与同事发生冲突，这个热国人都会拍桌怒吼，认为这能让大家把注意力集中在问题上，并迅速解决问题。几年后，主管职位出现一个空缺，虽然这个热国人符合所有要求，但老板却想把职位留给冷国人。当被问到原因时，老板的回答是："没错，那个热国人能力很强，但他的人际关系问题很大，脾气暴躁，给身边的人带来不必要的紧张情绪，也影响了我们的公司文化。"其他移民到冷国的热国人也面临相同的命运，多半只能待在基层，甚至根本找不到工作。一切只因为冷国经理认为，只要是热国人，大概都是脾气暴躁的问题员工。因为热国人永远无法进入高层，也就很难改变冷国的公司文化。

至于移民到热国的冷国人，也会碰到同样的问题。冷国人在热国就职之后，很快就被认为态度冷冰冰、自以为了不起，几乎交不到任何朋友。热国人觉得他要么不真诚，要么缺少基本的人际关系技巧。他永远无法进入高层，也就很难改变热国的公司文化。在热国的经理看来，冷国人多半都不友善、太害羞，如果需要和客户联系，或与其他员工密切合作，最好还是别找冷国人。

这两个例子看起来都有种族主义的嫌疑，其实都不是种族主义，而只是"文化主义"。人类现在还在英勇地对抗着传统的种族主义，却没发现战场已经转移。传统的种族主义正在消逝，现在满世界都是"文化主义者"。

传统的种族主义一直坚定地以生物学理论作为推论基础。在19世纪90年代或20世纪30年代，英国、澳大利亚和美国等国家普遍认为，某些可遗传的生物特质让非洲人和中国人天生就不如欧洲人聪

第9章 文化认同：开放与宽容

明、奋进、有道德。问题出在他们的血液里，无法解决。这种观点当时在政治上受到欢迎，在科学上也得到广泛支持。然而今天，虽然许多人仍然会提出这样的种族主义主张，但已经完全无法得到科学支持，在政治上也多半不再受欢迎。

例如，在美国，某些政党和领导人虽然会公开支持歧视政策，也常常发表言论贬低非洲裔美国人、拉丁裔美国人和穆斯林，但他们现在很少会把 DNA 作为理由，而是会说这个问题与文化有关。所以，当特朗普总统把海地、萨尔瓦多和非洲某些地区称为"屎洞国家"的时候，显然要大家思考的是这些地方的文化，而不是这些地方人的基因组成。[2] 还有一次，特朗普讲到墨西哥人移民到美国时说："墨西哥让国民移民美国的时候，来的不是最好的人，而是那些问题一堆的人。这些人把问题都带过来了，如毒品和犯罪。这些人中有的人是强奸犯，大概也有一些好人。"这种说法非常无礼，但他的立论基于社会学，而不再是生物学。特朗普并没有说墨西哥人的血液会阻碍一切美好，只是说那些高素质的墨西哥人通常不会跨过美墨的边界。[3]

在这里，辩论的重点仍然在于人的身体，不论是拉丁裔美国人的身体、非洲裔美国人的身体，还是华裔美国人的身体，肤色的确至关重要。走在纽约的街头，如果你的皮肤里有大量的黑色素，那么无论你走到哪里，都会被警察重点怀疑。然而，特朗普总统和奥巴马总统之类的人，都会从文化和历史的观点来解释肤色的影响。警察一看到你的肤色就立刻变得警觉，并非出于生物学原因，而是因为过去的奴隶庄园和市中心贫民区留下的印象。奥巴马阵营大概会说这是因为警察有偏见，很不幸的是，这是美国历史留下的问题。特朗普阵营则大概会说这是因为黑人易犯罪，但也说这很不幸，是美国历史留下的问题。无论如何，即使你对美国历史一无所知，不过是一个从印度德里去美国的游客，还是得面对这段历史的影响。

从生物学转向文化，绝不只是换个术语且没什么意义，而是一个重大的转变，会带来深远的实际影响，而且好坏参半。首先，比起生物学，文化有更大的延展性。因此，一方面，现代文化主义者可能会比传统种族主义者更包容，只要外来者愿意接受我们的文化，我们就愿意视人如己。另一方面，外来者需要融入同化的压力就大得多了，而且一旦未能做到，受到的批评将更为严厉。

几乎没有人会怪黑人没把皮肤漂白，但就是会有人指责非洲人或穆斯林不遵循西方文化的规范和价值观。这并不是说这些指责有道理。很多时候，本来就没有理由让别人接受主流文化，还有很多时候，这是一项几乎不可能完成的任务。来自贫民窟的非洲裔美国人，即使一心想融入美国文化，也可能遭遇体制性歧视，而且还可能被指控为自己不够努力，只能怪自己。

从生物学出发与从文化出发还有第二个关键区别：传统的种族主义就是一种偏见，但文化主义者的主张偶尔也有道理，就像前面列举的热国与冷国的例子。热国人和冷国人确确实实拥有不同的文化，特别是应对人际关系问题的方式不同。许多企业都很看重人际关系，如果某个来自冷国的员工依照自己的文化传承行事，并因此遭到所属热国企业的惩罚，那么这家企业的做法有没有伦理问题？

人类学家、社会学家和历史学家都对这个议题非常不安。一方面，这听起来和种族主义相似到令人心惊。另一方面，文化主义的科学基础比种族主义更为稳固，就连人文社会科学领域的学者，都无法否认文化差异的存在和重要性。

当然，即便我们愿意接受文化主义的某些论点，也不代表必须全盘接受它的所有论点。文化主义的许多主张都有三个常见的理论漏洞。第一，文化主义者常把地方优势与客观优势混为一谈。例如，在热国的局部语境中，热国解决冲突的方式就很可能优于冷国的方式。这种时候，如果热国境内的热国企业对内向员工的待遇存在差别也是情有可原的（这对冷国移民来说就极为不利）。然而，这并不代表热国的

第9章 文化认同：开放与宽容

方式在客观上更优越。或许热国也能从冷国学到一些东西，而且如果情境有所转变（例如，某家热国企业走向全球化，在许多国家开设分公司），多元化就可能突然成为公司的重要优势。

第二，针对明确的时间、地点及衡量标准，就实际经验而言，文化主义的种种主张可能很合理，但如果让主张过于笼统，就没道理了。例如，说"比起热国文化，冷国文化比较无法容忍公开暴怒"是一项合理的主张，但要说"伊斯兰文化非常不宽容"就远远不那么合理了。后面这种主张实在太不清楚，什么叫作"不宽容"呢？是对人还是对事？某种文化可能在宗教或政治观点上对少数族群非常不宽容，但对肥胖者或老年人非常宽容。而且，"伊斯兰文化"又是什么意思？我们讲的是7世纪的阿拉伯半岛吗？还是16世纪初的奥斯曼帝国？或是21世纪初的巴基斯坦？而且，衡量的标准又是什么？如果我们想看的是对宗教上的少数族群是否宽容，于是把16世纪的奥斯曼帝国拿来和16世纪的西欧比较，结论会是伊斯兰文化实在太宽容了。如果是拿塔利班控制的阿富汗和现代的丹麦比较，结论就会截然不同。

第三，文化主义主张最大的问题在于，虽然这些主张都属于统计性质，但经常被拿来对个人做出预先判断。如果某个热国人和某个冷国移民同时申请热国企业的同一个职位，经理可能更想雇用热国人，因为觉得"冷国人态度冷冰冰的，很孤僻"。即便在统计上确实如此，但或许刚好这个冷国人就比这个热国人更热情、更外向。虽然文化很重要，但人类还是会受个人基因和个人独特经历影响，常常和统计得出的刻板印象大为不同。对于公司来说，认为热情的员工比冷酷的员工优秀很合理，但如果直接说请一个热国员工会比请一个冷国员工好，就没什么道理了。

这一切都只是在修正某些特定的文化主义主张，而不是全盘推翻文化主义。不同于种族主义只是不科学的偏见，文化主义的论点有时可能相当合理。如果我们分析数据，发现热国企业的高层职位几乎没有任何冷国人，原因可能并非出于种族歧视，而是因为正确判断。这时，冷国移民应该愤愤不平，指控热国违反了移民协议吗？我们应该通过"平权行动"法案，强制热国企业雇用更多的冷国高层经理人，希望借此让热国脾气暴躁的商业文化冷静一点儿吗？还是过错其实在于冷国移民无法融入当地文化，所以我们应该推出更强有力的措施，向冷国移民儿童灌输热国的规范和价值观？

让我们从虚构回到现实，可以看到，现在欧洲关于移民的辩论完全不是善恶两端立场鲜明的对决。不管是把所有反移民主义者斥为"法西斯主义者"，还是把所有支持移民主义的人说成"文化自杀"，都是不正确的。因此，当处理移民争议的时候，并不该视为要针对某些无法妥协的道德要求进行绝不让步的抗争。这是两种合理的政治立场之间的讨论，应该通过标准的民主程序来决定。

欧洲究竟能否找出中间路线，既能继续向陌生人敞开大门，又不会被价值观不同的人影响其稳定，目前还很难说。如果欧洲能够找到这样一条道路，同样的公式就能复制到全球使用。如果欧洲失败了，也就代表仅靠相信自由和宽容的自由主义价值观，还不足以解决世界上的文化冲突，也无法在面临核战争、生态崩溃和科技颠覆时让人类团结起来。如果连希腊和德国都无法就未来命运达成共识，5亿富裕的欧洲人都无法接收几百万贫困的难民，那么人类哪里有机会应对全球文明面临的更深层次的冲突呢？

有一件事，或许有助于欧洲和整个世界进一步整合，并保持开放的边界和心胸：降低对恐怖主义的歇斯底里程度。欧洲对自由和宽容的这场实验，如果只因为对恐怖分子的过度恐惧就终至失败，将会非常令人遗憾。这不仅会让恐怖分子得偿所愿，更会让极少数狂热分子拥有对人类未来过大的决定权。其实，恐怖主义是人类社会中处于边缘、力量弱小的一群人的武器。恐怖主义究竟是如何演变成全球政治的主宰的？

第三部分
绝望与希望

虽然各式挑战前所未有、各方歧异激烈紧张,
但只要我们控制恐惧的程度、虚心面对自己的想法,
必能成功应对。

第10章 恐怖主义：
切忌反应过度

恐怖分子可以说是控制人心的大师。他们实际夺走的生命非常少，却让几十亿人深感惊恐，也让欧盟或美国的庞大政体为之震荡。自2001年9月11日以来，每年丧命于恐怖分子之手的平均人数，欧盟约为50人，美国约为10人，中国约为7人，而全球约为2.5万人（主要在伊拉克、阿富汗、巴基斯坦、尼日利亚和叙利亚）。[1] 相较之下，每年丧命于车祸的平均人数，欧洲约为8万人，美国约为4万人，中国约为27万人，全球约为125万人。[2] 糖尿病和高血糖每年夺走约350万人的生命，空气污染则夺走约700万人的生命。[3] 为什么相较于血糖，我们更怕恐怖主义？为什么政府会因为零星的恐怖袭击就输掉选举，但长期的空气污染却没有这种效应？

正如"恐怖主义"一词的字面含义所示，这种军事策略意图通过传播恐惧改变政治局势，而不是为了带来实质伤害。会运用这种策略的，几乎都是力量弱小、无法对对手造成重大伤害的人。当然，所有军事行动都会传播恐惧，但在传统战争中，恐惧只是实质伤害的副产品，通常与造成伤害的力量成正比。而在恐怖主义中，恐惧就是主角，恐怖分子的真正实力与其所激发的实际恐惧完全不成比例。

想依靠暴力手段改变政治局势，并不容易。1916年7月1日，索姆河战役（Battle of the Somme）开打才一天，已有1.9万名英国士兵战死，4万名英国士兵受伤。等到11月战役结束，双方伤亡人数超过百万，其中死亡达30万人。⁴纵然尸横遍野，欧洲的政治权力平衡却几乎毫无改变，要等到再过两年，又是几百万人伤亡之后，一切才终于画上句号。

与索姆河战役相比，恐怖主义简直不足挂齿。2015年11月，巴黎恐怖袭击事件，造成130余人死亡；2016年3月，布鲁塞尔爆炸事件，造成35人死亡；2017年5月，曼彻斯特体育馆爆炸事件，造成22人死亡。2002年，巴勒斯坦针对以色列的恐怖活动达到高峰，公交车和餐厅几乎天天遭到炸弹袭击，当年造成451名以色列人死亡。⁵但在同年，有542名以色列人死于车祸。⁶只有少数恐怖袭击造成的死亡人数达上百人，例如，1988年泛美航空公司103航班在苏格兰洛克比上空爆炸，造成数百人死亡。⁷"9·11"恐怖袭击则创下新纪录，造成近3000人丧命。⁸然而，这和传统战争相比，仍然是小巫见大巫。即便把1945年以后欧洲所有恐怖袭击事件造成的伤亡人数加总（包括所有民族主义者、宗教分子、左派和右派团体的受害者），这个数字也远远不及第一次世界大战之中任何一场不那么出名的战役中的伤亡人数，如第三次埃纳河战役（Battle of the Aisne，伤亡25万人）或第十次伊松佐河战役（Battle of the Isonzo，伤亡22.5万人）。⁹

那么，恐怖分子怎么指望自己有什么影响力呢？他们发动恐怖袭击之后，对手的士兵、坦克和舰船数量丝毫没有减少，通信网络、公路和铁路基本完好无损，工厂、港口和基地也不动如山。其实，恐怖分子所指望的，正在于，虽然几乎无法破坏对手的任何实质力量，但袭击造成的恐惧和混乱会让对手全力出击，过度反应。在恐怖分子的算计之中，激怒对手，让对手动用其强大的力量来反击，所造成的军事和政治风暴绝对会比恐怖分子自己所能造成的更大。当风暴形成之后，许多后果都是始料未及的。对手会犯下各种错误，实施各种暴行，

第 10 章　恐怖主义：切忌反应过度

于是舆论开始动摇，中立人士开始改变立场，权力平衡也开始偏移。

所以，恐怖分子其实就像一只苍蝇，想要摧毁一家瓷器店。苍蝇力气那么小，连一只茶杯都动不了，怎样才能如愿？最好的办法就是找头公牛，飞进它的耳朵，开始嗡嗡作响，让这头公牛因恐惧和愤怒而发狂，在瓷器店里横冲直撞。这正是"9·11"事件后的情景，恐怖主义分子刺激了美国这头公牛在中东这家瓷器店横冲直撞。现在，恐怖分子在一片废墟之中怡然自得。其实，世界上像美国这样容易发怒的公牛实在不少。

重新洗牌

恐怖主义是军事战略的下下策，因为这其实是把决定权交到对手手里。在恐怖袭击前后，对手能动用的力量不会受到任何影响，完全可以随意挑选。一般来说，军队在作战时会不惜一切代价避免出现这种情况。一旦发动攻击，就不仅要激怒敌人，让敌人反击，还要让敌人承受重大的实质伤害，并降低敌人反击的能力，特别是要摧毁那些最危险的武器和选择。

举例来说，日本在 1941 年 12 月偷袭珍珠港，这不是恐怖主义，而是战争。日本无法确定美国会如何报复，但有一件事是确定的：美国在 1942 年绝对无法派出舰队前往中国香港或菲律宾地区。

只是挑衅对手，却不去摧毁对手的任何武器或选择，其实就是一种绝望的表现，可见已经实在没有别的选项。如果还有其他选项，能够给对手造成严重的实质损害，任何人都不会选择恐怖主义袭击。如果说 1941 年 12 月，日本只想挑衅美国一下，于是击沉美国的一艘邮轮，却让美国的大批舰队安安稳稳地待在珍珠港，哪有这种可能？

恐怖分子已经别无选择。他们的力量实在太小，不足以发动战争，于是只好演场戏，希望能够刺激对手，让对手过度反应。恐怖分子制造骇人的暴力场景，抓住我们的想象力，再用这份想象力来对付我们。

只要杀害极少数人，恐怖分子就能让数百万人担心自己的生命安全。为了消除这些恐惧，各国政府对这场恐怖大戏也只好安排一场华丽的国力展示来回应，例如，开始迫害某个族群或入侵其他国家。大多数时候，对恐怖主义过度反应所造成的危险，其实是比恐怖分子本身更大的威胁。

因此，恐怖分子的思考方式并不像军队里的将领，反而像戏剧节目制作人。"9·11"恐怖袭击的公共记忆就可以证明，每个人下意识都明白是怎么回事。如果你问大家，"9·11"事件究竟发生了什么？很多人的答案会是基地组织撞毁了世界贸易中心（双子座大厦）。然而，"9·11"事件攻击的目标除了世界贸易中心之外，还有另外两个目标，特别是成功袭击了美国国防部的五角大楼。为何没什么人记得这件事？

如果"9·11"事件属于传统军事行动，那么最受关注的应该是五角大楼袭击事件。基地组织不仅摧毁了敌军中央指挥部的一部分，也造成敌方高级指挥官和战略分析人员的伤亡。但为什么公共记忆印象更鲜明的是他们摧毁了两栋民用建筑，造成了股票经纪人、会计师和文员的伤亡？

原因就在于，五角大楼是一座相对低矮而不起眼的建筑，但世界贸易中心是纽约的两座高大的标志性建筑，它们倒塌下来会营造出逼人的视听效果，绝对让人永生难忘，挥之不去。由于我们下意识地知道恐怖主义袭击就是一场戏，因此重点不在于它如何影响社会实际，而是如何影响人的情绪。

正如前文提到的恐怖分子的角色扮演，如果想要打击恐怖主义，就该学学戏剧节目制作人，而非军队将领。最重要的是，想要有效打击恐怖主义，就必须先认清这样一个事实：恐怖分子所做的任何事都不可能打败我们，唯一可能打败我们的，就是我们因为恐怖主义的挑衅而过度反应。

第 10 章　恐怖主义：切忌反应过度

恐怖分子其实是在执行一种不可能完成的任务：手上没有军队，却想用暴力来改变政治权力的平衡。为达到目的，恐怖分子就会向政府提出一个不可能的挑战：要政府证明自己可以随时随地保护所有公民免遭暴力侵害。恐怖分子希望在政府试着应对这项不可能的挑战时，让政治重新洗牌，并拿到一些预料之外的王牌。

事实上，各国面对这种挑战，常常能成功击败恐怖分子。例如，过去几十年来，各国歼灭的恐怖组织数以百计。以色列在2002—2004年证明，即便是最激进的恐怖行动，靠蛮力也能镇压下去。[10] 恐怖分子都很清楚，这样的对抗对自己根本不利。正因为他们力量式微，别无其他军事选项，所以早就没什么可失去的了，甚至可能获益很大。时不时地，反恐运动造成的政治风暴反而对恐怖分子有利，所以恐怖分子愿意赌一把：他们就像握有一手烂牌的赌徒，希望与对手重新洗牌。反正恐怖分子已经没什么好输的了，甚至还有可能大赢一场呢。

大空瓶里的小硬币

为什么政府会同意重新洗牌？既然恐怖主义袭击根本无法造成什么实质损害，理论上政府大可不予理会，或避开镜头与麦克风，秘密发动有力的反击。事实上，很多政府就是这么干的。但时不时面对一些攻击，政府就耐不住性子，反应的力度过猛，引发太多关注，这正中恐怖分子下怀。为什么政府会对恐怖主义的挑衅如此敏感？

政府之所以难以忍受这些挑衅，是因为现代政权的合法性正来自保证公共领域不受政治暴力的影响。只要某政权的合法性并非来自承诺阻止各种灾难，就算确实遇上可怕的灾难，政权也能够承受甚至完全无视。相对地，如果政权的合法性遭到破坏，就算只是一个小问题，也可能让政权彻底崩溃。14世纪，黑死病夺走了欧洲1/4~1/2人口的生命，但没有任何一位国王因此失去王位，也没有任何一位国王为了战胜这场瘟疫做过什么努力，原因就在于当时并没有人认为预防瘟疫是国王职责的一部分。但是，当时的统治者如果允许宗教异端在其领土传播，不仅可能丢了王冠，还可能掉了脑袋。

今天，政府处理家庭暴力和性侵害的力度之所以不及处理恐怖主义那般大，就是因为即使有"#MeToo"等运动，强暴案件也不会削弱政府的合法性。例如，在法国，每年通报在案的强暴案件超过一万起，未通报的案件数可能有数万起。[11]然而就历史而言，国家并不是建立在消除性侵害的承诺上，因此对法国来说，强奸和家暴并不构成太大的威胁。恐怖主义袭击则与此相反，虽然它发生的频率低得多，但是会被视为对法国的致命威胁，原因就在于过去几个世纪，西方现代国家的合法性都建立在明确保证境内不会容忍出现政治暴力的基础上。

回到中世纪，公共领域充满了政治暴力。事实上，想玩这场政治游戏，懂得使用暴力就像持有入场券，没有这种能力，就无法在政治领域发声。许多贵族、城镇、行会，甚至教堂和修道院，都拥有自己的武装。如果前任修道院院长过世，出现继承争议，地方派系（包括修士、地方强人、相关邻居）就常常使用武力来解决问题。

在这样一个世界上，恐怖主义没有多大生存空间。任何人，只要力量不足以造成重大实质损害，就不会有人看得起你。如果放在1150年，几个伊斯兰教徒在耶路撒冷杀害了几个平民，要求基督教军队离开圣城，非但不会让人觉得恐怖，反而会招来耻笑。想让人把你当回事儿，你至少得先夺下一两座固若金汤的城堡吧？对我们中世纪的祖先来说，恐怖主义实在算不上什么，他们有太多更大的问题需要处理。

到了现代，中央集权的结果，国家使领土内的政治暴力日益减少，而在过去几十年，西方国家境内几乎已经完全看不到政治暴力。法国、英国或美国的公民无须拥有武力，也能争取城镇、企业、组织甚至政

第10章 恐怖主义：切忌反应过度

府本身的控制权。就连几万亿美元、几百万士兵和几千艘战舰、战机和核导弹的控制权，也能够在不打一发子弹的前提下，从一批政客手中转移到另一批政客手中。人类很快就习惯了这种情形，认为这就是自然的权利。这种时候，就算只是偶尔杀害几十人的零星政治暴力行为，似乎也成了对国家政权合法性甚至存在的致命威胁。这就像往大空瓶里丢一枚小硬币，会发出很大的噪声。

正因为如此，才让恐怖主义如此成功。国家体制创造了一个没有政治暴力的巨大空间，结果就像装了回音板，即便再小的政治暴力声音，也会被回音板放大。一个国家里的政治暴力越少，公众受到恐怖主义行为的冲击就越大。恐怖分子在比利时杀几个人得到的关注，会比在尼日利亚或伊拉克杀害几百人得到的关注多。这也就形成一种矛盾：正因为现代国家防止政治暴力事件过于成功，反而特别容易受到恐怖主义的影响。

政府总是强调，不会容忍境内发生政治暴力。至于公民，也早已习惯身边没有政治暴力。于是，一场恐怖大戏引发了公民内心对无政府状态的恐惧，仿佛社会秩序即将彻底瓦解。人类经过几个世纪的浴血奋战，才终于爬出暴力黑洞，但我们仍然感觉黑洞就在那里，仿佛随时会再次将我们吞噬。于是，看到发生几件骇人听闻的暴行，我们就想象自己再次落入深渊。

为了消除这些恐惧，政府只好上演一场安全大戏，与这场恐怖大戏打擂台。真正要对付恐怖主义，最有效的方式就是通过有效的情报、隐秘的行动，打击恐怖主义背后的资金网络，但这种事情在电视上不够精彩。既然公众看到世界贸易中心轰然倒塌，俨然一幕恐怖场景，国家想打擂台，场面就得至少一样壮观，最好有更大的火、更多的烟。因此，政府采取的不是安静、有效的行动，而是掀起一场猛烈的风暴，这常常正中恐怖分子下怀，这是他们最希望成真的美梦。

那么，政府到底应该如何应对恐怖主义？成功的反恐行动，应该三管齐下。第一，秘密打击恐怖组织网络。第二，媒体必须保持客观，避免歇斯底里。恐怖大戏如果无法得以宣传曝光，就不可能成功。不幸的是，媒体往往会免费提供这种宣传机会，着迷似的报道恐怖袭击事件，并且把危险过度夸大，因为比起报道糖尿病或空气污染，报道恐怖主义的报纸销量高出一大截。第三，则在于每个人的想象力。恐怖分子俘获了我们的想象力，用来对付我们。我们总是一次又一次在脑中预演恐怖袭击，回放着"9·11"事件或最近的自杀式炸弹袭击。恐怖分子杀了100人，接着就让一亿人都以为每棵树后都躲着一个杀人犯。每个公民都该负起责任，从恐怖分子手中把自己的想象力解救出来，提醒自己恐怖威胁的真实程度。正是因为每个人的内心恐惧，才让媒体不断报道恐怖主义，让政府对恐怖主义反应过度。

恐怖主义能否得逞，就看我们怎么反应。如果我们允许自己的想象力落在恐怖分子掌握之中，并对自己的恐惧反应过度，恐怖主义就会得逞；如果我们把自己的想象力从恐怖分子手中救出来，并以安定冷静的态度来面对恐惧，恐怖主义就会失败。

当恐怖分子拥有核武器

前述分析适用于过去两个世纪以来的恐怖主义，也适用于今天纽约、伦敦、巴黎和特拉维夫街道上的恐怖主义。然而，如果恐怖分子拥有大规模杀伤性武器，不仅恐怖主义的本质，就连国家和全球政治的本质都将发生巨变。如果仅是由一小撮狂热分子构成的小规模组织，就能摧毁整座城市、屠杀数百万人口，全球就不会再有任何公共领域可以幸免于政治暴力。

因此，虽然现在的恐怖主义多半只是做戏，但未来的核恐怖主义、网络恐怖主义或生物恐怖主义威胁将更为严重，政府也必须做出更强烈的回应。正因为如此，我们应该非常小心，辨别面对的究竟是这种假设的未来情景，还是目前为止所见的实际恐怖袭击。虽然我们也担

第 10 章　恐怖主义：切忌反应过度

心恐怖分子有朝一日可能拥有核武器，摧毁纽约或伦敦，但我们只凭这份担心，一看到某个恐怖分子用自动步枪或卡车杀死十几名路人，就变得歇斯底里、反应过度，实不应该。各国政府应该更加小心一点，不能一看到任何持不同政见的团体就加以迫害，一心认定这些团体有朝一日会试图拥有核武器，或者可能黑入自动驾驶汽车，把它们变成机器人杀手。

同样，虽然政府确实应该监督激进团体，设法阻止这些团体获得大规模杀伤性武器，但政府在应对核恐怖主义与其他威胁的时候，力度应适当。过去 20 年间，美国在反恐战争上虚掷数万亿美元和大量的政治资本。小布什、布莱尔、奥巴马等人或许会认为，就是因为英美不断打击恐怖分子，才让恐怖分子只能想着如何活下去，无暇思考如何拥有核弹，所以，他们有可能已经让世界免遭某场 "9·11" 式的核浩劫。虽然确实有这种可能，但这种反事实的假设（"如果我们没有发动反恐战争，基地组织就已经取得核武器"）本来就难以判断其真实程度。

我们能够确定的是，在反恐战争中，美国及其盟友不仅对全球造成巨大破坏，也付出了很大的经济学家所称的 "机会成本"。资金、时间和政治资本一旦投入打击恐怖主义，就不可能用来应对全球变暖、艾滋病或贫困问题，也不可能用来为撒哈拉以南的非洲带来和平与繁荣，也不可能用来与俄罗斯和中国建立良好关系。如果到了哪天，纽约或伦敦被大西洋上升的海平面淹没，或者与俄罗斯紧张的外交关系引发战争，人们就可能指责小布什、布莱尔和奥巴马把重点放错了地方。

关于每件事情的轻重缓急，总是当局者迷，后见之明就容易很多。我们总拿已经发生的灾难，责备领导人没能防患于未然，却不知道有多少灾难得以避免，实属万幸。于是，我们回顾 20 世纪 90 年代克林顿的执政，会怪罪他当时轻视了基地组织的威胁。但在 90 年代，却很少有人担心恐怖分子会劫持客机撞向纽约的摩天大楼，进而引发全球冲突。相反，许多人担心的是俄罗斯崩溃瓦解，广阔的领土无人管控，几千枚核弹和生化炸弹也陷入无主状态；或者担心当时南斯拉夫的血腥战争蔓延到东欧其他地区，引发匈牙利和罗马尼亚、保加利亚和土耳其或波兰和乌克兰之间的冲突。

还有许多人，对德国统一感到更加不安。虽然纳粹垮台已过了45年，但很多人还是对德国感到恐惧，一旦摆脱苏联的钳制，德国会不会成为主宰欧洲的超级霸主？还有中国呢？在震惊于苏联集团崩溃的情况下，感到中国当时也可能放弃改革开放，回到过去的路线上。

我们今天之所以可以拿这些可怕的场景来说笑，是因为我们都知道这些场景并未成真。俄罗斯局势稳定，东欧有大半国家已和平加入欧盟，统一的德国被誉为自由世界的领导者，中国也成为全球经济的推进器。这一切之所以成真，至少有部分得益于美国和欧盟所实行的建设性政策。如果美国和欧盟在20世纪90年代把战略重点放在伊斯兰极端主义分子，而不是前苏联集团身上，真的是一个更明智的选择吗？

我们就是无法为各种可能性做好准备。因此，虽然我们确实需要遏制核恐怖主义，但这不该是人类最重要的议题。此外，只是理论上可能出现核恐怖主义，并不足以成为我们对一般恐怖主义过度反应的理由。这些是不同的问题，应该有不同的解决方案。

假设，尽管我们不断努力，但最后还是让恐怖组织得到了大规模杀伤性武器。虽然我们很难想象届时各方会有怎样的政治角力，但绝对会与21世纪初的恐怖活动和反恐活动大不相同。如果到了2050年，全球充满了核恐怖分子和生物恐怖分子，那些深受其害的人回顾2018年的世界，必定感到不可思议：这些人的生活如此安全，怎么还觉得自己大受威胁？

当然，人类目前面对的危险不仅来自恐怖主义，许多专家和一般

第 10 章　恐怖主义：切忌反应过度

大众都很担心第三次世界大战已经迫在眉睫，简直就像看一部百年前上映的电影。2018 年就像 1914 年，大国之间关系紧张，全球问题无比棘手，似乎都把我们推向全球战争的边缘。如果说我们对恐怖主义是恐惧过度，那么这种担心爆发战争的焦虑是否比较合理呢？

第 11 章 战争：
永远不要低估人类的愚蠢

过去几十年是人类历史上最平静的时代。早期农业社会，因人类暴力而死的人约占所有死亡人数的15%，在20世纪约占5%，而在今天只占1%。[1]然而，自2008年全球金融危机以来，国际形势急速恶化，好战心态卷土重来，各国军费开支不断增加。[2]专家和大众都担心，正如1914年奥匈帝国斐迪南大公遭到刺杀，随后引发第一次世界大战，2018年在叙利亚沙漠发生的某些事件或在朝鲜半岛出现的不明智举动，也可能点燃全球冲突的导火索。

鉴于全球局势日益紧张，加上华盛顿和平壤等地的领导人的人格特质，人们有这种担心也可以理解。然而，2018年和1914年之间有几个关键差异。特别是在1914年，战争对全球各地的精英其实是很有吸引力的选项，因为当时有许多具体实例证明，如果能打一场成功的战争，就能促进经济发展，提升政治实力。相较之下，2018年，成功的战争简直成了濒危物种。

从亚述帝国和秦朝开始，各大帝国通常都依靠暴力征服而建立。1914年也是如此，各主要强权都是因为打了成功的战争，才得到当时的地位。举例来说，日本分别击败中国和俄国，于是成为地区强权；德国击败奥匈帝国和法国，于是在欧洲居于领导地位；英国则在全球打出一系列精彩的小型战争，于是创造了全球最大、最繁荣的帝国。1882年，英军占领埃及，并且在决定性的泰勒凯比尔战役（Battle of Tel el-Kebir）中只损失了57名士兵。[3] 在我们这个时代，西方国家如果占领某个伊斯兰国家，后果只会是一场噩梦；但想当初，在泰勒凯比尔战役后，英军几乎没有受到任何武装抵抗，就控制了尼罗河河谷和战略要地苏伊士运河超过60年。当时其他欧洲强权也模仿英国，不论是法国、意大利，还是比利时，当它们的军队打算踏上越南、利比亚或刚果的土地时，唯一担心的只是被别人捷足先登。

即使美国，其强权地位也是由其军事实力撑腰，而不只是因为其经济实力。美国在1846年入侵墨西哥，占领加利福尼亚、内华达、犹他、亚利桑那、新墨西哥等地，也控制了科罗拉多、堪萨斯、怀俄明和俄克拉何马的部分地区。最后签订的和约，也使之前美国吞并得克萨斯共和国成为既定事实。美墨战争中，约有13000名美国士兵死亡，但国土增加了230万平方公里（超过法国、英国、德国、西班牙和意大利的面积之和），[4] 这可以说是这千年期间最划算的"交易"。

因此在1914年，华盛顿、伦敦和柏林的精英都很清楚什么是一场成功的战争，从中能获得多少利益。相较之下，2018年的全球精英有充分的理由认为这种"成功的战争"几乎绝迹了。虽然某些独裁者和非国家行为者（non-state actor）仍然能依靠战争蓬勃发展，但各个大国似乎已经不知道如何做到这一点。

在美国人的记忆中，最重大的一场胜利就是美国在冷战中获胜，但这场胜利却不是依靠激烈的军事交锋。在第一次海湾战争中，美国曾经短暂尝到过去那种老派军事荣誉的甜美滋味，但食髓知味的后果，就是在伊拉克和阿富汗的军事行动惨不忍睹，浪费了几万亿美元。中国这个在21世纪初崛起的大国，则是自1979年对越反击战之后，便竭力避免一切武装冲突。此外，中国的崛起很大程度上依靠经济因素，效仿的不是1914年以前日、德、意三国的帝国体制，而是1945年以

第 11 章　战争：永远不要低估人类的愚蠢

后日、德、意三国的经济奇迹。在这些案例中，都是不耗费一颗子弹，就促进了经济繁荣，取得了地缘政治的影响力。

即便在中东这个全球战火燃烧得最旺的地区，各个地方势力也不知道如何发动一场成功的战争。两伊战争让伊朗长期动荡，而且可以说一无所获，之后伊朗也开始避免所有直接军事对抗。虽然伊朗资助从伊拉克到也门的各种地方运动，并派遣革命卫队（Revolutionary Guards）协助在叙利亚和黎巴嫩的盟友，但到目前为止，一直没有入侵任何国家。伊朗最近成为该地区的霸主，依靠的不是在战场上取得的辉煌胜利，而是不声不响取得的：两个主要敌人（美国和伊拉克）困于战场而难以脱身，让它们对中东这个泥沼的兴趣大减，于是伊朗坐享丰厚的战果。

以色列也是如此。以色列最后一场成功的战争发生在 1967 年。在那之后，虽然以色列日益繁荣兴盛，但在这个过程中发生的诸多战争绝非助力，而是负担。多半时候，虽然它扩张了领土，但却让自己背上沉重的经济负担、束手束脚的政治责任。以色列的情形很像伊朗，其地缘政治地位的提升，并非通过发动成功的战争，而是通过避免贸然发动战争。于是，虽然在伊拉克、叙利亚和利比亚的战争让以色列过去的敌方元气大伤，但以色列只是保持冷眼旁观。没有卷入叙利亚内战，可以说是以色列总理内塔尼亚胡（Benjamin Netanyahu）最伟大的政治成就（至少到 2018 年 3 月为止）。只要有决心，以色列国防军短短一周就可以夺下大马士革，但这对以色列到底有什么好处？如果以色列国防军真想占领加沙、推翻哈马斯政权，更是轻而易举，但以色列也一再拒绝这个选项。虽然以色列政客手中的军事实力十分强大，也总会发表鹰派言辞，但心知肚明，发动战争几乎无利可图。正像美国、中国、德国、日本、伊朗等国，以色列似乎也了解，到 21 世纪，最成功的策略就是作壁上观，让其他人为自己打仗。

克里姆林宫的看法

到目前为止，21世纪强权成功的唯一例子，就是俄罗斯得到克里米亚。2014年2月，该地并入俄罗斯联邦。俄罗斯几乎没有发动战役，就取得了在战略上极为关键的领土，让邻国心生恐惧，也让自己再次跻身世界强国。其实，这次军事行动可以说因为两个特殊情况，才得以成功：首先，不论是乌克兰军队，还是当地居民，对俄罗斯都无心激烈反抗；其次，其他强国也并未直接介入干涉这场危机。这些情况在全球其他地方很难再现。如果发动成功战争的先决条件在于敌方无意抵抗，那么这种条件自然极少能得到满足。

事实上，俄罗斯在克里米亚取得成功之后，想在乌克兰其他地区依样画葫芦，碰上的反抗就特别激烈，例如，在乌克兰东部的战争就陷入僵局，徒劳无功。更糟糕的是（对俄罗斯来说），这场战争激起了乌克兰的反俄情绪，将乌克兰从盟友变为死敌。就像美国在第一次海湾战争中尝到甜头，就不自量力地企图染指伊拉克，俄罗斯也可能因为在克里米亚取得成功，就误以为自己有能力吞下乌克兰。

整体而言，21世纪初，俄罗斯在高加索和乌克兰的战争，实在称不上非常成功。虽然战争提升了俄罗斯作为大国的声望，但收获的不信任感和仇恨也水涨船高。就经济而言，更是不划算，仅靠克里米亚的旅游景点，以及卢甘斯克和顿涅茨克残破的苏联时代的工厂，这场战争根本入不敷出，更别谈还有外国抽离资金、国际制裁的成本。想看到俄罗斯这种政策的局限，只要对比近20年中国的情况便一目了然：中国维持和平，经济大幅迈进；俄罗斯取得"胜利"，经济却停滞不前。[5]

虽然莫斯科嘴上说得好听，但是俄罗斯自己很清楚这些军事投机行动究竟花了多少成本、带来多少收益，所以现在才会一直小心翼翼，不让局势继续恶化。俄罗斯一直遵守着校园霸凌的潜规则："要打就挑最弱的，而且别打得太狠，免得老师出手。"如果普京在发动战争

第11章 战争：永远不要低估人类的愚蠢

的时候真的以斯大林、彼得大帝或成吉思汗为榜样，那么俄罗斯的坦克应该早已冲向格鲁吉亚和乌克兰的首都，甚至一路冲向华沙和柏林。只不过，普京既不是成吉思汗，也不是斯大林。他似乎比谁都知道，军力在21世纪的作用有限，而且一场成功的战争必定是一场懂得克制的战争。就算在叙利亚，虽然俄罗斯空袭轰炸毫不留情，但普京一直尽量减少派出地面部队，把近距离交战留给别人，而且避免战火蔓延到邻国。

事实上，从俄罗斯的观点来看，近年来的种种举动虽然看似侵略，但并非打算开启新一轮全球战争，只是想加强自己目前薄弱的防御。俄罗斯大可指出，在20世纪80年代末和90年代初签订和平条约之后，俄罗斯就被视为"战败国"，美国和北约趁俄罗斯国力较弱，便无视承诺，将北约版图扩大到东欧乃至之前苏联的一些加盟共和国。西方还进一步不顾俄罗斯在中东的利益，以荒谬的借口入侵塞尔维亚和伊拉克，于是俄罗斯认识到必须靠自己的军力，才能让自己的势力范围免受西方侵犯。从这个角度来看，俄罗斯近来之所以采取这些军事行动，除了普京该负责，克林顿和小布什同样难辞其咎。

当然，俄罗斯在格鲁吉亚、乌克兰和叙利亚的军事行动可能只是序幕，后面隐藏着更大胆的帝国计划。而且，就算普京目前并未认真计划征服全球，成功也可能会让他的野心膨胀。但还是要记住，普京执掌的俄罗斯的国力仍远远不及斯大林执掌的苏联；除非有其他国家加入，否则它连一场新的冷战都无力维持，全面的世界大战就更别提了。俄罗斯人口近1.5亿，国内生产总值（GDP）1.3万亿美元，但两者都不及美国（3.25亿人，19万亿美元）或欧盟（5亿人，21万亿美元）。[6]如果将美国和欧盟合计，人数足足是俄罗斯的5.5倍，GDP是俄罗斯的30多倍。

近年来的科技发展，则让实际差距变得更大。苏联在20世纪中叶达到顶峰，当时其重工业是全球经济的火车头，而苏联的政治制度也有利于大规模生产拖拉机、卡车、坦克和洲际弹道导弹。时至今日，信息科技和生物科技的重要性超越了重工业，但这两方面都是俄罗斯的弱项。虽然俄罗斯在网络战争中的表现令人印象深刻，但民间信息科技产业发展的动力不足，经济绝大部分依靠矿产资源，特别是石油和天然气。虽然这可能足以让少数特权阶层致富、让普京掌权，但并不足以使俄罗斯在数字或生物科技军备竞赛中胜出。

更重要的是，普京统治下的俄罗斯缺乏能够放诸四海的意识形态。在冷战期间，苏联除了能够向全球派遣军队，苏联式共产主义在全球也有吸引力。相较之下，"普京主义"对古巴、越南或法国的知识分子来说实在没有吸引力。虽然世界上确实可能正流传着威权式的民族主义，但就其本质而言，很难建立有凝聚力的国际社群。举例来说，无论是波兰共产主义，还是俄罗斯共产主义，在理论上都会同样致力于争取所有工人阶级的共同利益。但如果是波兰民族主义和俄罗斯民族主义，从定义上，利益就必然彼此冲突。普京崛起，刺激波兰民族主义高涨，只会让波兰比之前更加反俄。

因此，虽然俄罗斯放出了堪称全球规模的假消息，并进行颠覆活动，希望拆散北约和欧盟，但是不太可能开展全球规模的实际征服活动。我们有理由相信，俄罗斯在克里米亚、格鲁吉亚和乌克兰东部的军事行动，应该只是独立事件，而非开启新的战争时代的前兆。

"在战争中取胜"已经成为一种失传的艺术

到21世纪，为什么各大强权想要打一场成功的战争竟如此困难？原因之一在于经济本质的改变。在过去，经济资产主要是实物资产，因此可以很直观地通过征服使自己壮大。只要在战场上击败敌人，就能掠夺一座又一座城市，把敌国平民放到奴隶市场贩卖，并占领极有价值的麦田与金矿。罗马贩卖希腊和高卢战俘，于是经济繁荣；19世纪美国占领加利福尼亚的金矿、得克萨斯的田野，于是国力兴盛。

第11章 战争：永远不要低估人类的愚蠢

但到了21世纪，占领已经赚不了大钱，只剩蝇头小利。今天，主要的经济资产是科技和体制的知识（institutional knowledge），而不再是麦田、金矿甚至油田，而知识是无法用战争来掠夺的。如果是"伊斯兰国"这样的组织，或许仍然能依靠在中东劫掠城市和油井而过上好日子（"伊斯兰国"从伊拉克各银行劫掠超过5亿美元，2015年又依靠销售石油获得5亿美元）[7]，但对于像中国或美国这样的大国来说，这个金额实在微不足道。根据购买力平价计算，中国每年GDP超过20万亿美元，实在不太可能为了区区10亿美元就开战。如果中国真花上几万亿美元和美国开打，那么如何支付所有相关费用、承担所有战争损失、补偿所有丧失的商机？而且，中国获胜后，难道要劫掠硅谷那些富人和公司？苹果、脸书和谷歌这些公司，虽然确实价值数千亿美元，但这些价值依靠武力根本抢不到。毕竟，硅谷虽然叫硅谷，可并没有硅矿。

理论上，如果战争获胜让胜利者得以重新调整全球贸易体系（例如，英国击败拿破仑、美国击败希特勒之后的情况），一场成功的战争就能带来巨大的利益。然而由于军事科技的发展，21世纪很难再现这样的盛况。发明原子弹之后，世界大战不会有赢家，只会是集体自杀。也就难怪，自从广岛核爆以来，超级大国之间从来没有直接宣战，参与的都是（对本国来说）低风险的冲突，几乎不可能有理由动用核武器。事实上，就算只是攻击潜在拥核国家，也是一个让人极力避免的选项。只是想象它们面临战败时的可能反应，就令人不寒而栗。

对于还倾慕着帝国主义的人来说，网络战只会让事情雪上加霜。在维多利亚女王和马克沁重机枪那个古老而美好的年代，英军在遥远的沙漠里屠杀非洲原住民，完全不用担心是否会危及曼彻斯特和伯明翰的和平。即便到了小布什的年代，美国在巴格达和费卢杰恣意破坏，伊拉克人也无力到旧金山或芝加哥进行反击。然而，即便现在美国攻击的只是拥有一般网络战能力的国家，战火也可能在几分钟之内就蔓延到加州或伊利诺伊州。恶意软件和逻辑炸弹可能会让达拉斯的空中交通中断，让火车在费城相撞，让密歇根州的电网瘫痪。

在那个属于征服者的伟大年代，战争是一种低损害、高利润的事业。在1066年的黑斯廷斯战役（Battle of Hastings），征服者威廉（William the Conqueror）只花了一天，折损几千兵力，就攻下整个英格兰。相反，核战争和网络战争则是高损害、低利润的科技。虽然这些工具能让你摧毁整个国家，但是无法打造力量强大的国家。

因此，在这个剑拔弩张、云谲波诡的世界上，或许最能维持和平的方式，就是各个大国都不知道如何打一场成功的战争。成吉思汗或恺撒大帝可能一时冲动就会发动战争，但到了今天，不论是土耳其的埃尔多安、印度的莫迪，还是以色列的内塔尼亚胡，这些民族主义领导人虽然嘴上咄咄逼人，但对于实际发动战争却非常谨慎。当然，如果有人真的找出在21世纪发动成功战争的公式，那么地狱之门可能会立即敞开。正因为如此，俄罗斯在克里米亚的成功就成了一个特别可怕的预兆。我们希望这只是一个例外。

愚蠢进行曲

很遗憾，就算发动战争在21世纪无利可图，也无法绝对保证和平。我们绝不能低估人类的愚蠢，无论是在个人层面，还是在集体层面，人类常常做出自我毁灭的举动。

1939年，战争对于轴心国来说大概也是弊大于利，但世界仍然陷入战火。第二次世界大战令人意想不到的一件事，就是战败国在战后竟然进入前所未有的兴盛期。不论是德国、意大利，还是日本，在军队投降、帝国彻底崩溃20年之后，富裕程度前所未见。它们一开始究竟为什么要开战？为什么要让数百万人承受不必要的伤亡和破坏？这一切都只是因为一个愚蠢的误判。在20世纪30年代，日本的将领、经济学家和新闻工作者都认为，如果无法夺下朝鲜、中国东北

第 11 章 战争：永远不要低估人类的愚蠢

和沿海地区，日本经济注定会陷入停滞。[8] 他们都错了，事实上，日本著名的经济奇迹是在日本输掉了所有对其他国家的侵略战争之后才开始的。

人类的愚蠢是历史上最重要的力量之一，我们常常忽略了这件事。政客、将领和学者把世界视为一个巨大的棋局，仿佛每走一步都要经过仔细的理性计算。在某种程度上也确实如此。历史上很少有领导人真的因为疯了，而随意移动小兵和骑士。东条英机、萨达姆等人在走每一步时都有其理性的理由。但问题在于，世界比棋盘复杂得多，人的理性不足以完全理解，于是即便理性的领导人，也经常做出非常愚蠢的决定。

所以，我们究竟该多害怕爆发世界大战？过于害怕或过于放心都是不理智的。一方面，战争绝非无法避免。冷战最后和平结束，就证明只要人类做出正确的决定，就算超级大国之间的冲突也能以和平收场。而且，如果人们一心认为第三次世界大战无法避免，这种心态非常危险。这会成为一种自我实现的预言：只要各国开始觉得战争无法避免，就会开始提升军力，开展激烈的军备竞赛，拒绝在任何冲突中妥协，并怀疑所有善意都是陷阱。这样一来，战争就真的无法避免了。

另一方面，一心认为战争不可能发生也过于天真。即便战争对每个人来说都绝对是一场灾难，也没有任何神祇或自然法则足以阻止人类的愚蠢行径。

想治疗人类的愚蠢，办法之一可能就是加点儿谦逊。人一旦认为自己的国家、宗教和文化是全世界最重要的，就会认为自身利益比任何人甚至全人类还重要，于是让各个国家、宗教和文化间的关系变得更加紧张。我们如何才能让国家、宗教和文化看清现实，让它们了解自己在这个世界的真实地位？

第 12 章　谦逊：
地球不是绕着你转

大多数人都以为自己是世界的中心，自己的文化是人类历史的关键。许多希腊人相信历史始于荷马、索福克勒斯（Sophocles）和柏拉图，也相信所有重要的想法和发明都诞生于雅典、斯巴达、亚历山大或君士坦丁堡。在中国，民族主义者会提出不同看法，认为历史是从黄帝和夏商开始，而且不管西方、伊斯兰或印度有什么成就，与中国文明相比都显得有些苍白。

印度本土主义者才不相信中国这一派自夸，他们相信就连飞机和核弹都是由印度先贤发明的，什么孔子或柏拉图都只能瞠乎其后，爱因斯坦和莱特兄弟则更不用说。举例来说，你可知道是玛赫西·巴德瓦杰（Maharishi Bhardwaj）发明了火箭和飞机；维什瓦米特拉（Vishwamitra）不但发明，甚至还发射过导弹；阿查里雅·坎纳德（Acharya Kanad）是原子理论之父；而且印度史诗《摩诃婆罗多》（*Mahabharata*）早就精确地描述过核武器？[1]

对虔诚的穆斯林来说，在先知穆罕默德之前的所有历史多半无足轻重，而在《古兰经》之后的所有历史，都是以伊斯兰乌玛①为中心。

---

① 乌玛（ummah），本义为民族，是伊斯兰最早政教合一的政权。——编者注

然而，土耳其、伊朗和埃及的民族主义者是主要的例外，他们认为即使在穆罕默德之前，自己的国家早就是人性中善的起源，而在《古兰经》之后，主要也是自己的国家保留了伊斯兰的纯净，传播了伊斯兰的荣耀。

不用说，英、法、德、美、俄、日和其他许多国家也都相信，如果不是自己国家的非凡成就，全人类肯定活得野蛮无知、毫无道德。过去有些人甚至异想天开，以为就连物理定律也是靠着自己这套政治制度和宗教活动才得以维系。例如阿兹特克人（Aztec）就坚信，如果不是他们每年献祭，太阳将不再升起，整个宇宙也将瓦解。

所有这些说法都是错的。一方面是故意无视历史，另一方面也多少是种族主义作祟。在人类殖民世界、驯化动物、家养植物、建造第一座城市、发明文字和金钱的时候，这些宗教或国家都还不存在。不论道德、艺术、灵性还是创造力，都是人类 DNA 里固有而普遍的能力，起源的时间与地点早在石器时代的非洲。因此，不管是黄帝时代的中国、柏拉图时代的希腊，还是穆罕默德时代的阿拉伯，都是后来的事，也都不是发源地；认为这些时间、地点才是起源的说法，完全就是太过自我中心。

就我个人而言，对这种自我中心的言论实在再熟悉不过，因为我所属的犹太种族也认为自己是全世界最重要的一群。不论你随便说出人类的哪项成就或发明，犹太人都会很快跳出来将功劳据为己有。因为我和犹太人如此亲近，我知道他们是真心这么认为的。我曾经上过以色列某位瑜伽老师的课，而这位老师在第一堂课就很认真地说瑜伽是由先知亚伯拉罕所发明，而且所有基本的瑜伽体式都源于希伯来字母的形状！（例如，三角式是模仿希伯来字母"א"，手杖式是模仿希伯来字母"ד"。）这位瑜伽老师还说，亚伯拉罕将这些体式教给某个庶出的儿子，这个儿子后来前往印度，才教会了印度人瑜伽。我请这位瑜伽大师提出一点证据的时候，得到的回答是一段《圣经》经文：

第 12 章 谦逊：地球不是绕着你转

"亚伯拉罕把财物分给他庶出的众子，趁着自己还在世的时候，打发他们离开他的儿子以撒往东方去。"（《创世记》25:6）你觉得这些"财物"是什么？这不是再清楚不过了吗？就连瑜伽也是犹太人发明的。

当然，没有多少人相信亚伯拉罕发明了瑜伽。但主流犹太教确实认真地认为，整个宇宙之所以存在，就是为了让犹太教的拉比能够研究神圣的犹太教经典，而如果犹太人不再研究，宇宙就会走上末路。也就是说，如果在耶路撒冷和布鲁克林的拉比不再讨论《塔木德》，不管是中国、印度、澳大利亚，甚至是遥远的星系都会全部毁灭。这是正统派犹太教信仰的一项核心条款，如果有人敢质疑这一点，就会被看作是个无知的愚人。如果是世俗的犹太人，大概会对这个浮夸的主张有点怀疑，但就连他们也相信犹太人是历史的主要中心人物，是人类道德、灵性和知识的根本源头。

虽然我的犹太同胞在人数和实际影响力上有所欠缺，但讲到无所忌惮、厚颜行事，绝对不落人后。批评自己的民族总比批评其他民族来得礼貌，因此我以下将以犹太教为例，说明这种自以为是的论述有多么可笑。至于世界各地各个族群部落的大话，就留给世界各地的读者自己来戳破了。

弗洛伊德的母亲

《人类简史》最早我是用希伯来文写的，主要面向以色列的大众读者。希伯来文版于 2011 年出版后，以色列读者最常问的问题就是，我谈人类历史进程的时候，为什么很少提到犹太教。书中我用很大篇幅谈了基督教、伊斯兰教和佛教，但对犹太教和犹太人却只有三言两语，是我故意忽视犹太教和犹太人对人类历史的巨大贡献，还是我有什么邪恶的政治考虑？

这些都是以色列犹太人自然而然会想到的问题。以色列的教育从幼儿园开始就教导，犹太教是人类历史上的"超级巨星"。以色列儿童常常虽然完成了12年的教育，但却对全球历史演进没有一个清楚的概念。他们的课程里几乎不提中国、印度或非洲，即使提了罗马帝国、法国大革命和第二次世界大战，也像是零散的拼图碎片，成不了什么整体叙事。然而，以色列教育系统唯一具备连贯性的历史，就是从希伯来文的《旧约》开始到第二圣殿（Second Temple）时期，接着谈流亡时期（Diaspora）的各个犹太社群，再到犹太复国主义（Zionism）兴起、犹太人大屠杀（Holocaust），以及以色列建国。多数学生离开学校的时候，都深信这就是全人类故事的主要情节。就连课堂上谈到罗马帝国或法国大革命的时候，讨论的焦点也集中在罗马帝国如何对待犹太人，以及犹太人在法兰西共和国的法律和政治地位。犹太人被"喂"以这样的历史食粮，自然很难相信犹太教对整个世界的影响竟然如此微不足道。

然而事实就是，在人类物种的编年史上，犹太教的影响并不大。不同于基督教、伊斯兰教或佛教等世界性宗教，犹太教一直就是一种部落信仰。这种信仰看的只是一个小国、一小块土地的命运，而对其他所有人民、所有国家的命运不太关心。例如，犹太教根本不在乎日本发生了什么事，印度次大陆上的人民又如何。这样一来，犹太教在历史上的有限影响也就不足为奇了。

可以肯定的是，犹太教催生了基督教，也影响了伊斯兰教的诞生，两者都是历史上极重要的宗教。然而，基督教和伊斯兰教在全球所取得的成就（以及所犯下的许多罪孽）还是该归于基督徒和穆斯林，而非犹太人。例如，十字军东征造成大规模杀戮，并不能怪到犹太教头上（基督教得负百分之百的责任）；同理，基督教提出所有人在上帝面前一律平等，犹太人也不该沾光（平等的概念与犹太教正统教义是根本抵触的，因为在今天，犹太教仍然认为犹太人从本质上就优于所有其他人种）。

犹太教在人类故事中的角色，有点儿像弗洛伊德的母亲在现代西

第12章 谦逊：地球不是绕着你转

方史中的角色。无论是好是坏，西格蒙德·弗洛伊德已经深深影响了现代西方的科学、文化、艺术和民间智慧。没有弗洛伊德的母亲，就不会有弗洛伊德，而且他的个性、抱负与想法也很有可能深受他与母亲的关系影响（他也一定会肯定这种说法）。但在撰写现代西方史的时候，没人会认为值得花上整整一章来写弗洛伊德的母亲。同样，如果没有犹太教，就不会有基督教，但在撰写世界历史的时候，犹太教并不值得花费太大的篇幅。问题的关键是基督教拿着犹太教母亲给它的一切之后，究竟做了哪些事。

当然，犹太人是一个独特的民族，本身也有令人叹服的历史（虽然大多数民族也都是如此）。同样，犹太传统自然也拥有各种高明的见解、崇高的价值（虽然也有许多有问题的概念，以及种族歧视、厌女和厌恶同性恋的态度）。更确切的是，相对于它的人口数量，犹太人在过去2000年间对历史发挥了远超出其人数的影响力。如果看的是全人类物种的历史全局，自从智人在10万多年前出现以来，犹太人对历史的贡献显然极为有限。早在犹太教出现的几千年前，人类就已经定居在这个星球，发展出农业，建造起第一批城市，还发明了文字和货币。

就算只看过去这2000年，如果从中国人或美洲原住民的角度来看历史，要不是有基督徒或穆斯林的连接，几乎看不到犹太教有何贡献。希伯来文的《旧约》之所以能成为全球人类文化的基石，是因为得到基督教亲切的拥抱，并把它纳入《圣经》之中。相较之下，在犹太文化里远比《旧约》更重要的《塔木德》并未得到基督教的采纳，因此只有犹太人较为熟悉这个文本，阿拉伯人、波兰人或荷兰人都少有听闻，日本人和玛雅人就更不用说了。（这一点十分令人遗憾，因为《塔木德》远比《旧约》更为体贴慈爱。）

你能想出《旧约》启发了哪些伟大的艺术作品吗？太容易了，例如米开朗琪罗的《大卫》、威尔第的歌剧《纳布科》（*Nabucco*），还有塞西尔·B. 戴米尔（Cecil B. DeMille）导演的电影《十诫》（The Ten Commandments）。那《新约》又启发了哪些知名作品？简单，比如达·芬奇的《最后的晚餐》、巴赫的《马太受难曲》（St Matthew Passion），或是超现实喜剧团体蒙蒂·派森（Monty Python）的电影《万世魔星》（Life of Brian）。真正的问题来了：你知道《塔木德》又启发了什么伟大作品？

虽然世界各地许多地区都有研究《塔木德》的犹太社群，但《塔木德》从未真正影响过中国历朝历代的兴衰、欧洲航海的开拓、民主制度的建立或工业革命的展开。硬币、大学、国会、银行、指南针、印刷术和蒸汽机，都是非犹太人的发明。

《圣经》以前的伦理道德

以色列人常常提到"三大宗教"这种说法，认为"三大宗教"为基督教（23亿信徒）、伊斯兰教（18亿信徒）和犹太教（1500万信徒）。然而，先别说神道教（5000万信徒）或锡克教（2500万信徒），即使是有10亿信徒的印度教、5亿信徒的佛教，也排不进"三大宗教"之列。[2] 从这种扭曲的"三大宗教"概念可以看出，以色列人常常认为所有主要的宗教和伦理传统都源自犹太教，犹太教就是第一个传播共通伦理的宗教。但这好像就是说在亚伯拉罕和摩西之前，所有人类都活在托马斯·霍布斯（Thomas Hobbes）所谓的自然状态（state of nature）中，要到十诫之后，才衍生出当代所有的道德观念。这是一种毫无根据而且自大傲慢的想法，直接无视了世界上许多最重要的道德传统。

石器时代的狩猎采集者部落，早在亚伯拉罕之前几万年，就已经有了道德规范。欧洲第一批殖民者在18世纪后期抵达澳大利亚的时候，当地原住民部落虽然对摩西、耶稣和穆罕默德一无所知，但早已发展出完善的伦理世界观。这些基督教殖民者动用暴力，对原住民强

第 12 章 谦逊：地球不是绕着你转

取豪夺。要说他们比原住民更有道德水准，实在很难说得过去。

今天的科学家指出，伦理道德事实上深深根植于演化之中，比人类出现还要早几百万年。有社交行为的哺乳动物（如狼、海豚和猴子）都有其伦理规范，它们会通过进化而不断修正，以促进团队合作。[3] 例如，幼狼玩耍的时候会有"公平游戏"的规则。如果某只幼狼咬得太过用力，或是在玩伴已经露肚皮以示投降之后还继续攻击，其他幼狼就不会再和它玩耍了。[4]

在黑猩猩社群里，高阶成员也必须尊重低阶成员的财产权。如果某只年轻的母黑猩猩找到一根香蕉，即使是雄性首领，通常也不会抢走。如果违反这条规则，它就很可能失去首领地位。[5] 猿类不但会避免占低阶成员的便宜，甚至有时还会积极提供协助。例如，在密尔沃基动物园（Milwaukee County Zoo），有只名叫奇多果（Kidogo）的雄性侏儒黑猩猩，严重的心脏病让它身体虚弱、神志不清。刚搬到动物园的时候，它既不知道自己在哪，也听不懂人类饲养员的指示。其他黑猩猩发现它的情况后就来帮忙了，它们常常会牵着奇多果的手，带它去该去的地方。奇多果迷路的时候会大声求救，一些猿类同伴就会赶去帮忙。

而奇多果的主要协助者之一，正是整群黑猩猩地位最高的雄性首领勒迪，它不但会为奇多果带路，还为它提供保护。虽然几乎所有社群成员都对奇多果十分友善，但有一只叫默夫的年轻公黑猩猩却常常会残忍地作弄奇多果。勒迪发现之后，常常会把霸凌的默夫赶跑，或是把一条手臂搭在奇多果身上保护它。[6]

在科特迪瓦的丛林里，还有一个更感人的例子。有一只名叫奥斯卡的小黑猩猩失去了母亲，只能自力挣扎求生。其他母黑猩猩都有自己的孩子需要照顾，所以并不愿意收养照顾它。奥斯卡的体重逐渐下降，健康和活力也日益衰退。但就在看似绝望的时候，雄性首领弗雷迪"收养"了奥斯卡，让它吃得好，甚至还背着它到处走。经过基因测试证明，弗雷迪与奥斯卡并无血缘关系。⁷是什么驱使这个粗暴的年长首领愿意照顾这个孤儿，我们不得而知。但显然，猿类首领早就发展出这种倾向：它们愿意帮助贫寒、穷乏和无父无母的成员。而又过了几百万年，才轮到《圣经》告诉古代以色列人"不可苦待寡妇和孤儿"（《出埃及记》22:22），以及先知阿摩司抱怨着社会精英"欺负贫寒的，压碎穷乏的"（《阿摩司书》4:1）。

就算是对生活在古代中东的智人来说，《圣经》先知讲的话也都早有先例。例如，苏美尔城邦、法老时代的埃及和巴比伦帝国都早已熟知"不可杀人"和"不可偷盗"的法律与道德规范。至于定期有休息日的做法，出现的时间也远早于犹太人的安息日（Sabbath）。比起先知阿摩司谴责以色列精英的种种压迫行径，巴比伦国王汉谟拉比（Hammurabi）更是早了 1000 年就提到，伟大的神指示他"在此地展现正义，摧毁邪恶和卑鄙，阻止强者剥削弱者"。⁸

与此同时的埃及（摩西还要再过几个世纪才会出生），抄写员写下了"好口才农民的故事"，讲的是有个贫穷的农民，财产被某个贪婪的地主偷走了，这位农民来到法老贪腐的官员面前。在官员无法保护他的时候，农民开始向他们解释为何官员必须伸张正义，特别是为穷人抵御富人。这位埃及农民用了一个鲜活的比喻，说穷人微薄的财富就像他们的呼吸，而官员的贪腐就像塞住了穷人的鼻孔，让他们就要窒息。⁹

许多《圣经》时代的律法都来自美索不达米亚、埃及和迦南地区过去所通行的规范，比起犹大王国和以色列王国要早上几世纪，甚至几千年。要说《圣经》时代的犹太教到底让这些律法有何不同，大概就是把这些律法从适用于所有人类的共通规范，变成主要针对犹太人的部落规范。犹太人的伦理道德最初就是单纯作为部落内的事务，而且在某种程度上到今天仍然如此。不论是《旧约》《塔木德》还是许多（虽然并非全部）拉比，都认为犹太人的生命比非犹太人的生命更

第 12 章 谦逊：地球不是绕着你转

有价值。例如，如果是为了拯救一个犹太人的性命，可以允许犹太人不遵守安息日规定；但如果只是要拯救一个非犹太人的性命，就不得亵渎这项规定［《巴比伦塔木德·赎罪日书》（Yoma）84:2］。[10]

有些犹太教先贤认为，就算是著名的那句诫命"爱人如己"，也只适用于犹太人，绝对没有哪条诫命要你爱非犹太人。实际上，《利未记》的原文说："不可报仇，也不可埋怨你本国的子民，却要爱人如己。"（《利未记》19:18）这便让人怀疑这里的"人"指的只是"本国"的那些成员。此外，由于《圣经》还命令犹太人灭掉某些人，如亚摩利人和迦南人："凡有气息的，一个不可存留；只要照耶和华你神所吩咐的将这赫人、亚摩利人、迦南人、比利洗人、希未人、耶布斯人都灭绝净尽。"（《申命记》20:16—17）这种怀疑的可能性更是大增。这是人类历史上最早有记录的例子之一，把种族灭绝视为必须执行的宗教义务。

基督徒挑选了某些犹太人道德规范，将之转化为通用的诫命，再把这些诫命传播到世界各地。事实上，正因为如此，才让基督教从犹太教中分裂出来。尽管许多犹太人至今仍相信所谓的"上帝的选民"比其他国家或民族更接近上帝，但基督教的奠基者圣保罗在他著名的《加拉太书》当中就提到，"并不分犹太人，希利尼人，自主的，为奴的，或男或女。因为你们在基督耶稣里都成为一了"（《加拉太书》3:28）。

我们必须再次强调，虽然基督教有巨大的影响力，但这绝非人类首次宣扬共通的伦理道德。《圣经》绝不是人类伦理道德的唯一代表（这其实是种幸运，因为《圣经》实在有许多种族歧视、厌女和恐同的态度）。早在圣保罗和耶稣之前，孔子、老子、佛陀和玛哈维拉（Mahavira）虽然对迦南地区或以色列先知毫无所知，却早已建立起共通的道德规范。孔子说，"己所不欲，勿施于人"，相较于长老希勒尔（Hillel the Elder）这位著名拉比表示爱人如己是托拉（Torah，又译摩西律法）的本质，孔子要早了500年。当时，犹太教仍然要求用动物献祭，系统性灭绝整个人类族群，但佛陀与玛哈维拉已经开始要求信众非但不要伤害所有人类，也不要伤害任何有知觉的生物，甚至包括昆虫。因此，要说犹太教及其后续的基督教和伊斯兰教创造了人类的伦理道德，绝对是说不通的。

盲信的诞生

那么一神论呢？难道犹太教首创一神信仰，在世界上任何其他地方都前所未见（虽然后来多半是由基督徒和穆斯林传到四方，而非犹太人），不值得我们特别给点儿赞扬吗？然而，犹太教是否首创一神信仰还存在疑问。史上最早有明确证据的一神论，大约可追溯到埃及法老阿肯那顿（Akhenaten）在公元前1350年推动的宗教革命；另外，像摩押王米沙（King Mesha）所立的米沙石碑（Mesha Stele）等文献，都指出《圣经》时代的以色列宗教与摩押（Moab）这些邻国的宗教并无太大不同。米沙描述他伟大的神"基抹"（Chemosh）的时候，与《旧约》描述耶和华的方式几乎一模一样。然而，"犹太教为世界带来一神论"这种想法真正的问题在于，这件事情根本不值得引以为傲。就伦理的角度而言，一神论简直是人类历史上最糟糕的概念。

一神论几乎不会让人类的道德标准有任何提升。难道你真的相信，仅仅因为穆斯林只信一个神，本质上就会比相信多神论的印度教徒更有道德吗？基督教的征服者，真的比异教徒的美洲原住民部落更有道德？一神论有一点影响是毫无疑问的，那就是让许多人比以前更不宽容，于是导致宗教迫害与宗教战争蔓延肆虐各方。在多神论者的眼中，不同民族崇拜不同的神灵，进行各式各样的仪礼和仪式，完全没有问题。因此多神论者也很少仅因为他人宗教信仰不同，就加以斗争、迫害或杀害。与此相反，一神论者相信只有自己的神是唯一的真神，也

第 12 章 谦逊：地球不是绕着你转

相信这个神要求所有人都要服从他。因此，随着基督教和伊斯兰教传播到世界各地，各种宗教战争、宗教裁判和宗教歧视的发生率也节节攀升。[11]

让我们比较一下公元前 3 世纪印度阿育王与罗马帝国晚期信仰基督教的皇帝的态度。阿育王所统治的帝国有着各式各样的宗教、教派和大师。他自称"天亲仁颜王"，也就是说他受到诸神的宠爱，并亲切对待所有人。大约在公元前 250 年，他发布一道宽容的皇家诏书，宣布：

> 天亲仁颜王敬重诸宗教修士暨居士……重视诸宗教精髓均应发展成长。精髓发展方式不一，然言语均应有所约束，不对自身宗教溢美，不无故对他人宗教贬抑……虔诚逾分而赞颂自身宗教，或为"发扬己身宗教"而贬抑他人宗教，唯伤自身宗教矣。故，宗教往来为善，宜聆听敬重彼此教义。天亲仁颜王瞩望众人深明他人宗教之良善教义。[12]

500 年后，较晚期的罗马帝国虽然与阿育王时期的印度同样多彩纷呈，但在基督教接手后，罗马皇帝对宗教的态度则大不相同。从君士坦丁大帝和他的儿子君士坦提乌斯二世（Constantius II）开始，皇帝关闭了所有非基督教的神庙，并禁止各种所谓的"异教徒"仪式，违者处死。而在狄奥多西大帝（Theodosius，字义为"由神所赐"）统治时达到顶峰，公元 391 年颁布了狄奥多西法令，除基督教和犹太教以外，一切宗教成为非法（犹太教在先前也曾受到各种迫害，但一直都是合法宗教）。[13] 根据新的法令，就算民众只是在家里敬拜朱庇特（Jupiter）或密特拉（Mithras），也可能被处死。[14] 而为了扫除全帝国一切异教的痕迹，这些笃信基督教的皇帝也禁止奥运竞技。于是，在举办超过 1000 年之后，最后一届古代奥林匹克运动会在大约 4 世纪末或 5 世纪初画上句号。[15]

当然，并非所有的一神论统治者都像这位"由神所赐"的狄奥多西大帝一样不宽容，也有许多统治者虽然不信一神论，但却不像阿育王一样心胸开放。不论如何，一神论者既然坚持"只有我们的神是唯一真神"，就倾向于助长盲信。但只要讲到这一点，犹太人就会淡化自己传播这种危险概念的角色，把责任丢给基督徒和穆斯林承担。

犹太教物理学和基督教生物学

一直到19世纪和20世纪，我们才看到犹太人在现代科学大展长才，对全人类有了非凡的贡献。除了爱因斯坦和弗洛伊德这些知名人物，科学界所有诺贝尔奖得主约有20%是犹太人（虽然犹太人占世界人口的比例不到0.2%）。[16] 但应该强调的是，这些是个别犹太人自身的贡献，而不能归功于犹太教的宗教或文化。在过去200年间，大多数重要的犹太科学家都不是在犹太宗教领域里有所成就的。事实上，犹太人就是在放弃了犹太初等学校（yeshiva）并转向实验室之后，才开始在科学上做出杰出贡献的。

在公元1800年前，犹太人对科学的影响十分有限。对中国、印度或玛雅文明的科学进步，犹太人当然影响并不大。而在欧洲和中东，虽然迈蒙尼德（Maimonides）等犹太思想家对非犹太人同事颇有影响，但整体来说，犹太人的影响力大致上就是与人口比例相当。而在16~18世纪，犹太教对科学革命来说算不上有什么重要性。除了斯宾诺莎（Spinoza，因为惹了麻烦而被犹太社群驱逐出教会）之外，几乎找不到哪个犹太人对催生现代物理学、化学、生物学或社会科学有至关重要的作用。我们并不知道爱因斯坦的祖先在伽利略和牛顿的时代做了什么，但很可能他们更有兴趣研究《塔木德》，而不是光。

一直到19世纪和20世纪，世俗化和犹太启蒙运动让许多犹太人接纳了非犹太人邻居的世界观和生活方式，才产生了巨大的变化。接下来，犹太学者开始进入德国、法国和美国等国家的大学和研究中心，

第 12 章　谦逊：地球不是绕着你转

把来自犹太社区和村庄里的重要文化遗产发扬光大。犹太科学家之所以成就非凡，原因之一就在于犹太文化极为重视教育。至于其他因素，还包括这个受迫害的少数族群希望证明自己的价值，以及其他组织（例如军队和政府行政机构中）的反犹太气氛较浓，犹太人不易出头。

然而，虽然犹太科学家从犹太初等学校带来了严格的纪律，以及对知识价值的深信不疑，但并未带来任何具体的想法和见解。爱因斯坦是犹太人，但相对论并不是什么"犹太教物理学"。不管多么相信犹太律法神圣不可侵犯，又与 $E=mc^2$ 有什么关系呢？相较之下，达尔文是一名基督徒，甚至在剑桥读书时还打算成为英国国教的牧师。这代表进化论是基督教理论吗？要说相对论是犹太教对人类的贡献，就像说进化论是基督教的贡献一样荒谬。

同样，不管是 1918 年诺贝尔化学奖得主弗里茨·哈伯（Fritz Haber）合成氨的过程，1952 年诺贝尔生理学或医学奖得主赛尔曼·瓦克斯曼（Selman Waksman）发现链霉素等抗生素，抑或 2011 年诺贝尔化学奖得主丹·谢赫特曼（Dan Shechtman）发现准晶体（quasicrystal），都很难说和犹太教有什么关系。对于像弗洛伊德之类的人文和社会科学学者而言，或许犹太背景对他们的见解会有比较深的影响。即使这些人，比较常见的仍然是他们如何与犹太背景断离，而非连接。与约瑟夫·卡罗拉比（Joseph Caro）或约哈南·本·撒该拉比（Yochanan ben Zakkai）的观点截然不同，弗洛伊德关于人类灵魂的观点，不是因为仔细阅读了犹太律法书《完备之席》（Shulhan Arukh）才发现俄狄浦斯情结的。

总而言之，虽然犹太人重视学习，可能有助于犹太科学家取得卓越成就，然而仍然是非犹太思想家打下的基础，才让爱因斯坦、哈伯和弗洛伊德成就斐然。科学革命绝非出自犹太人的计划，犹太人是从犹太初等学校进到大学之后，才在科学革命里找到发挥的空间。事实上，犹太人习惯于通过阅读古代文本寻求所有问题的答案，但现代科学则要从观察和实验中获得解答,所以对犹太人来说这是个重大阻碍。如果说真有什么要素存在于犹太教本身,并能够带来科学突破,那么为什么在1905年至1933年期间,有10位世俗的德国犹太人获得了诺贝尔化学奖、生理学或医学奖和物理学奖,但同一时期没有任何一位极端正统派犹太人或者位于保加利亚或也门的犹太人能摘下诺贝尔奖桂冠?

为避免被怀疑成是"自怨自艾的犹太人"或反犹太主义者,我想强调,我并不是说犹太教是特别邪恶或愚昧的宗教,我只是要说犹太教在人类历史上并不是特别重要。许多世纪以来,犹太教就是一小群受迫害的少数人的简单宗教信仰,这些人喜欢阅读和思考,而不喜欢征服遥远的国度并烧死异教徒。

反犹太主义者通常认为犹太人非常重要,认为犹太人控制了全世界和整个银行体系,至少是媒体;而且从全球变暖到"9·11"恐怖袭击事件,都是由于犹太人的错。这种反犹太的偏执,其实就像犹太人的狂妄一样荒唐。犹太人可能是个很有意思的民族,但只要从宏观层面看就会发现,犹太人对世界的影响非常有限。

在整个历史上,人类创造了几百个不同的宗教和教派,而仅是其中的基督教、伊斯兰教、印度教和佛教,就影响了数十亿人(但不总是好影响)。至于绝大多数的教义,例如中国西藏的本教(Bon)、非洲的约鲁巴教(Yoruba)和犹太教,影响则要小得多。就我个人而言,我宁愿自己的前人不是什么残酷的世界征服者,而是某些不重要、不管别人闲事的小人物。许多宗教一边赞颂谦逊,一边却把自己想象成全宇宙最重要的;一边要求个人要谦和,一边又公然展现出集体的傲慢。不论信仰什么,如果能更认真地思考"谦逊"的概念,就能获益良多。

而在所有形式的谦逊当中,或许最重要的就是在神的面前谦逊。每次讲到神,人们往往都自称卑微,但转头就以神之名,对同胞颐指气使。

第 13 章　神：
　　　　　不要妄称神的名

世上真有神吗？这可能得看你想到的是哪个神。对你来说，神指的是宇宙间的奥秘还是掌管人世的秩序制定者？有时候，我们说到"神"，讲的是宇宙间有某种包罗万象、令人敬畏的谜团，是人类智慧所无法理解的事物。对于全宇宙最令人费解的诸多奥秘，我们都想用神来解释。例如，为何世间存在万物，而非一片虚无？到底是什么力量制定了物理学的基本定律？意识是什么，它来自何方？我们对这些问题的答案一无所知，于是就给这种无知冠上了神的名号。这种宇宙奥秘的神，最基本的特征就是我们没办法真的对他有什么具体描述。这种神属于哲学家，每当我们夜晚坐在篝火边，仰望夜空，思索人生意义的时候，我们所谈的神就是这一种。

但在其他时候，我们想到的神可能是个严肃而世俗的秩序制定者，这对我们来说可都太熟悉了。大家似乎都胸有成竹，清楚地知道这位神对时尚、食品、性和政治有何看法，我们以这位可能在天上发怒的神的名义，制定了上百万条规则与法令，引发了无数大小冲突。如果女性穿短袖衬衫、两个男人发生性关系或青少年手淫，都可能引发"神"的雷霆之怒。有人说，神不喜世人饮酒，但又有人说，神明确要求我们在每周五晚上或每周日早上饮下葡萄酒。早有无数图书，巨细无遗地写出他所喜悦或不喜悦的事物。对于这种在人世间制定秩序的神，最基本的特征就是我们对他的描述真是再具体不过。这种神属于十字军、宗教战争者、审判者、厌女者和厌恶同性恋者；每当我们站在燃烧的柴堆边，对正被绑在燃烧柱上的异教徒丢掷石块、施以凌虐的时候，我们所谈的神就是这一种。

当被问到世上究竟有没有神时，有信仰的人常常会先说到宇宙如此神秘莫测，而人类的智慧又如此有限。说到目前科学仍无法解释宇宙大爆炸的原因，他们就叹服地称赞道："这一定是神的作为。"然而就像魔术师在观众不知不觉中换了一张牌，这些信徒的说法也是用世俗的"秩序制定者"替换了"宇宙奥秘"，把宇宙间各种奥秘都冠上"神"的名号，接着就开始以此谴责比基尼和离婚行为。"我们不知道宇宙大爆炸是怎么回事，所以你不能公开露出头发，而且必须投票反对同性婚姻。"这种推论不但没有逻辑，而且根本自相矛盾。宇宙间的奥秘越是难解，这位神就越不可能在意到底女性该怎么打扮，人类该怎么进行性行为。

至于"宇宙奥秘"要怎么变成世俗的"秩序制定者"，常常都是通过某本神圣的经典来完成连接。在这本经典里会写出鸡毛蒜皮的规定，但号称一切都是为了宇宙的奥秘。据说这本书的编写者创造了空间和时间，但他不惜屈尊降贵为我们带来启发，只不过主要管的就是该做什么神秘的寺庙仪式，饮食上该有什么禁忌。事实上，并没有任何证据证明《圣经》《摩门经》《吠陀经》或其他神圣经典背后的编写者，就是那个决定了 $E=mc^2$、质子的质量为电子的 1837 倍的神秘力量。就目前所知的科学知识而言，所有这些神圣经典文本都是由富有想象力的智人写成的，它们都是祖先发明的故事，目的是让各种社会规范和政治结构合法化。

对于"存在"的奥秘，我个人至今仍然为此赞叹不已，并充满好奇。但我也从来想不清楚，这种奥秘与犹太教、基督教或印度教那些

第13章 神：不要妄称神的名

琐碎烦人的法则有何关系。当然，这些法则在几千年来协助建立并维护了社会秩序，但从根本上来说，这些法则与世俗国家政体及制度的法规并无不同。

《圣经》十诫中的第三诫，要人不可妄称神的名。许多人对此的理解非常幼稚，以为这代表不能把"耶和华"这个词说出来（例如在电影《万世魔星》里就有个著名场景，原本是对妄称神名的人进行审判，但审判者在讲到"如果你再说耶和华……"时就被旁人丢了石头）。就深层含义来说，或许这条诫命是要告诫我们，不该用神的名义来为自己的政治利益、经济野心或个人仇恨找借口。现在常有人自己恨某个人，就说"神恨他"；自己想要某片土地，就说"神想要这片土地"。如果我们能更忠诚地遵守第三条诫命，世界会变得更加美好。你想对邻国发动战争、偷走他们的土地？别用神当理由，去找另一个借口吧。

说到底，一切都是语义学的问题。我用"神"这个字的时候，想到的会是"伊斯兰国"、十字军东征、宗教裁判所，以及写着"神讨厌同性恋"标语的那种神。所以如果我想的是宇宙奥秘，就宁愿使用其他词语，以避免混淆。如果是"伊斯兰国"或十字军东征的神，会极度在意各种名字问题，特别是自己那个最神圣的名字；但如果是宇宙奥秘的这种神，"神"才不在意我们这些猿类究竟给他什么称呼。

无神论的伦理

当然，宇宙奥秘并无助于我们维持社会秩序。常有人说我们必须相信某位神，说他给人类提供了具体的法则，如果我们不听话，就会道德沦丧，社会动荡，甚至回到原始状态。

确实，对某些社会秩序而言，对神的信仰至关重要，偶尔也会带来正面的影响。而且就算是同一种宗教，对某些人激发的是仇恨和偏执，对其他人可能激发的就是慈爱和同情。例如在20世纪60年代初期，卫理公会牧师泰德·麦基尔文纳（Ted McIlvenna）开始注意到自己小区中 LGBT 民众的困境。他开始从整体上研究社会男女同性恋者的处境，并首开先例，邀请神职人员与同性恋代表于1964年5月在加州的怀特纪念度假中心（White Memorial Retreat Center）举行了为期三天的对话。这些与会者后来成立了"宗教与同性恋理事会"（The Council on Religion and the Homosexual，CRH）。除了同性恋积极分子之外，CRH 中还有来自卫理公会、主教派公会、路德教会和基督教联合会等的牧师。这是美国首次有组织敢以官方名义写出"homosexual"（同性恋）一词。

在接下来的几年里，CRH 举办各种活动来对抗歧视和迫害，从举行化装舞会到采取法律行动等不一而足。CRH 成为加州同性恋权益运动的一颗种子。麦基尔文纳牧师和其他加入的神职人员都很熟悉《圣经》里提到的对同性恋的告诫禁令，但他们认为，比起遵守《圣经》的字面意义，忠于基督的慈悲精神更为重要。[1]

然而，虽然神能够鼓舞我们发挥同情心，但就算没有宗教信仰，我们仍然能做出各种合乎道德的行为。如果说我们非得依靠某个超自然的存在才能做出有道德的行为，那就等于道德其实并不自然。但是，我们本来就自然而然地有着某些道德。从黑猩猩到老鼠，一切有社交行为的哺乳动物都有道德规范，这些规范会阻止偷盗或谋杀之类的行为。至于人类，虽然不是所有人都信奉同一个神，甚至有些人根本不信神，但所有人类社会都有自己的道德观。虽然基督徒不信印度教的诸多神，但仍会以慈善行事；虽然穆斯林不视基督为神，但仍然重视诚实待人；虽然丹麦和捷克是世俗国家，但也不比宗教国家更加暴戾。

道德的重点并不是"遵守神圣的诫命"，而是要"减少痛苦"。所以，想让自己是个有道德的人，不需要相信任何神话或故事，只要好好了解"痛苦"的深义就行。如果你真的明白某个行为会给自己或他人造成不必要的痛苦，自然就不会去做。人类确实有着谋杀、

第 13 章 神：不要妄称神的名

强奸和偷盗等行为，但这是因为他们对于这一行为所造成的苦痛还不够了解。他们一心满足于自己当下的色欲或贪婪，而没想到自己的行为对他人的影响，甚至是对自己的长期影响。就算在审问逼供的时候，这些审问者虽然刻意要让被审问者感受巨大的痛苦，但对于自己也要运用各种方式减轻痛苦的感受，暂时放下人性，以求与自己的行为保持距离。[2]

你可能有不同的意见，认为每个人当然不希望自己感受到痛苦，但除非有什么神提出要求，否则何必去管别人痛苦不痛苦呢？答案很明显：因为人是社交动物，自己的幸福与否，在很大程度取决于与他人的关系。没有爱、没有友谊、没有群体的支持，谁能快乐得起来？如果过着孤独、以自我为中心的生活，肯定会感到痛苦。所以，想要快乐，你至少得关心你的家人、朋友，以及所属社群里的其他人。

说到这里，该如何对待完全陌生的人呢？为什么不把陌生人杀了，拿他们的东西来让我和我的部落过得更好？许多思想家都已经提出完整详细的社会理论框架，告诉我们这种行为从长远来看将会是事与愿违的。没有人想活在一个陌生人老是被抢、被杀的社会里。这种社会不但让人时时面临危险，也无法依靠互信形成互利机制。比如做生意，一般来说，商人不会自投罗网拜访盗匪窝，正因为如此，不论是古代的中国还是现代的欧洲，许多与宗教完全无关的理论家都一再说明"己所不欲，勿施于人"的黄金守则。

但我们并不需要久远、复杂的长篇大论，也能有很自然的理由支持人类应该彼此同情慈爱。让我们暂时放下做生意这件事。从更直接的层面来看，伤害别人也总是会伤害到自己。世上所有的暴力行为，必然始于一个人心中的暴力欲望，这种欲望早在扰乱他人的平和幸福之前，就已经扰乱了自己的平和与幸福。人会去偷盗，必然是因为心中先有了许多贪婪和嫉妒；人会去杀人，必然是因为心中先有了各种愤怒和仇恨。而贪婪、嫉妒、愤怒和仇恨可不是什么令人愉快的情绪。

每当你怒火中烧或满腹妒火，哪能体验快乐与和谐？所以，早在你杀人之前，这份愤怒已经扼杀了你心中的平和。

事实上，你可能根本不会去杀害那个你仇恨的对象，但心中的怒火却连烧多年。这种时候，你虽然没有伤害任何人，但却伤害了你自己。所以，如果说我们应该设法克制自己的愤怒，最自然的考虑就是为了自己好，而不是因为什么神的旨意。与其杀害某个深恶痛绝的敌人，还不如从一开始心中就毫无愤怒，感受必然更佳。

对某些人来说，如果深信有某个神要求我们把另一侧脸也转过去，可能有助于遏制我们心中的愤怒，而这也是宗教信仰对世界和平与和谐的重大贡献。但不幸的是，对于其他人来说，宗教信仰反而是在煽动他们的愤怒，为愤怒找借口，特别是如果有人侮辱他们的神或忽视神的期望。所以，对于世俗的"秩序制定者"这种神来说，信众的行为就决定了神的价值。如果信众安分平和，不管信哪个神，实际没什么差别。同样，各种宗教仪式和圣地的价值，也要看它们激发出怎样的感受与行为。如果参观某座寺庙神殿会让人感受到和平与和谐，那再好不过；但如果某座寺庙神殿会造成暴力和冲突，那到底要它做什么？这座寺庙神殿显然就是功能失调。如果有棵生病的果树只长刺不结果，各方何必抢得头破血流？同理，如果有座功能失调的寺庙神殿只制造冲突敌意，无法带来平和安详，又何必为此打得你死我活？

当然，不去任何宗教场所，不信任何神，也可以是一种选择。正如过去几个世纪所证明的，我们不需要称神的名，也能过有道德的生活。世俗主义，就能为我们提供所需的所有价值。

第 14 章　世俗主义：
面对你的不完美

　　世俗主义究竟是什么意思？有人会说，世俗主义就是否认宗教，所以定义世俗主义的时候，就是看这些人不相信什么、不去做什么。这样说来，所谓世俗主义就是不信神也不信天使，不去教堂也不进神庙，不行仪礼也不做仪式。若是如此，世俗主义的世界似乎就是一片空洞、虚无，与道德无关，像一个空箱子，等着装些什么进去。

　　然而，很少有人会像这样从负面来定义自己的身份。自称世俗主义者的人，对世俗主义有一种截然不同的看法。对他们来说，世俗主义是非常正面积极的世界观，它有一套连贯一致的价值准则，而不只是在反对这个或那个宗教。事实上，许多世俗主义的价值观在各个宗教传统里也同样适用。有些宗教教派坚称他们拥有所有的智慧与善良，但世俗主义的主要特征之一就在于没有这种想垄断一切的念头。世俗主义并不认为道德和智慧是在某个时间和某个地点从天而降的，而认为它们是由所有人类自然传承而成。这样一来，当然也就至少有某些价值观是共通的，并同时存在于世界各地的人类社会，不管是穆斯林、基督徒、印度教徒还是无神论者，都会共同信奉这些价值观。

　　宗教领袖常常向信众提出非黑即白的选择题：你要么是教徒，要么不是。而如果你是教徒，就必须对其他宗教教条坚决说"不"。相反，世俗主义者一点儿也不介意同时兼有多种身份。对世俗主义者来说，就算你说自己是教徒，每天祈祷、吃斋、朝圣，只要你愿意遵守世俗的道德准则，当然也可以成为世俗社会的一员。而世俗的道德准则（事实上，有数百万穆斯林、基督徒、印度教徒、无神论者也接受了这样的准则），其实就是真相、同情、平等、自由、勇气和责任，这些也是现代科学和民主制度的基础。

一如所有的道德准则，世俗主义的准则也是一种理想，而非社会现实。就像基督教的社会和机构常常偏离基督教的理想，世俗主义的社会和机构也常常与世俗主义的理想相去甚远。中世纪的法国虽然自称是个基督教的国度，却充斥着各种不那么基督教的行为（问问那个时候受压迫的农民就知道了）。至于现代的法国，虽然自称是个世俗的国家，但从法国大革命时期的罗伯斯庇尔（Robespierre，主张男性普选权）开始，对于自由就已经定义得非常自由了（问问女性就知道了）。这并不代表世俗主义者（不论在法国还是在其他地方）就没有道德方向，缺乏道德承诺，它只是让我们知道，实现理想并不容易。

世俗主义的理想

那么，世俗主义的理想究竟是什么？世俗主义最重视的就是"真相"（truth）。这里的真相必须基于观察和证据，而非只单纯依靠信仰。世俗主义努力不把真相与相信混为一谈。如果你非常相信某个故事，或许能反映出许多关于你的心理、你的童年或是你的大脑结构等有趣的事，但这一切仍然无法证明这个故事是真的。（通常，正是因为故事本身并不真实，才更需要有强烈的信仰。）

此外，世俗主义不特别神化某个团体、某个人或某本书，不会认为只有它能够判断真相。相反，不管真相以何种方式展现出来（远古的骨骼化石、遥远的星系图像、各种统计数据表格，或各种人类传统的文本），世俗主义都愿意尊崇。正是这种对真相的承诺，成为现代

第 14 章 世俗主义：面对你的不完美

科学的基础，让人类能够破解原子、破译基因组、追溯生命的演化过程，以及理解人类本身的历史。

世俗主义重视的另一项则是"同情"（compassion）。世俗主义的伦理并不在于听从这个神或那个神的教诲，而在于深刻理解各种痛苦。例如，世俗主义之所以禁止杀人，并不是因为什么古代典籍记载不该杀人，而是因为杀戮行为会给民众造成巨大痛苦。有些人之所以不杀人，只是因为"神这么说"，但这种理由其实令人相当不安，也颇为危险。这些人不杀人的理由只是因为"听话"，而不是出于自身的同情与怜悯，那么如果他们相信自己的神命令他们去杀死异教徒、女巫、通奸者或外国人，他们会怎么做？

当然，世俗主义的各种伦理准则既然没有某些绝对必须遵守的神旨诫命，实行上也就常常面临各种困境。如果某个行为会伤害某个人，但对另一个人有利，该怎么办？对富人多征税来帮助穷人，是否合乎道德？我们能不能发动一场血腥的战争，以消灭某个残暴的独裁者？我们是否该不限人数，让所有难民都进入我们的国家？世俗主义碰上的这些问题，并不会问"神的指示是什么"，而是仔细权衡其中各方的感受，检查各种观察结果和可能性，找出造成伤害最少的中间路线。

让我们以对性的态度为例。世俗主义如何决定是支持还是反对强奸、同性恋、人兽性交和乱伦？方法就是检视其中各方的感受。强奸显然不合道德，不是因为它违反了什么神圣的诫命，而是它伤害到了别人；相较之下，两个男人之间的爱情关系不会伤害其他人，所以并无理由禁止。

那么，对人兽性交的态度呢？我曾经参与过许多公开或私人关于同性恋婚姻的辩论，总会有些自作聪明的人问："如果两个男人都能结婚，那么为什么不让一个男人和一头山羊结婚？"从世俗主义来看，答案实在再明显不过。健康的关系需要情感、理智甚至精神上的深度。缺乏这种深度，婚姻只会让人觉得沮丧、孤单，在心理上也会发育不良。两个男人当然可能满足彼此的情感、理智及精神上的需求，但和一头山羊的关系却无法达到这种效果。因此，如果你认为婚姻制度的目的是促进人类福祉（世俗主义正是这么认为），那么根本不可能问出这种荒谬的问题。这种荒谬的问题，只有把婚姻视为某种神奇仪式的人才想得出来。

那么，父女恋又怎么说呢？既然双方都是人，还有什么理由反对呢？然而诸多心理学研究指出，这种关系会对孩子造成巨大且无法挽回的伤害，并且会反映及加剧父亲的破坏性倾向。进化结果显示，智人的心智很难让浪漫关系与亲子关系携手共存。所以，我们也不用等上帝或《圣经》告诉我们不该乱伦，读读相关的心理学研究就知道了。[1]

世俗主义之所以看重科学真相，深层原因正在于此。其重点不在于满足好奇心，而是要了解怎样最大程度减少世界的痛苦。如果少了科学研究照亮路途，我们的同情通常也是盲目的。

重视真相、重视同情，带出了世俗主义所看重的第三点：平等（equality）。虽然说对在政治和经济上该不该人人平等还有不同意见，但世俗主义基本上都会质疑所有预设的阶级制度。不论受苦的人身份为何，痛苦就是痛苦；不论发现知识的人身份为何，知识就是知识。硬要说某个国家、阶级、性别的经历或发现就是高人一等，很有可能会让人变得既冷酷又无知。世俗主义者当然也会为自身民族、国家和文化的独特而感到自豪，但他们知道，"独特"并不等于"优越"，所以除了觉得该对自己的民族和国家尽一份特殊义务，也会认为自己该对全人类负起一些责任。

如果没有思考、调查及实验的自由（freedom），我们就不可能寻求真相，走出痛苦。因此，世俗主义珍惜自由，不会把至高的权威加诸任何特定的文本、机构或领导者，让他们判断什么是真实，什么是正确。人类应该永远能够自由地提出质疑、再次检查、听取不同意见，

第14章 世俗主义：面对你的不完美

并尝试不同的道路。世俗主义推崇伽利略，因为他敢于质疑地球是否真的一动不动地居于宇宙的中心；世俗主义推崇在1789年冲进巴士底狱的平民大众，因为他们击倒了路易十六的专制政权；世俗主义推崇罗莎·帕克斯（Rosa Parks），因为她有勇气坐在公交车的白人保留席上。

对抗偏见及压迫的政权，需要很大的勇气（courage），但要承认自己的无知，并走进未知的领域，则需要更大的勇气。世俗主义的教育告诉我们，如果自己不知道某件事，就应该勇敢承认自己的无知，并积极寻找新证据。就算我们觉得自己已经略知一二，也不该害怕质疑自己的想法，并对自己再次检查。很多人害怕未知，希望每个问题都有明确的答案。比起暴君，或许对未知的恐惧更容易让我们吓得四肢发软。在历史上，一直有人担心，除非我们完全相信某些说一不二的答案，否则人类社会就会崩溃。但事实上，现代历史已经证明，比起要求所有人无条件接受某些答案的社会，如果某个社会有勇气承认自己的无知，提出困难的问题并试图回答，这个社会不但会更为繁荣，也会更为和平。那些担心自己失去真相的人，往往比习惯从多个不同角度看待世界的人更为暴力。而且，"无法回答的问题"通常也比"不容置疑的答案"对人更有益。

最后一点，世俗主义重视责任（responsibility）。世俗主义不相信有什么更高的权力会负责照顾世界、惩罚邪恶、奖励公正，并保护我们免遭饥荒、瘟疫与战争。因此，不管人类做什么或不做什么，都得由我们这些血肉之躯自己负起责任。如果世界充满苦难，找出解决方法就是我们的责任。现代社会的种种巨大成就，就很令世俗主义者自豪，例如可医治的流行病、免受饥荒之苦、世界大部分地区一片和平。这些成就并不需要归功于什么神的庇佑，而是出自人类培养了自己的知识和同情心。但正因为如此，对于现代社会种种的犯罪和失败（从种族灭绝到生态退化），人类也同样责无旁贷。我们不该祈求奇迹，而该问问自己能做些什么。

以上这些是世俗主义的主要价值观。但正如前面所提到的，这些价值观并非世俗主义所独有。犹太人也重视真相，基督徒也重视同情，穆斯林也重视平等，印度教徒也同样重视责任，诸如此类。对于世俗主义的社会和制度来说，他们会十分乐意承认这些连接，也愿意拥抱虔诚的犹太人、基督徒、穆斯林和印度教徒。但有一个前提条件：若世俗主义的规则与宗教教义发生冲突，宗教教义必须让步。例如，宗教如果想得到世俗主义社会的接纳，正统派犹太教就必须平等对待非犹太人；基督徒不能把认定为异端的人绑上柱子焚烧；穆斯林必须尊重言论自由；而印度教徒也必须放弃基于种姓的歧视。

同样，世俗主义也不会要求宗教信仰者否认他们的神，或是放弃他们的传统宗教仪式。世俗主义判断一个人，看的是他的实际行为，而不是他爱穿什么衣服、爱行什么仪式。就算某个人穿着某种最诡异的宗教服饰、行的是某种最特异的宗教仪式，但他的实际行为仍然可能是出于对核心世俗主义价值的坚定承诺。比如，还是有许多犹太教科学家、基督教环保主义者、伊斯兰女权主义者，以及印度教人权运动者。只要他们忠于科学真理，追求同情心、平等和自由，就是这个世俗主义世界的正式成员，也绝对没有理由要求他们摘下小圆帽、十字架、头巾或者抹去额上的红点（tilaka）。

出于类似的原因，世俗主义的教育并不代表要进行反面灌输，教导孩子不要相信神，不要参加任何宗教仪式，而是要教导孩子区分真相与信仰，培养他们对所有受苦生灵的同情，欣赏全球所有居民的智慧和经验，自由地思考而不惧怕未知，以及为自己的行为和整个世界负起责任。

从世俗主义到教条主义

因此，要批评世俗主义缺乏伦理道德或社会责任，也是完全说不

第14章 世俗主义：面对你的不完美

通的。事实上恰恰相反，世俗主义的主要问题是把伦理标准设得太高。多数人都难以遵守如此严格的标准，而大型社会的运行也不可能追求无穷无尽的真相和同情。特别是面临战争或经济危机等紧急状况，即使无法得知真相是什么、怎样做才能最富同情心，社会也必须迅速有力地做出回应。这时需要的是明确的指导方针、朗朗上口的宣传口号和鼓舞人心的战斗呐喊。光靠无法肯定的质疑，实在难以让士兵投入战斗，也无法推动彻底的经济改革，这就让世俗主义的运动一再转变为武断的教条。

马克思一开始只是认为所有宗教都是压迫性的欺诈，并鼓励追随者自己去调查了解全球秩序的本质。但等到斯大林的时候，苏联共产党的官方说法已经是全球秩序对一般人而言实在太复杂，所以最好永远相信组织的智慧，叫你做什么就去做，就算有牺牲也在所不惜。这听起来可能很残酷，但理论家从来就是不厌其烦地解释着，革命不是野餐，而且如果想吃煎蛋卷，就得打破几个鸡蛋。

因此，到底是否该把斯大林看成一个遵守世俗主义的领导者，重点在于我们究竟如何界定世俗主义。如果用极简的负面定义，即"世俗主义不信神"，那么斯大林绝对是世俗主义者。但如果用正面定义，也就是"世俗主义拒绝所有不科学的教条，致力于追求真相、同情和自由"，那么斯大林显然不是。斯大林让我们看到的，是一个没有神却极端教条主义的"斯大林主义"宗教，而他就是该教的先知。

在政治光谱的另一边，资本主义也同样以一种开放的科学理论开始，但逐渐变成一种教条。许多资本主义者不断重复呼喊着自由市场和经济成长的口号，却无视现实的改变。不论现代化、工业化或私有化有时会造成怎样的可怕后果，资本主义的虔诚信徒都会将之视为"成长的烦恼"，保证只要再成长一点，一切就会变好。

一般来说，中间路线的自由派民主主义者更忠于世俗主义对真相和同情的追求，但就连他们，有时也会先放下这些追求，去拥抱能够提供安慰的教条。因此，一旦面对残酷独裁统治的混乱，甚至许多国家面临失败，自由主义者常常就会展现出绝对的信仰，相信"普选"这个神奇的仪式能扭转乾坤。他们在伊拉克、阿富汗和刚果等地参加战斗，投入数十亿美元，坚信只要能够举行普选，就能让这些地方如同丹麦一样拥有更灿烂的阳光。尽管这种做法一再失败，在早有普选传统的地方也偶尔会选出专制平民主义者，但最后的结果与多数的独裁统治相差无几。如果你想质疑普选究竟能否达到所声称的效果，虽然不会被送到劳改营，但各种教条上的霸凌很可能会像一桶冰水浇到你的头上。

当然，各种教条造成的伤害大小不一。就像某些宗教信仰能让人受益，世俗主义也有某些教条能带来好处，特别是与人权相关的理论。"人权"，其实只存在于人类编造出来再告诉彼此的故事之中。在对抗宗教偏执和专制政府时，这些故事也被推上神坛，成了不证自明的教条。虽然人类并非真的天生就有生命权或自由权，但正是出于对这个故事的信念，让我们得以约束专制政权的力量，保护少数族裔少受伤害，也让数十亿人免于遭受因贫穷和暴力所造成的最严重影响。因此，这个故事对人类的幸福和福利的贡献，可能比史上任何其他教条都多。

然而它仍然是一个教条。所以，联合国《人权宣言》第19条讲道："人人有权享有主张和发表意见的自由。"如果我们把它看成一项政治主张（"人人都应该享有主张和发表意见的自由"），这绝对合理。但如果我们因此相信每一位智人天生就有"发表意见的自由"，因此任何的审查制度都违反了自然法则，那么我们就失去了有关人类的真相。只要你定义自己是个"拥有不可剥夺之自然权利的个体"，就无法真正认识自己，也无法理解是哪些历史力量塑造了你所在的社会和你的心灵（其中就包括你对"自然权利"的信念）。

在20世纪，人们都忙着对抗希特勒，这种无知可能还没什么关系。但到了21世纪，由于生物科技和人工智能正试图改变人类的定

第 14 章 世俗主义：面对你的不完美

义，这种无知产生的后果就可能变得很严重。如果我们坚信人类有生命权，是否就代表我们该运用生物科技来攻克死亡？如果我们坚信人类有自由权，是否就该发展算法，用来解开并实现我们所有隐藏的愿望？如果所有人都享有平等的人权，超人类是否就该享有超级人权？就算自认相信世俗主义，只要对于"人权"有这种教条式的信念，就会发现很难对这些问题有更深入的讨论。

在过去几个世纪里，"人权"这一教条被塑造成一种武器，用来对抗宗教裁判所、法国的旧制度（ancien régime）①、纳粹和3K党。但面对超人类、生化人和超高智能计算机等议题，它却显得措手不及。曾经，种种人权运动对抗着宗教偏见和人类暴君，精彩的论点攻守有据；现在，它要对抗的是过度的消费主义和科技乌托邦，就显得无力招架。

看到自己的阴影

世俗主义并不是斯大林主义者那样的教条主义，也不是西方帝国主义所造成的苦果或者工业化的失控。然而，世俗主义确实仍须负起部分责任。各种世俗主义的运动和科学机构提出的承诺让几十亿人为之着迷，以为这些能让人类更完美，并利用地球慷慨的恩惠为人类这个物种带来利益。然而，这些承诺虽然克服了瘟疫和饥荒，但也带来了劳改营，造成了冰盖融化。或许有人会说，这都是因为人们误解并扭曲了世俗主义的核心理想，玩弄了科学的真正事实。说的绝对没错，然而所有能够发挥影响的运动都有这种问题。

基督教曾犯下许多罪行，如宗教裁判所、十字军东征、对世界各地本土文化的压迫，以及对女性权利的剥夺。对于这种说法，基督徒

---

① 特指1789年法国大革命之前的旧制度。——编者注

可能深感冒犯，认为之所以有这些罪行，都是对基督教的彻底误解所致。耶稣讲的只有爱，而宗教裁判所是对他种种教导的可怕扭曲。对于这种说法，我们虽然抱以同情，但不能真让基督教如此轻松就脱了干系。基督徒面对宗教裁判所和十字军东征等事件，不能只说大感震惊就一口撇清，而需要问问自己一些非常棘手的问题。他们这个"充满爱的宗教"究竟是怎样让自己以这种方式被扭曲，并且不止一次，而是前科累累？某些新教徒声称这一切要怪天主教的狂热分子，但建议这些人可以去找本书看看新教殖民者在爱尔兰和北美洲做了什么。同样，马克思主义者也该问问自己，马克思的思想怎样异化出了斯大林的劳改营；科学家该想想科学研究计划为何如此轻易就让自己破坏了全球生态系统的稳定；遗传学家更该特别注意，思考一下纳粹如何劫持了达尔文进化论。

每一种宗教、意识形态和信条都会有自己的阴影，而无论你遵守的是哪一种信条，都该看到自己的阴影，避免自己天真地相信"我们不会这样"。与大多数传统宗教相比，世俗主义的科学至少还有一大优势：不害怕自己的阴影，原则上也愿意承认自己的错误和盲点。如果你相信有某种超越一切的力量会揭示绝对的真理，就无法允许自己承认任何错误，因为这会让你所相信的整套故事轰然坍塌。然而，如果你相信一切就是充满缺点的人类试着要追寻真相，就能够坦然承认这一过程中会犯的错误。

正因为如此，非教条式的世俗主义知道自己并不完美，因此各种承诺就显得温和而保守，希望达到的目标可能只是让情况稍有好转，让最低工资小幅提升几美元，或将儿童死亡率略降几个百分点。至于其他教条式的意识形态，其特征就在于过度自信，以至于总是对不可能实现的目标发誓。这些领导人对于"永恒""纯粹""救赎"总是夸夸其谈，似乎只要制定某项法律、建起某座庙宇、征服某片土地，就能大手一挥拯救全世界。

第 14 章　世俗主义：面对你的不完美

如果真要做出某些人生最重要的决定，就我个人而言，我更愿意相信那些承认自己无知的人，而不是那些声称自己全知全能的人。如果你希望自己的宗教、意识形态或世界观能够领导世界，那么我要问的第一个问题就是："你的宗教、意识形态或世界观，过去犯过的最大的错误是什么？当时它做错了什么事？"如果你无法找到一个认真的答案，至少我不会相信你。

第四部分
真 相

全球所面临的重重困境如果让你觉得困惑而不知所措，
那就对了。
因为全球的发展已经变得相当复杂，
任何个人都难以理解。
这样一来，你要怎样才能得知关于这个世界的真相，
避免成为媒体宣传和错误信息的受害者？

第15章　无知：
你知道的比你想象的少

前面几章讨论的是当今时代某些最重要的问题和发展，从被夸大的恐怖主义威胁，到被轻视的科技颠覆。如果你觉得这一切的信息量实在太大，让人难以思辨，你的感觉一点儿也没错。没人能够全面思考这一切。

在过去几个世纪里，自由主义对"理性人"赋予无比的信任，认为个人是独立的理性能动者，而现代社会也是以这种只存在于神话想象中的生物为基础。民主的基础，就是认为选民能做出最好的选择；自由市场资本主义认为顾客永远是对的，相信自由主义的教师也会要学生自己去思考。

然而，对"理性人"如此信任是错误的。后殖民主义和女权主义思想家指出，"理性人"可能只是沙文主义的西方幻想，颂扬的是上流阶级白人的自主权和权力。如前所述，行为主义经济学家和进化心理学家已经证明，大多数人类决策基于情绪反应和思维捷径，而非理性分析；然而，人类的情绪和思维捷径虽然可能适合应对石器时代的生活，但到了芯片时代（Silicon Age），这些方法却远远不够。

而且不只"理性"，就连"人"也是一种神话想象。人类很少真的自己思考，而是以群体为单位来思考。英语谚语有云：要养活一个孩子，得靠全部落的共同努力。要发明工具、解决冲突或治愈疾病，也是一样的道理。没有人具备兴建大教堂、制造原子弹或飞机所需的一切知识。智人之所以能够胜过所有其他动物并成为地球的主人，靠的不是个人的理性，而是能够群体思考的这种独特能力。[1]

每个人对世界的了解其实少之又少，而且随着历史的发展，甚至越来越少。石器时代的狩猎采集者知道如何自己做衣服、生火、打兔子，也知道如何逃离狮子的追捕。我们以为自己懂的知识比前人更多，但其实就个人而言，我们的所知并不如过去。现代人几乎所有的需求都有赖于他人的专业知识。有一项实验能让人知道自己有多无知：这项实验先请被测试者评估自己对拉链知道多少。大多数人都是自信满满，毕竟谁每天不用拉链？接下来，实验组织者请被测试者尽可能详细描述拉链的原理。这时，大多数人都毫无头绪。[2] 这就是史蒂文·斯洛曼（Steven Sloman）和菲利普·费恩巴赫（Philip Fernbach）研究得出的所谓"知识的错觉"（knowledge illusion）。每个人其实懂的知识很少，我们却以为自己懂的很多，原因就在于我们把存在于他人大脑中的知识也看成自己的了。

这不一定是坏事。人类对群体思维的依赖，使我们成为世界的主人，知识的错觉让我们能够继续愉快地生活，而不会陷入无谓的努力，并避免试图自行理解身边的一切。从进化的角度来看，智人相信别人的知识，实在是一件再好不过的事。

然而人类有很多特性都是如此，在过去很有道理，到现在就成了问题。知识的错觉也有其不足之处。世界正变得越来越复杂，而人们就是无法意识到自己对一切有多么无知。因此，有些人高谈阔论如何应对气候变化和转基因作物，但其实对于气象学或生物学几乎一无所知；有些人强烈主张该如何解决伊拉克或乌克兰的问题，其实连这些国家在地图上的位置都找不到。人类很少能认清自己的无知，因为他

第15章 无知：你知道的比你想象的少

们就是一直待在如同回声室的同温层里，往来的都是思想相近的朋友，接收的都是肯定自己意见的新闻信息，各种信念只是不断增强，鲜少遭到挑战。[3]

只是为大众提供更多、更好的信息，大概无法让情况有所改善。科学家希望只要有更好的科学教育，就能消除错误的观点；学者也希望如果能把准确的事实和专家报告呈现在大众眼前，就能改变大众对于奥巴马医改法案（Obamacare）或全球变暖的看法。然而，这些希望其实都误解了人类实际的思维方式。人类大部分观点的塑造，都是通过群体思维，而非个人理性。我们之所以会坚持这些观点，是因为对群体的忠诚。只是抛出一项又一项的事实，指出个人的无知，可能会适得其反。大多数人并不喜欢接受太多事实，当然也不喜欢感觉自己很愚蠢。可千万别以为只要拿出统计数据，就能说服"茶党"（Tea Party）支持者接受全球变暖的真相。[4]

群体思维的力量无所不在，所以就算某些观点看起来如此主观武断，也很难改变。举例来说，美国右翼保守人士对于污染和濒危物种的关注远少于左翼进步人士。正因为如此，路易斯安那州的环境法规就远比马萨诸塞州宽松。我们对此早就司空见惯，觉得理所当然，但事实上这是一件很奇怪的事。一般来说，保守人士应该更愿意维护旧生态秩序，保护祖先的土地、森林和河流；相较之下，进步人士则应该更愿意推动农村根本变革，特别是希望加速社会进步，提高人类的生活质量。然而，在各种莫名的历史事件影响政党路线之后，保守人士似乎就自然而然地不再担心河流污染和鸟类灭绝，而左翼进步人士反而忧虑起了对原有生态秩序的各种破坏。[5]

就连科学家对于群体思维也同样难以免疫。例如，相信可以用事实改变舆论的科学家，自己就可能是科学群体思维的受害者。科学社群相信事实自有其效力，因此如果是忠于科学社群的人，就会认为只要摆出事实，便能够在公开辩论中获胜。然而，早有许多实证证据告诉我们，情况并非如此。

同样，自由主义相信个人理性，但这种信念也可能是自由主义群体思维的产物。在《万世魔星》里的一个高潮片段，有一群充满幻想的信众，把主角布莱恩误认为弥赛亚。布莱恩告诉他的门徒："你们不用跟随我，不用跟随任何人！你们必须为自己思考！你们都是个体！你们都完全不同！"激动的信众于是齐声高呼："没错！我们都是个体！没错！我们完全不同！"蒙蒂·派森在这里是在嘲弄20世纪60年代的反文化潮流，但把这个观点应用到理性个人主义的信念上，可能同样适用。现代民主国家里，总有一大群人高呼："没错！选民能做出最好的选择！没错！顾客永远是对的！"

权力的黑洞

群体思维和个人无知的问题，不仅影响普通选民和顾客，就连各国总统或企业负责人也难以幸免。这些人虽然可能有庞大的顾问团和情报机构，但不一定能让事情变得更好。统治世界的时候，要找出各种真相、真理难如登天。毕竟，领导人太忙了。多数政治领导人和商业巨擘永远在赶日程，但如果想深入研究一些问题，就需要很多时间，特别是需要有浪费时间的特权。你需要试试那些看来可能无法前进的路，走走那些好像是此路不通的胡同，为怀疑和无趣保留空间，让各种想法的种子慢慢萌芽、绽放。如果你没有可以浪费的时间，就永远找不到真相。

更糟糕的是，强大的权力总会扭曲事实真相。权力就是要改变现实，而不是看清现实。手中拿着锤子，一切看起来都像钉子；手中握有强大的权力，一切好像都正在等着你介入。就算你设法抑制了这种冲动，周围的人也绝不会忘记你手上握着这把巨大的锤子。任何人和你说话，都会有意无意地夹带其他议题，因此你永远无法完全相信他

第 15 章 无知：你知道的比你想象的少

们的话，就像是一位苏丹①绝不能相信自己的臣属会把真相都告诉他。

因此，巨大的权力就像一个黑洞，会让周围的空间扭曲，而且越接近它，扭曲程度就越大。每个词语进入你的运行轨道之后，都会变得格外沉重，所有人都想讨好你、安抚你，或者从你那里得到些什么。他们知道自己只能拥有你一两分钟的时间，又担心自己说的内容不适当或太杂乱，于是最后讲的不是毫无意义的空话，就是老生常谈。

几年前，我曾受邀与以色列总理内塔尼亚胡共进晚餐。朋友警告我别去，但我实在禁不住诱惑，以为或许有些天大的秘密，要在这种重要人物关起门的时候才能听到。结果实在令人失望。参加晚宴的约有 30 人，每个人都想引起大人物的注意，要耍聪明，拍拍马屁，要点儿什么东西。如果真有哪位知道一些重要的秘密，只能说他守口如瓶的功夫太高。但这件事怪不了内塔尼亚胡，也怪不了任何人，而是因为权力仿佛在无形中形成了一股强大的引力。

如果你真的想要真相，就需要逃出权力这个黑洞，允许自己浪费许多时间在其周围四处游荡。革命性的知识很少能够抵达权力中心，因为权力中心正是由现有知识所建构，周围有旧秩序的守护者把关，于是会造成困扰、打破惯例的各种想法通常会被拒之门外。当然，被挡下的有许许多多确实就是垃圾。没有受邀参加达沃斯世界经济论坛，并不代表自己就不是精英。正因为如此，我们才得在周围浪费大把的时间，尽管某些绝妙的革命性见解多半是没有根据的猜测、早被推翻的模型、纯粹迷信的教条或荒谬可笑的阴谋理论。

因此，领导者面对的是双重限制：如果待在权力中心，对世界的看法就会极度扭曲；如果勇敢来到周围，又会浪费许多宝贵的时间。而且，情况只会日益恶化。在未来几十年间，世界将变得比现在更加

---

① 苏丹（sultan），指一个在伊斯兰教历史上类似总督的官职。——编者注

复杂。无论你是国王还是小兵，任何人类个体都会越来越不了解塑造世界的各种科技装备、经济潮流和政治动力。正如苏格拉底在2000多年前就已经观察到的，在这种情况下，我们最好的选择就是承认自己的无知。

然而，道德和正义该怎么办？如果我们根本不了解这个世界，又要如何分辨是非、判断正邪？

第 16 章　正义：
人类的道德困境

一如其他所有感受，人类的正义感也是从远古进化而来的。几百万年的进化过程形成了人类的道德，很适合处理小型狩猎采集部落中的各种社交和伦理问题。如果我和你一起去打猎，我抓到一只鹿，而你空手而归，我该与你分享猎物吗？如果你去采蘑菇，满载而归，但只是因为我比你强壮，我就可以把所有蘑菇抢走吗？如果知道你打算暗杀我，我可以先发制人，在暗夜里一刀划过你的喉咙吗？[1]

如果只看表面，人类虽然从非洲大草原走到了都市钢筋水泥的丛林，情况似乎并没什么改变。有人可能会认为，我们今天面临的叙利亚内战、全球不平等、全球变暖等问题，只是将过去问题的规模放大了而已。然而这种认识是错误的。规模本身就是个问题，而且从正义的观点（一如其他许多观点）来看，人类已经很难适应现在的这个世界。

这里的问题并不在于价值观。21世纪的公民无论有宗教信仰，还是相信世俗主义，都抱持着许多价值观，而真正的问题在于如何在这个复杂的全球化世界里实现这些价值观。这是个数字问题。经过长久进化、由狩猎采集者建构的正义感，应付的是几十平方公里范围内几十个人的生活问题。如果要把这套正义感应用于各大洲数亿人之间的关系中，只会出现宕机停摆。

想要追求正义，除了要有一套抽象的价值观，还必须能够明确掌握因果关系。如果你用采来的蘑菇喂养小孩，我却用暴力把整篮蘑菇抢走，这意味着你的一切辛劳付诸东流，孩子必然饿着肚子入睡，而这当然是不公平的。这件事的因果关系很清楚，也很容易理解。但不幸的是，现代的全球化世界天生就有一个特点：因果关系高度分化且复杂。例如，我可能就是静静地待在家里，从来没伤害过任何人，但对左翼运动人士来说，我完全就是以色列军队和约旦河西岸定居点定居者的同谋。在社会主义者眼里，我之所以过着舒适的生活，是因为脚踩第三世界血汗工厂里的童工。动物福利提倡者告诉我，我的生活交织着史上最丑恶的犯罪事件：野蛮且习以为常地剥削着数亿只家禽家畜。

这一切真的都该怪我吗？这实在很难说。我现在的生存，需要依赖复杂到令人眼花缭乱的经济和政治关系网络，而且全球因果关系盘根错节，就连最简单的问题也变得难以回答。例如，我的午餐来自哪里，是谁制作了我穿的鞋，或者退休基金正拿着我的钱在做什么投资。[2]

偷走河流

如果是原始的狩猎采集者，会很清楚自己的午餐从哪儿来（自己采集的），他的鹿皮鞋是谁做的（那个人正睡在20米外），自己的退休基金又用在哪里（正在泥地里玩呢。那个时候，人类只有一种退休基金，叫作"孩子"）。比起那位狩猎采集者，我实在太无知了。我可能要经过多年的研究，才会发现自己投票支持的政府偷偷把武器卖给地球另一边某个躲在幕后的独裁者。在我投入时间查明这个事实的同时，可能会错过更重要的一些发现。例如，我晚餐吃了鸡蛋，但不知那些生蛋的鸡现在究竟怎么样了。

第16章 正义：人类的道德困境

目前整个社会系统架构的方式，让那些不喜欢费力了解事实真相的人得以维持幸福的无知状态，而想要努力了解事实真相的人则需要历经诸多艰难。如果全球经济体系就是不断地以我的名义、在我不知情的状况下偷走我的钱，我该如何应对？不管你是要以结果来判断行为是否正义（偷窃是错误的，因为这会让受害者痛苦），还是觉得结果并不重要，该从绝对责任（categorical duties）来判断（偷窃是错误的，因为上帝这样说），都不会让情况有所不同。这里的问题，在于情况已经变得过于复杂，我们搞不清楚自己到底在做什么。

上帝在定出人"不可偷盗"这项诫命的时候，所谓的偷盗还是用你自己的手去拿走某个不属于你的东西。然而到了现在，如果要讨论盗窃，真正要谈的重要问题都是完全不同的情况。举例来说，假设我投资了一万美元购买某大型石化公司的股票，每年得到 5% 的投资收益。这家公司利润极高，但原因是规避了外部成本，直接把有毒废物排入附近的河流，完全不顾对当地供水、公共卫生或自然生态造成的严重破坏。该公司财大气粗地请了一大批律师，避免被告上法庭进行赔偿，甚至还聘请政治说客，阻碍制定加强环境保护的法规。

我们可以指控这家公司"偷了一条河"吗？我的角色又如何？我从没闯入任何人的家里，也从没从任何人的钱包里拿钱。我并不知道这家公司如何获利，甚至都快忘了自己的投资组合里有这家公司，那么，我也犯了偷窃罪吗？如果我们无法得知所有相关的事实，该怎样才能保证自己的行事都符合道德？

我们可以用"意图道德"（morality of intentions）的概念来回避这个问题：重要的是我的意图，而不是我的实际行动及其结果。但在这个一切都紧密联系的世界中，最重要的道德义务其实就是人必须要"知道"各种事。现代历史最严重的罪行，不仅源于仇恨和贪婪，还源于无知和冷漠。美丽迷人的英国淑女虽然从未去过非洲或加勒比海，但通过购买在伦敦证交所上市的股票和债券，就让大西洋的奴隶贸易获得了资金。接着，淑女在下午 4 点左右喝着下午茶，加入雪白的方糖让茶更为香甜，但这些方糖产自环境如地狱般的奴隶庄园，而她当然对此一无所知。

在 20 世纪 30 年代后期的德国，地方邮局的经理可能是一位正人君子，不但很照顾员工的福利，而且如果有顾客的包裹遗失，他还会亲自帮忙寻找。他总是第一个上班，最后一个下班，就算下暴雪，他也会确保邮包准时送达。但令人感慨的是，这样的效率和体贴正是纳粹德国神经系统的重要细胞。不论是种族歧视的政治宣传品、国防军的招募要求，抑或下达给地方盖世太保的残酷命令，都因此飞速传达。对于那些不真诚求知的人来说，他们的意图是有缺陷的。

然而，到什么地步才算得上是"真诚求知"？每个国家的邮政人员难道都该打开所送的邮包，如果发现里面是政府的政治宣传单，就该辞职或起身反抗？现在回头看 20 世纪 30 年代的纳粹德国，很容易就能对其中的道德下定论，但这是因为我们已经知道整个因果关系链是如何串起来的。要不是有这样的"后见之明"，就难有这样的道德定论。令人痛苦的事实是：对于仍停留在狩猎采集者时期的人脑来说，世界已经变得太复杂了。

当代世界大多数的不公正，并不是来自个人的偏见，而是来自大规模的结构性偏见，但我们这种狩猎采集者的大脑尚未进化出能够察觉结构性偏见的能力。每个人至少是某些结构性偏见的共犯，而我们却没有足够的时间和精力去认清这些事实。为了写本书，我才有机会好好做做这项功课。当讨论全球性问题的时候，我经常犯的错就是只看到全球精英阶层的观点，而忽略了各种弱势群体的想法。全球精英掌控了话语权，因此我们不可能错过他们的观点。但相较之下，弱势群体通常会遭到禁声，我们也就很容易遗忘他们。并非我们真的有恶意，而只是由于纯粹的无知。

比如，塔斯马尼亚原住民有什么特别的问题、特有的观点，我实

第 16 章　正义：人类的道德困境

在一无所知。其至就因为我所知实在太少，在过去的一本书里，我还曾经误以为塔斯马尼亚原住民已经被欧洲殖民者赶尽杀绝。但事实上，目前还有成千上万的塔斯马尼亚原住民，也面对着许多当地独有的问题。

即便你本人属于某个弱势群体，对该群体的观点有清晰的认知，也不代表你了解所有其他弱势群体的想法。所有群体或子群体，都会有些只有自身才会遇到的天花板、双重标准、隐晦的侮辱和体制上的歧视。如果是个30岁的非裔美籍男性，就有30年作为非裔美国男性的独到经验，但他仍然不会清楚做一个非裔美籍女性、在保加利亚的罗姆人（Roma，也被称为吉卜赛人）、眼盲的俄罗斯人或是在中国的女同性恋者会是什么滋味。

这个非裔美籍男性在成长过程中，总是一再被警察毫无理由地拦住检查，而中国的女同性恋者并不会碰上这种事。然而，出生在一个非裔美籍小区的非裔美籍家庭里，代表着他身边都是和他很相似的人，他们会教他该知道些什么，才能作为一个非裔美籍男性存活下去，进而事业有成。相较之下，中国的女同性恋者并不是出生在女同性恋小区的女同性恋家庭里，而且可能从来没人教过她这些重要教训。所以，就算是个在巴尔的摩长大的黑人，也不代表就能理解在杭州长大的女同性恋者会面临哪些困难。

过去，这个问题并不那么重要，因为无论地球另一边遇到什么困境，你大概都不用负什么责任。当你看到邻居发生不幸的时候还能有点儿同情心，通常也就够了。然而今天，因为像气候变化和人工智能之类的重大全球议题会影响所有人，不管你在塔斯马尼亚、杭州，还是在巴尔的摩，都无法幸免，所以我们也就该把所有人的观点纳入考量。但谁真能做到？哪有人能够搞清楚全球千千万万个群体到底组成了怎样的关系网络？[3]

缩小规模，或者拒绝面对？

就算我们有这个打算，多半也已经再也搞不清楚世界上有哪些重大道德问题。如果讲的是两个采集者、20个采集者，抑或两个邻近部落间有何关系，大概我们还能够理解，但如果是几百万个叙利亚人之间、5亿欧盟居民之间，抑或整个地球上所有群体和子群体之间的关系，人类实在无法理解。

面对规模如此庞大的道德问题，人类为了理解和判断，有下列4种常用的方法。第一是缩小问题规模：把叙利亚内战想象成两个人在打架，一个是阿萨德政权，一个则是反抗分子，一个是好人，一个是坏人。这样一来，整个复杂的冲突历史就被缩小成一个简单明了的事件。[4]

第二是把重点集中在某个感人的故事，用它来代表整个冲突事件。如果你搬出一套精确的统计数字，想要向大众解释事情有多复杂，大众只会失去兴趣，但如果搬出某个孩子的辛酸故事，不但能赚人热泪，叫人血脉偾张，还能让人误以为自己一定站在道德的制高点上。[5]很多慈善机构长期以来对此再熟悉不过。例如，有一项实验，请民众捐款救助一名来自马里的7岁贫困小女孩，她的名字叫萝琪亚，许多人被她的故事打动，打开了心门，也打开了钱包。然而，如果研究人员除了告诉你萝琪亚的故事，还用统计资料指出非洲普遍的贫困问题，这时受访者突然就变得比较不愿意出手相助了。另一项研究，则是请人捐款给1位或8位病童。在只有一位病童的情境中，民众捐的钱更多。[6]

要应对大规模道德问题，第三种方法是编出各种阴谋论。想知道全球经济究竟如何运作，并且是好还是坏吗？这太难了。不妨换个方式，想象有20位亿万富翁在背后操纵，控制了媒体，发动了战争，一切都是为了聚敛更多的财富。这几乎永远是一套毫无根据的幻想。当代世界实在太复杂，不仅难以明辨正义公平，就连控制管理也是一

第16章 正义：人类的道德困境

大问题。不管是亿万富翁、美国中央情报局，还是共济会或锡安长老会，没人能真正搞清楚世界到底正在发生什么事。但也因为如此，没有人能够有效地操纵一切。[7]

以上三种方法，都是拒绝面对世界究竟有多复杂。而第四种，也是最后一种方法，则是创造出一套教条，全然相信某种号称全知的理论、机构或领导，接着便无条件地跟随。宗教和意识形态教条之所以在这个科学时代仍然深具吸引力，正是因为它们提供了一个避风港，让我们得以避免面对令人沮丧的复杂现实。前面也提过，即便相信世俗主义，也无法避开这种危险。即便你打定主意要抗拒所有宗教教条，一心追求科学真理，迟早还是会因为现实生活过于复杂而不胜其扰，于是决定提出某种教义，让人别再追问下去。这些教义确实能让人在智力上得到抚慰，在道德上感到安心，但这究竟算不算正义，仍旧无法确定。

我们该怎么做？是接受自由主义的教条，相信只要把权力交给所有个体选民或顾客，就能得到最好的结果，还是拒绝个人主义，沿着传统文化的方向，把权力交给某些群体，走一条集体共同判断的路？然而，这样的解决方案只是让我们从"个体无知"的刀山，掉进"群体偏见"的火海。在狩猎采集部落、乡间聚落，甚至城市小区，都还有可能共同思考大家面对的问题，但我们现在面对的是全球性问题，而我们并没有一个全球性的社群。不论是脸书、民族主义，还是宗教，距离建立这样的社群都还有遥远的距离。所有现存的人类群体，都还只是一心追求自己的利益，而非理解全球的真相和真理。不论是美国人、中国人还是伊斯兰教或印度教教徒，都无法建构"全球社群"，于是他们各自对现实的诠释也就难以令所有人信服。

我们该放弃吗？人类会不会就是无法理解真相、不可能追求正义公平？我们是否已经进入后真相时代？

第 17 章　后真相时代：
　　　　　谎言万世永存

不断有人提醒我们，现在是一个全新而骇人的后真相时代，我们身边充斥着各种谎言和虚假，相关例子简直唾手可得。比如在 2014 年 2 月下旬，一批没有佩戴任何标志的武装人员进入克里米亚。俄罗斯政府一再否认这些武装人员属于俄罗斯，说他们是"自卫团体"，大概是他们自己去军用品店买了看起来像俄军的装备。[1] 听到这种言论的时候，谁都知道这是在说谎。

俄罗斯民族主义者当然可以为这个言论找借口，说这是为了更崇高的理想：俄罗斯正在打一场正义的战争。为进入克里米亚提供正当理由的崇高理想是"维护神圣的俄罗斯民族"。根据俄罗斯民族神话，俄罗斯是一个神圣的实体，虽然邪恶的敌人多次试图入侵瓦解俄罗斯，但它已经撑过了千年之久。历经蒙古、波兰、瑞典、拿破仑的大军团（Grande Armée）、希特勒的德意志国防军（Wehrmacht），到了 20 世纪 90 年代，则是轮到北约、美国和欧盟打算摧毁俄罗斯，于是刻意催生了像乌克兰这种的"伪国"。对于许多俄罗斯民族主义者来说，要说乌克兰是一个独立于俄罗斯的国家，根本是个弥天大谎。相较之下，普京正在推动重建俄罗斯这项神圣任务，在此过程中如何措辞无关紧要。

乌克兰的国民、外界观察者和专业历史学家很可能对这种说法愤愤不平。要说乌克兰不是一个现存的独立国家，第一漠视了诸多历史事实，例如，在号称俄国一统的千年里，基辅和莫斯科其实只有大约300年属于同一个国家；第二也违反了俄罗斯过去曾经接受的许多国际法和条约，其中对于乌克兰独立的主权和边界都有规定；而最重要的第三点，它还忽略了几千万乌克兰人对自己的看法，难道他们竟然对自己的身份认同没有决定权？

俄罗斯民族主义者说有些国家其实是"伪国"，乌克兰民族主义者当然也会同意，只是对他们来说，该算伪国的绝不是乌克兰，而是在俄罗斯无端介入克里米亚之后，为了掩饰其行径所成立的"卢甘斯克人民共和国"（Luhansk People's Republic）和"顿涅茨克人民共和国"（Donetsk People's Republic）。[2]

不论你支持哪一方，看来我们都确实生活在一个可怕的后真相时代：被伪造的不只是某些特定的军事事件，就连整个历史和国家都可能被伪造。如果这真是后真相时代，那个曾经一度幸福美好的"真相时代"到底是什么时候？是20世纪80年代、50年代，还是30年代？而且，是什么让我们走向了后真相时代？是互联网、社交媒体，还是普京和特朗普上台？

简单回顾历史就会发现，政治宣传和假信息由来已久，甚至就连拒绝整个国家的存在、刻意创造"伪国"的习惯也源远流长。1931年，日军就是假装自己遭到攻击，以此为借口而侵略中国，接着又建立伪满洲国，以合理化自己的侵略。英国殖民澳大利亚，援引的法条是认定澳大利亚为 terra nullius（拉丁文，意为"无主地"），等于把澳大利亚长达5万年的原住民历史一笔勾销。

在20世纪初期，犹太复国主义最爱谈的口号就是要让"没有土地的人民（犹太人）回到没有人民的土地上（巴勒斯坦）"。至于住在当地的阿拉伯人，那就不用太计较了。1969年，以色列前总理果尔

第 17 章 后真相时代：谎言万世永存

达·梅厄（Golda Meir）有句名言，说巴勒斯坦人从来就不存在。就算到了今天，这种观点在以色列仍然非常普遍。但这样说来，过去几十年的武装冲突岂不就是为了击败一些"不存在"的对手？2016年2月，以色列国会议员阿娜特·伯科（Anat Berko）就在国会上公开质疑巴勒斯坦人民的现实和历史是不是真的。她有什么证据呢？她说，因为阿拉伯语根本没有"p"这个字母，所以怎么可能有"Palestinian"（巴勒斯坦人）？（可阿拉伯语的"f"就是"p"，巴勒斯坦在阿拉伯语中为"Falastin"。）

后真相物种

事实上，人类一直活在后真相时代。智人就是一种后真相物种，创造并相信虚构故事的能力越高，就越能发挥更多的能力。从石器时代以来，人类就是用不断自我强化的神话来团结合作的。事实上，智人之所以能够征服地球，最重要的因素就在于创造并传播虚构故事的独特能力。人类是唯一能与众多陌生个体合作的哺乳动物，原因就在于只有人类能够创造虚构故事，并且把这些故事流传出去，让几百万人相信。只要每个人都相信同样的故事、遵守同样的法律，就能有效地彼此合作。

因此，如果你想指责脸书或那些政客开启了全新而恐怖的后真相时代，请提醒自己，不过几百年前，还有几百万的基督徒把自己锁在一个不断自我强化的神话泡泡里，从来不敢质疑《圣经》在各种事实上是否真实。几千年来，人类社群网络里许多的"新闻"和"事实"其实都是虚构的，讲述着奇迹、天使、恶魔和女巫的故事，是无畏的记者从地狱最深处给我们带来了第一手报道。我们没有任何科学证据指出夏娃被蛇诱惑、所有异教徒死后的灵魂都在地狱燃烧，也没有任何科学证据证明如果婆罗门阶层与吠舍阶层的人通婚会令宇宙的创造者震怒。然而就是有几十亿人相信这些故事，一信就是几千年。有些假新闻,就是能够长长久久。

我知道,我把宗教等同于假新闻,可能会让许多人很不高兴,但关键正在于此。如果只有 1000 个人,相信某个编造的故事,相信一个月,这是假新闻。但如果是 10 亿人,相信某个编造的故事,相信 1000 年,这就成了宗教信仰,而且会警告所有其他人不准说这是"假新闻",否则就会伤害了信徒的感情(或是引发他们的怒火)。但请注意,我并不否认宗教很有用,也不否认宗教可能带来正面影响,正好相反,我认为:无论好坏,虚构故事都是人类威力最强大的一个工具。例如宗教,通过信条将民众聚集在一起,从而让人类得以进行大规模合作。在宗教的启发之下,人类虽然组建了军队,盖起了监狱,但也建起了医院、学校和桥梁。亚当和夏娃从未真正存在,但沙特尔大教堂(Chartres Cathedral)美丽依旧。虽然《圣经》的许多部分可能是虚构的,但仍然能够给几十亿人带来喜乐,也仍然能够鼓励人类体贴、勇敢、有创意,一如所有的小说作品,例如《堂·吉诃德》、《战争与和平》,以及《哈利·波特》。

同样,有些人可能因为我把《圣经》拿来和《哈利·波特》相提并论而感觉受到了冒犯。如果你是一个用科学思考的基督徒,可能会认为虽然《圣经》有各种错误和虚构,但《圣经》本来就不是纪实作品,而是一个藏有深刻智慧的隐喻故事。那么《哈利·波特》不也是如此吗?

如果你是基本教义派的基督徒,则可能坚持认为《圣经》的字字句句都绝对真实正确。让我们暂时假设确实如此,《圣经》就是上帝这个真神不可能出错的箴言,然而这样一来,面对《塔木德》、《摩门经》、《吠陀经》和埃及的《亡灵书》,又该怎么解释?难道你不觉得,这些文本就是有血有肉的人类精心写出的虚构故事?看到罗马皇帝奥古斯都和克劳狄乌斯号称有神性,你又怎么想?罗马元老院声称自己有权力把人变成神,接着又要帝国的子民去崇拜这些神,那不是虚构

第17章 后真相时代：谎言万世永存

的故事吗？事实上，历史上至少就有一个例子，让某个假神亲口承认自己是虚构的。前面曾提到，日本军国主义从20世纪30年代到40年代早期，十分依赖对天皇神性的狂热信仰，及至日本战败，裕仁天皇只好公开承认这并非事实，他终究是人，而非神。

也就是说，即使我们相信《圣经》是上帝的箴言，也仍然有几十亿虔诚的印度教教徒、穆斯林、埃及人、罗马人和日本人，在千百年来都笃信不同的虚构故事。同样，这并不代表这些虚构的故事必然没有价值，甚至会造成伤害，它们仍然可能既美丽又鼓舞人心。

当然，并非所有宗教神话都是良善的。1255年8月29日，在英格兰林肯镇的一口井里，发现了一位名叫休（Hugh）的9岁男孩的尸体。虽然当时没有脸书，也没有推特，但很快谣言就传了出去，说休是被当地犹太人所杀。故事如滚雪球般越滚越大。当时声名赫赫的历史学家马修·派瑞斯（Matthew Paris）还写了一篇血腥而详细的文章，说在英格兰各地，许多重要的犹太人士如何聚集到林肯镇诱拐了这个孩子，先把他养胖，再施以折磨，最后钉死在十字架上。为了这桩传说中的谋杀，19名犹太人受到审判并被处决。这种对犹太人横加污蔑的"血祭诽谤"（blood libel）在英格兰的其他城镇也流行起来，导致一系列集体迫害，有时整个犹太社群都遭到屠杀。到1290年，全英格兰的犹太人都被驱逐出境。[3]

故事还没结束。犹太人被英格兰逐出一个世纪之后，英国文学之父乔叟还在《坎特伯雷故事集》放了一篇《修女院院长的故事》，正是以林肯镇的休作为故事原型的血祭诽谤之文。在这篇故事里，最后是以犹太人被吊死告终。从中世纪晚期的西班牙到现代的俄罗斯，每次出现反犹太人运动，类似的血祭诽谤都会成为其中的主要内容。甚至到了2016年的假新闻故事，还有人盛传希拉里是某个儿童贩卖网络的首脑，将儿童作为性奴关在某个知名比萨店的地下室。有很多美国人相信了这个故事，从而对希拉里的选举造成影响，甚至还有一个人居然拿枪冲到这家比萨店，要求检查它的地下室（事实上，那家比萨店根本就没有地下室）。[4]

至于林肯镇的休，并没有人知道他究竟是怎么死的，但他最后被安葬在林肯大教堂，被封为圣人。据称他已经施行过各种奇迹，而且在所有犹太人被逐出英格兰几个世纪过后，其坟墓仍然吸引着络绎不绝的朝圣者。[5]一直到1955年（纳粹大屠杀发生10年之后），林肯大教堂才出面否认这桩血祭诽谤案，并在休的坟墓旁放上一则说明：

> 在中世纪甚至更晚的时期，犹太社群对基督教男孩进行"仪式性谋杀"的传言在整个欧洲甚嚣尘上。这些虚构的传言，让许多犹太人无辜丧命。林肯镇也有自己的一桩传说，传说中的受害者在1255年葬于本大教堂。这样的故事对全体基督教教徒而言并非荣耀。[6]

也就是说，这则假新闻也不过为时短短的700多年罢了。

曾经的谎言，永远的真相

会用虚构故事来促进合作的，并非只有古代宗教。在更晚的时期，每个国家都创造了自己的民族神话，精心塑造出能够自我强化的种种信条。纳粹的政治宣传大师约瑟夫·戈培尔（Joseph Goebbels）可能是现代把这套媒体戏法耍得最有模有样的人，他用一句话就讲出了自己的诀窍："谎话说一次仍然是谎话，但说一千次，就成了事实。"[7]在《我的奋斗》（*Mein Kampf*）里，希特勒也写道："即便政治宣传手段再出色，如果没把一项基本原则牢记在心，也无法成功——宣传时必须只锁定几个重点，然后不断地一再重复。"[8]就算是现代兜售假新闻的那些人，谁能说得比这更精辟呢？

苏联的政治宣传机器对真相的操弄也不在话下，大到整场战争，

第 17 章　后真相时代：谎言万世永存

小到几张个人照片，历史都同样遭到重写。1936 年 6 月 29 日，官方媒体《真理报》(Pravda)头版刊出一张照片，斯大林满脸微笑，抱着 7 岁的小女孩葛丽亚·玛克丽佐娃 (Gelya Markizova)。这张照片成了斯大林主义的象征，将斯大林拥为国父，也大打"快乐的苏联童年"这个理想。全国各地印刷厂和工厂开始用这张照片制成数百万份的海报、雕塑和马赛克，从苏联的这头到那头都有相关展示品。当时，就像是所有俄罗斯东正教教堂都要有圣母抱子像才算完整，所有苏联学校也都有斯大林爸爸抱着小葛丽亚的画像。

但很遗憾，在斯大林的帝国里，名声往往会带来灾难。不到一年，葛丽亚的父亲就被诬指为日本间谍、托派分子，遭捕下狱。他在 1938 年被处死，成为斯大林统治时期的几百万受害者之一。葛丽亚和母亲被流放到哈萨克斯坦，母亲也很快就莫名过世。事已至此，但当时全国还是有数不清的画像，画着国父抱着"人民敌人"的女儿，到底该怎么办？那有什么问题。从那一刻起，葛丽亚·玛克丽佐娃就消失了。这个随处可见的"快乐苏联儿童"，身份变成来自塔吉克的 13 岁女孩玛穆拉卡·那坎葛娃 (Mamlakat Nakhangova)，因为在棉花田里辛勤采收而获颁列宁勋章（如果有人觉得画面里的女孩怎么看都不像 13 岁，可要知道，如果提出质疑，就等于是散布反革命的异端谣言）。[9]

苏联政治宣传机器效率极高，对内成功掩盖灾祸，对外则粉饰太平。在 20 世纪 30 年代早期，西方的左翼记者和知识分子还将苏联誉为理想社会；但在当时，苏联正因斯大林造成的人为饥荒而饿殍遍野。而到了脸书和推特的时代，虽然有时候很难决定要相信哪方的说法，但至少不会再有某个政权能够瞒着世界将几百万人屠杀。

除了宗教和意识形态，就连一般企业也得编造故事、制造假新闻。仅是品牌塑造，常常就是把同一个虚假的故事说了一遍又一遍，直到民众信以为真。想到可口可乐，你的脑中浮现的是什么画面？是一群健康的年轻人一起快乐运动，还是一群超重的糖尿病患者躺在病床上？大口灌下可口可乐并不会让你变年轻，不会让你变健康，也不会让你变得像运动员一样，反而只会增加患上肥胖和糖尿病的概率。然而，可口可乐几十年来投入几十亿美元，把自己与年轻、健康和运动联系在一起，几十亿人潜意识里也就这么相信了。

事实上，智人从来就不是那么在意真相。很多人认为，如果某个宗教或意识形态扭曲现实，追随者迟早会发现，因为其他更在意事实的对手终将胜出。只不过，恐怕这也只是另一个安慰人的神话。在实际运作上，人类合作的力量取决于真相与虚构之间的微妙平衡。

过于扭曲现实，做起事来就会不切实际，于是力量会被削弱。例如，1905年，有一个叫作金吉卡提利（Kinjikitile Ngwale）的巫士，自称是蛇神洪果（Hongo）附身，要向德国东非殖民地的人民发出革命的信息："团结起来，把德国人赶出去！"为了更加鼓动人心，金吉卡提利还为信众准备魔药，说能把迎面飞来的德国子弹都变成水（斯瓦希里语把水称为"maji"）。于是，"马及马及起义"（Maji Maji Rebellion）就此展开，最终却失败了。因为在战场上，德国的子弹并没有变成水，而是无情地打在起义者缺少防备的身上。[10] 而在此2000年前，犹太人反抗罗马的犹太大起义（Jewish Great Revolt）也是因为一心相信上帝会为犹太人而战，帮助他们击败看似无敌的罗马帝国。这次起义同样失败了，让耶路撒冷遭毁，犹太人四处流亡。

但是，如果不依靠某些神话，也就无法有效组织群众。只依靠现实，并不会有太多追随者。没有神话，虽然无法组织起马及马及起义和犹太大起义这些失败的行动，但也不可能组织起马赫迪（Mahdi）或马加比（Maccabees）这些成功的起义。

事实上，如果讲到要团结人心，虚构的故事天生就比事实更具优势。如果想测试群众是否忠诚，与其要求他们相信某个事实，还不如要求他们相信某件荒谬的事。如果头头表示"太阳从东边升起，从西

第17章 后真相时代：谎言万世永存

边落下"，就算属下对他没半点儿忠诚，也会鼓掌同意；但如果头头表示"太阳从西边升起，从东边落下"，只有真正效忠的属下才会愿意鼓掌。同样，如果你所有的邻居都相信这个荒谬的故事，大概在危机来临时也能团结一致；如果他们只愿意相信确确实实的事实，又能有什么意义呢？

可能有人会提出异议，认为至少在某些情况下，依靠协商达成共识也可以有效组织人力，而不一定非要通过虚构的故事或神话。比如在经济领域，虽然每个人都知道金钱和企业只是人为的产物，但它们让众人合作的力量却远超所有神祇或神圣的典籍。如果是某宗教典籍，真正相信这个宗教的信徒会说"我相信这本书是神圣的"；但如果是美元，真正相信美元的人只会说"我相信其他人相信美元是有价值的"。显然，美元虽然只是人类创造出来的货币，但全球所有人都愿意接受。如果是这样，为什么人类不能放弃所有的神话和虚构故事，都用像美元这种协议而成的制度或体系来合作呢？

问题就在于，这些协议其实和虚构故事并没有多大差异。虽然宗教典籍和金钱乍看之下完全是两回事，但事实上概念却十分相似。大多数人看到美元钞票，并不会记得这只是一种人类协议而成的货币。虽然看到的只是一张绿色的纸、印着一个死去白人的头像，但他们觉得这张纸本身就有价值，而不会提醒自己"其实这只是一张没用的纸，只是因为别人觉得它有价值，所以我可以拿来用"。用功能性磁共振成像技术扫描人脑，会发现如果人看到装满百元美钞的手提箱，大脑中兴奋起来的部分并不是负责"怀疑"的区块（"只是别人认为这很有价值"），而是负责"贪婪"的区块（"我想要这个手提箱"）。如果是宗教典籍，在绝大多数情况下，人们也是先长期接触那些认为《圣经》《吠陀经》《摩门经》神圣不可侵犯的信徒，自己才开始认为这些典籍确实神圣。所以，我们学会尊重宗教典籍的方式，其实与我们学会尊重钞票的方式完全相同。

这样说来，实际上"知道某事物只是人类制度"和"相信某事物本身有价值"之间并没有严格区别。很多时候，人类对于这些区别就是不太在意，或十分健忘。例如，如果我们坐下来好好进行深入的哲学讨论，几乎每个人都会同意"公司"的概念也是人类创造的虚构故事。像微软这家公司之所以成为公司，并不在于它拥有的建筑、雇用的员工或服务的股东，而在于由立法者和律师所编织而成的错综复杂的法律概念。但在99%的时间，我们并不会进行深入的哲学讨论，觉得一家公司就是一个实实在在的实体，就像一只老虎或一个人一样。

模糊虚拟和现实的界线，有助于达到许多目的，从单纯的好玩儿到严肃的生存都有可能。比如玩游戏或读小说，你至少得有一段时间先放下现实。要享受踢足球，就得接受比赛规则，至少在90分钟之内先忘记足球赛只是一项人类发明，否则，22个人莫名其妙追着一个球跑，岂不太荒谬？足球赛一开始可能只是一项消遣，但后来越变越严肃，这一点只要问问英国的足球流氓或阿根廷国家队的球迷就知道了。足球也有助于建立个人身份认同、巩固大规模的社群，甚至成为使用暴力的原因。国家和宗教，可以说就像是打了类固醇的足球俱乐部。

人类就是有这种了不起的能力，能够同时既"知道"又"不知道"。或者说得更精确些，人类如果真的好好思考，就能知道一些事情；但大多数时候，人类就是没去想，所以也就不知道这些事。比如只要你专心思考一下，就会发现钱是虚构的，但通常你没去专心思考。当被问到的时候，大家都知道足球只是一项人类发明，但比赛踢得正热火朝天的时候，谁又在意足球是什么呢？只要花点儿时间和精力来思考，就会发现国家也是精心制作的故事，但战火正炽的时候，谁又有这种精力和时间深思我们为之付出生命的国家究竟是什么呢？如果你追求的是终极的真相或真理，就会意识到亚当和夏娃的故事也是一个神话，但我们有多少时候需要终极的真相或真理呢？

第 17 章 后真相时代：谎言万世永存

真相和权力，这两者虽然可以携手共度一小段时光，但迟早得分开。如果想要权力，到了某个阶段之后就得开始传播虚构的故事；如果想要看清世界的真相，到了某个阶段之后就只能放弃对权力的追寻，因为你得承认某些真相（例如自己手中权力的来源），而真相可能会让盟友愤怒，让追随者伤心，让社会和谐受到破坏。在真相与权力之间有一道鸿沟，这点实在算不上什么秘密。想看出这点，只要找一个典型的美国 WASP（盎格鲁－撒克逊白人新教徒），问问他对种族的看法；找一个主流以色列人，问问他对于以色列占领巴勒斯坦的看法；或者找个普通的小伙子，问问他对于父权的看法，就很清楚了。

人类历史上，学者总会碰上这个问题：自己究竟是为当权者服务，还是为真相服务？学者的目标，究竟是要让所有人相信同一套故事而团结起来，还是让所有人知道真相，就算因此成为一盘散沙也在所不惜？到目前为止，那些既有学术派头，手中又握有重要权力的人（如基督教的神职人员），都是先注重团结，后讲究真相。也正是因此，才让他们权威赫赫。

对人类这个物种来说，喜欢权力过于真相。我们把比较多的时间和精力拿来努力控制世界，而非努力理解世界；而且就算我们努力理解世界，通常也是为了事后更容易地控制世界。所以，如果你理想中的社会是以真相为上，无视各种虚构的神话，智人社群大概只会让你大失所望，还不如去黑猩猩社群碰碰运气呢。

走出洗脑机

以上种种，绝不代表假新闻不是个严重的问题，也不代表政客和神职人员可以光明正大地撒谎，更不代表世上一切都是假新闻。想找出真相只会是徒劳，认真的新闻和政治宣传都是一个样。在所有的假新闻之下，都有真正的事实，也有真实的痛苦。人类的痛苦常常来自相信了虚构的故事，但无论如何，痛苦本身仍然真实。

因此，我们不应该把假新闻视为常态，而该把它看得比原本认为的更严重，我们也该更努力地区分虚构故事与真正的现实，但别期望完美。在所有的虚构故事中，名列前茅的一个就是否认世界有多复杂，一切只以绝对的纯洁和极端的邪恶来思考。没有任何政治人物绝无谎言、只说实话，但仍然有某些政治人物就是比别人好得多。例如，虽然英国前首相丘吉尔也会对事实加以修饰，但如果有的选，我还是会选择丘吉尔，而不是斯大林。同样，虽然没有任何报纸绝无偏见和错误，但就是有某些报纸确实致力于找出真相，而有某些报纸就是洗脑的机器。如果在20世纪30年代，希望我也有足够的理智，认定《纽约时报》就是比纳粹的《先锋报》（*Der Stürmer*）更可信。

所有人都该负起责任，花些时间和精力找出自己的偏见所在，验证自己的信息来源是否可信。如前几章所述，我们不可能事事都自己去调查，所以至少该仔细调查自己常用的信息来源，不管是报纸、网站、电视网络，还是某个人。在第20章，我们会再次深入探讨如何避免被洗脑、怎样分辨现实与虚构，但这里我想先提供两个重要的黄金法则。

第一条黄金法则：如果你想得到可靠的信息，必然要付出昂贵的代价。如果你总是免费得到信息，有可能你才是整个商业世界的产品。假设有个神秘的亿万富翁向你提议："我每个月给你30美元，而你要让我每天给你洗脑一小时，在你心中植入我想植入的各种政治和商业偏见。"理智的人大概都会拒绝。这个神秘的亿万富翁稍微改变了一下提议："你让我每天给你洗脑一小时，而我为你提供的这项服务完全免费！"忽然之间，全球就有几亿人觉得这真是个好主意。我们可别把这些人当榜样。

第二条黄金法则：如果觉得某些问题似乎对你特别重要，就该真正努力阅读相关的科学文献。所谓的科学文献，指的是经过同行评审的论文、由知名学术出版社出版的图书，以及知名教授的著作。科学

第 17 章　后真相时代：谎言万世永存

当然有其局限性，也曾犯下许多错误。尽管如此，但在近几个世纪，科学界仍然是我们最可靠的知识来源。如果你觉得科学界对某些事情的看法有误，这种可能性绝对存在，但你至少该去弄懂自己到底在否定怎样的科学理论，也要找出实证来支持自己的想法。

至于科学家，应该更努力地加入目前的公共议题讨论。不论是医学还是历史学，只要相关讨论牵涉自己的专业领域，科学家就不该害怕发声。沉默不代表中立，只代表支持现状。当然，继续进行学术研究、把结果发表在只有少数专家阅读的科学期刊上，这件事仍然十分重要。然而，同样该受到重视的是通过科普书，甚至运用艺术和小说，向大众传播最新的科学理论。

这是否代表科学家该开始写科幻小说呢？事实上，这并不是个坏点子。在塑造人类对世界的看法上，艺术的表达其实扮演着至关重要的角色：在 21 世纪，科幻小说可以说是最重要的文学种类，塑造了大多数人对人工智能、生物工程和气候变化等的看法。我们需要好的科学，但从政治角度来说，一部好的科幻电影，价值绝对远超刊登在《科学》（*Science*）或《自然》（*Nature*）杂志上的论文。

第18章 未来不是科幻小说：
无法逃离的母体

人类之所以能够控制世界，是因为合作的能力高于任何其他动物，而之所以有那么强的合作能力，是因为他们能够相信虚构的故事。这样说来，诗人、画家和剧作家的重要性绝对不在士兵和工程师之下。人之所以会去参战、建造大教堂，是因为他们相信上帝；之所以相信上帝，是因为读过关于上帝的诗，看过关于上帝的画像，而关于上帝的戏剧令他们深深着迷。同样，我们现在对于"资本主义"这个现代神话的信仰，也是由好莱坞和流行产业的艺术创作在支撑。我们相信买更多东西就会更开心，是因为在电视上亲眼见过资本主义的天堂。

21世纪初，最重要的艺术流派或许就是科幻小说。真会去读关于机器学习或基因工程最新文章的人寥寥无几，但很多人会去看《黑客帝国》(*The Matrix*)、《她》(*Her*)之类的电影，以及《西部世界》(*Westworld*)、《黑镜》(*Black Mirror*)之类的电视剧。正是这些电影和电视剧，塑造了人们对于现今科技、社会和经济发展的认识。这也意味着，科幻小说在描述科学现实的时候必须更负责，否则就可能让人产生错误的想法，或是把注意力浪费在错误的问题上。

前面章节中提到过，现代科幻小说最糟糕的问题，或许就在于混淆了"智能"(intelligence)和"意识"(consciousness)的概念。因此，这些小说常常过度担心机器人与人类之间可能开战,但事实上我们真正该担心的,是有一小群超人类精英凭借算法带来的力量,与大量底层的手无权力的智人之间发生冲突。真要思考人工智能的未来,比较值得参考的仍然是卡尔·马克思的理论,而不是史蒂文·斯皮尔伯格的电影。

事实上,许多关于人工智能的电影实在与科学现实过于脱节,让人觉得它们只是借人工智能之名,谈的却完全是别的议题。2015年的电影《机械姬》(*Ex Machina*),表面上讲的是一位人工智能专家爱上一个女性机器人,却遭到她的欺瞒和玩弄的故事。但事实上,这部电影描绘的并不是人类对于智能机器人的恐惧,而是男性对于聪明女性的恐惧,特别是害怕女性解放可能造成女性统治的结果。任何讲人工智能的电影只要把人工智能设定为女性,把科学家设定为男性,这部电影真正讨论的就很可能是女权主义,而非对智能机器人的控制论(cybernetics)。到底为什么要让人工智能具有性别自认?性别是有机多细胞生物的特征,这对于非有机的受控体来说,有什么意义?

活在盒子里

科幻小说探索另一个主题(用科技操纵和控制人类所带来的危险)的时候,见解远远更为深入。在《黑客帝国》刻画的世界里,几乎所有人都被监禁在网络空间,他们所经历的一切都是由一个主算法控制。《楚门的世界》(*The Truman Show*)则是专讲一个人的故事,楚门在浑然不知的情况下,成了某个电视真人秀里的主角,也完全不知道自己所有的亲朋好友(包括母亲、妻子和最要好的朋友)都是演员;发生在他身上的一切都有精心设计的脚本;他所说和所做的一切,都被隐蔽的摄影机记录下来,热情观看的粉丝人数多达数百万。

然而,这两部电影虽然概念精妙,最后都还是缩了手,没让剧情设定发挥到极致。《黑客帝国》就仍然认为困在母体(Matrix)里的

第18章　未来不是科幻小说：无法逃离的母体

人还有真正的自我，能够不受任何科技操纵，而且在母体之外还有个真正的现实，只要主角足够努力，就能抵达。这样看来，母体只是个人造的障碍，它隔开了内在的真实自我与外在的真实世界。于是，经历过许多考验和磨难之后，两位主角（《黑客帝国》里的尼奥、《楚门的世界》里的楚门）都成功超越并逃离了整个操纵网络，找到了真实的自我，抵达了真正的应许之地。

奇怪的是，最后这个真正的应许之地，在很多层面上看还是和造出来的母体没什么不同。楚门最后离开摄影棚之后，一心想与大学时代曾经心仪但被导演安排离开节目的对象再相聚。但如果楚门这种浪漫幻想真的实现了，他的生活完全就会是《楚门的世界》卖给全球数百万观众的那个好莱坞美梦，再加上在斐济的假期。楚门走到现实世界后，到底会找到怎样不同的生活，这部电影并没有给我们任何提示。

同样，在尼奥吞下著名的红色药丸并逃出母体的时候，也发现外面的世界与里面的没有什么不同。里外都有各种暴力冲突，人类也同样受到恐惧、欲望、爱和嫉妒的驱动。这部电影的结局最好是这样：有人告诉尼奥，他所处的现实只是个更大的母体，如果真想再逃到"真实的世界"，必须再挑一次蓝色药丸或红色药丸。

从目前的技术和科学革命来看，我们该担心的不是算法和电视镜头控制了真实的个人和真正的现实，而是"真实"本身也是虚幻。人类害怕被困在盒子里，但没意识到自己早就被困在一个盒子里了（这个盒子就是人类的大脑），而且盒子外面还有一个更大的盒子，也就是充满各种虚构故事的人类社会。你逃离母体，来到了一个更大的母体。你想找出这个世界用哪些方式操纵你，最后也会发现自己的核心身份只是神经网络形成的复杂幻象。

人类担心，如果被困在某个盒子里，就可能错过世界上各处奇迹美景。如果尼奥继续困在母体里、楚门继续困在摄影棚里，就永远不会去到斐济、巴黎或马丘比丘。事实上，你在生活中所经历的一切，都只发生在你自己的身体里和你自己的头脑中。不管是逃出母体,还是前往斐济,都没有任何区别。在你心里,并没有一个铁盒子上写着巨大的红字警告你"到斐济才能打开"!等你终于到了南太平洋,打开盒子,释放出只有在斐济才能拥有的各种感受。万一这辈子没能去斐济,就会永远错过这些特殊的感受。没有这种事!不管你在斐济有什么感受,在世界上任何其他地方也都能感受得到,就算在母体里也不例外。

或许,我们所有人都活在一个巨大的计算机模拟程序里,就像是《黑客帝国》中的母体。这样一来,我们所有关于国家、宗教和意识形态的故事都会被推翻,但我们的心理体验仍然是真实的。如果有一天事实证明,人类历史不过就是来自某个锆石行星的老鼠科学家在超级计算机上的精心模拟,那对经典学者与宗教领袖来说可真是颜面无光。但就算如此,我们还是希望这些老鼠科学家给我们解释一下,为何要有亚美尼亚种族大屠杀,为何会出现奥斯威辛集中营。这种模拟怎么会得到锆石大学伦理审查委员会的许可?即使毒气室只是硅芯片里的电子信号,所有人感受到的疼痛、恐惧和绝望并不会有分毫的减轻。

疼痛就是疼痛,恐惧就是恐惧,爱就是爱,就算在母体里也不例外。无论你感受到的恐惧是来自外部世界的原子集合还是计算机操纵的电子信号,都无关紧要。那份恐惧就是真实的。所以,如果想要探究你心智的真实,母体内外并不会有任何差别。

大多数科幻电影其实讲的都是一个非常古老的故事:心智胜过物质。这个故事会说,在3万年前,"心智想象出一把石刀,手工制造出一把石刀,人类杀死猛犸象"。事实上,人类之所以能够主宰世界,主要并不是因为发明了刀子、杀死了猛犸象,而是因为能够操控心智。心智并不是自由塑造历史行为和生物现实的主体,而是被历史和生物学塑造的客体。就算是我们最珍视的那些理想(自由、爱、创造力),

第 18 章 未来不是科幻小说:无法逃离的母体

也和石刀没什么不同,都是某个人为杀死某头猛犸象而打造的。看看目前最顶尖的科学理论和最先进的技术工具就知道,心智一直都受到各种操控。事实上,就没有什么"真实的自我"能够免于被操控。

你可知道,这些年来你看过多少电影,读过多少小说和诗歌?这些人工制品又如何塑造、磨炼了你的爱情观?浪漫喜剧之于爱情,正如色情片之于性爱,兰博①之于战争。如果你觉得自己可以按下某个删除按钮,消除潜意识和大脑的边缘系统(limbic system)里所有的好莱坞痕迹,那么你已经在欺骗自己了。

我们喜欢那个制造石刀的故事,但不喜欢自己成了故事里的那把石刀。所以,把那个猛犸象的故事改编成母体版本会是这样:"心智想象出一个机器人;亲手制造出一个机器人;机器人杀死恐怖分子,但也想控制心智;心智杀死了机器人。"然而,这个故事是有问题的。这里的问题并不在于心智能否杀掉机器人,而在于一开始想象出机器人的那个心智,早就属于受各种操控所生成的产品。所以,杀掉机器人无法让我们得到自由。

迪士尼不再相信自由意志

2015 年,皮克斯动画工作室(Pixar Studios)和华特·迪士尼公司(Walt Disney Pictures)推出了一部更符合现实,但也更令人不安的动画大作,掳获了男女老幼的心,票房一路飘红。这部动画大作就是《头脑特工队》(*Inside Out*)。故事是关于一个 11 岁的小女孩莱莉,她和父母一起从明尼苏达州搬到旧金山,但她想念自己的朋友和家乡,对新环境也不太适应,一心想回去。莱莉不知道的是,还有一出大戏正在上演。莱莉并不是电视真人秀里浑然未觉的主角,也不是身困于

---

① 兰博是美国电影《第一滴血》中主角的名字。该片讲述了退伍军人兰博在小镇上屡受警长欺凌,被逼逃入丛林,被迫对警察展开反击的故事。——编者注

母体而不知情,相反,莱莉自己就是母体,有东西困在她的身体里面。

整个迪士尼帝国的建立,就是靠反复讲着同一个神话。在迪士尼电影中看到的,都是主角面临困难和危险,但最后找到了真实的自我,凭借自己的自由选择,最终获得胜利。《头脑特工队》则残酷地撕裂了这个神话,它采用了最新的人类神经生物学观点,带领观众参观莱莉的大脑,发现她没有什么真实的自我,也从来不会做出什么自由的选择。事实上,莱莉就是个巨大的机器人,由一系列互相牵制的生化机制所操控。电影里,这些机制拟人化,变成一群可爱的卡通人物:开心的黄色乐乐(Joy)、忧郁的蓝色忧忧(Sadness)、愤怒的红色怒怒(Anger)等。这些角色在总部通过巨大的电视屏幕看着莱莉的一举一动,操控各式各样的按钮和控制杆,控制莱莉所有的情绪、决定和行动。

莱莉之所以没能适应在旧金山的新生活,是因为她的总部搞砸了,可能让莱莉的大脑完全失去平衡。为了改正错误,乐乐和忧忧在莱莉的大脑里踏上了一段史诗般的旅程,搭上思考的列车,探索潜意识的监狱,也到了莱莉内心的片场探班,看到一群艺术神经元正忙着制造梦境。我们跟着这些拟人的生化机制进入莱莉的大脑深处,却一直没遇到什么灵魂、真实的自我或是自由的意志。实际上,整部电影故事情节的关键,也就是真相大白的那一刻:再也不是莱莉找到唯一且真实的自我,而是指出莱莉的身份绝不等同任何单一核心机制,莱莉的幸福快乐需要许多不同生化机制的相互作用。

一开始,电影让观众以为莱莉的主要身份就是开心的黄色乐乐。但最后发现大错特错,甚至可能会毁了莱莉的一生。正因为乐乐认为自己就是莱莉的真实本质,她会教训所有其他内在情绪,也就干扰了莱莉大脑里的微妙平衡。最后,等到乐乐发现自己的错误,所有情绪才终于得到宣泄,也让她(和观众)意识到莱莉不只是乐乐、忧忧或其他任何一个角色,而是所有生化角色在冲突和合作中共同产生的一

第18章 未来不是科幻小说：无法逃离的母体

个复杂故事。

真正让人意想不到的，不仅是迪士尼敢于推出一部概念如此激进的电影，而且这部影片在全球造成了轰动。成功的原因可能在于《头脑特工队》就是一部喜剧，有个快乐的结局，多数观众并未发现它在神经学上的意义，也没看出它藏着如此颠覆性的内涵。

但如果说到20世纪最具预言意义的科幻小说，情况就大不相同了。这部小说明摆着就是要颠覆，虽然成书在将近一个世纪前，但是一年比一年更贴近现实。奥尔德斯·赫胥黎（Aldous Huxley）的《美丽新世界》（*Brave New World*）成书于1931年，当时法西斯主义在意大利根深蒂固，纳粹主义在德国如日初升，日本军国主义挥师入侵中国，整个世界也陷入"大萧条"（the Great Depression）的泥淖。但赫胥黎的火眼金睛看穿了这片密布的乌云，预想未来的社会没有战争、饥荒和瘟疫，只有永续的健康、繁荣与和平。那是个消费主义的世界，性、药物和摇滚毫无限制，只以幸福快乐为最高价值。《美丽新世界》的基本假设是：人类就是生化算法，而科学可以破解这套算法，再运用技术加以操控。

在这个"美丽新世界"里，世界政府（the World Government）运用先进的生物科技和社会工程（social engineering），确保每个人总是很满足，没有人有任何反抗的理由。这就像莱莉脑中的乐乐、忧忧和其他角色都成了忠诚的政府代理人，于是再也不用什么秘密警察、集中营或是奥威尔《一九八四》里面写到的友爱部（Ministry of Love）。确实，赫胥黎的天才之处就在于点出如果想要控制民众，利用"爱"和"快乐"会比利用"恐惧"和"暴力"更为可靠。

奥威尔在《一九八四》里描述的世界显然就是一个可怕的噩梦，唯一的问题就是："我们怎样才能避免走向这种可怕的状态？"读《美丽新世界》，其实既令人不安，也发人深省，因为你很难去指责把这一切变成反面乌托邦的因素。毕竟，世界繁荣和平，人人满意欢喜，这又有什么不好呢？

赫胥黎在小说的高潮直接讨论了这个问题。这段内容由两个角色的对话展开：一个是穆斯塔法·蒙德（Mustapha Mond），西欧世界的控制者；另一个是野蛮人约翰，一辈子都住在新墨西哥州的原住民保留区，他是伦敦唯一一个仍然知道莎士比亚和上帝的人。

野蛮人约翰想要鼓动伦敦市民起身反抗控制他们的体制，市民的反应极度冷漠，但警方还是逮捕了他，把他带到蒙德面前。这位世界控制者与约翰聊得挺愉快，并告诉约翰如果坚持反社会，就该搬去一个与世隔绝的地方，当个隐士。约翰质疑隐藏在这种全球秩序背后的想法，指责世界政府在追求幸福快乐的时候，不但抹杀了真与美，也抹杀了生命中的一切英勇与高贵。

"我年轻的朋友，"穆斯塔法·蒙德打断了他，"现在的文明世界是不需要什么高贵和英雄主义的。因为这类东西不能带来什么政治效率。高贵或英勇只会表现在乱世中，像我们这种合理平和的社会里，人是没有机会来表现他的高贵或英勇的。因为高贵和英雄主义只有在战争或派别分化时，或者在抵制诱惑和保卫自己所爱时才会有它存在的意义。但现在我们既没有战争，也没有派别分化，人们更不会为自己所爱有过激的行为。所以我们这儿不需要这类东西。你的条件设置让你愉悦地自然而然地去做你应该做的，也就不存在什么诱惑需要你去抵抗了。即使在出现意外时发生了不愉快的事，你也能用唆麻[①]来回避，它会让你远离现实，进入一种你想要的虚幻中，这样你就有足够的耐心来承受长期的痛苦，让你能心平气和地对待你的敌人。这在以前，你得付出相当大的努力和多年艰苦的道德训练才能达到这种境界；可现

[①] 《美丽新世界》中描述的一种兴奋剂。——编者注

第 18 章　未来不是科幻小说：无法逃离的母体

在只需两三粒半克的唆麻就能带你实现了。现在所有的人都可变得高尚，那个瓶子就可以装下你至少一半的道德，你可以带着它去任何地方。没有眼泪的基督教——这就是唆麻。"

"但我觉得眼泪还是必需的。还记得《奥赛罗》里说过，和煦的阳光总在暴风雨之后，那就让狂风恣意吧，吹醒那死亡。还有一个印第安老人常跟我讲一个有关玛塔斯吉姑娘的故事。那些想娶她的小伙子必须到她的园子里去锄一上午地。这看似简单，但实际是园子里有很多很多带魔法的蚊子和苍蝇。大部分人都会受不了，只有经得住考验的才能得到那姑娘。"

"这是个动人的故事！但在我们的文明世界，"控制者说，"你根本不用这样大费周折就能得到她，也不会有什么苍蝇、蚊子，几个世纪以前就被我们彻底消灭了。"

野蛮人皱起了眉头："你们只是消灭苍蝇、蚊子，消灭所有不愉快的东西，而不是去学会忍受它们。'默然忍受命运的暴虐的毒箭，或是面对苦海，拿刀做个一了百了。'你们既不是'默然忍受'，也不是'一了百了'，而只是取消了命运的毒箭，这样未免太简单化了。"

"那里面确实包含很多东西，"控制者说，"男人和女人的肾上腺素需要定期地来刺激一下。"

"什么？"野蛮人听得有点莫名其妙。

……

"那是为身体健康所设的条件设置之一。我们把接受V.P.S.治疗规定为一种义务。"

"V.P.S.？"

"就是代猛烈情愫。每月一次，它可以让整个生理系统都弥漫肾上腺素。从生理上来说，它就完全等同于恐怖与狂怒。它让人感受到的效果跟杀死苔丝德蒙娜或被奥赛罗杀死是相同的，但你不会感到丝毫的不适。"

"但我却更喜欢那种不适。"

"我们可不喜欢，"控制者说，"我们喜欢一切都舒舒服服地进行。"

"我要的不是这样的舒服。我需要上帝！诗！真正的冒险！自由！善！甚至是罪恶！"

"实际上你是在要求受苦受难的权利。"

"随便你怎么说，"野蛮人挑衅地说，"就算我现在是在要求受苦受难的权利吧。"

"那你是不是也需要衰老、丑陋、阳痿、梅毒、癌症、饥饿、伤病这些丑陋的东西，甚至你也希望总是在担心明天有不可预知的事发生，或者你还需要遭受种种难以描述痛苦的折磨呢。"接下来是长久的沉默。

"是的，这一切我都要。"野蛮人终于开口了。

穆斯塔法·蒙德摊开双手耸了耸肩说："那就随便吧。"

"事实上，"穆斯塔法·蒙德说，"你要求的是不快乐的权利。"

"可以这么说，"野蛮人挑衅地说，"我是在要求不快乐的权利。"

"你还没有说要有变老、变丑、变得性无能的权利，要有患上梅毒和癌症的权利，要有食物匮乏的权利、讨人厌烦的权利，要有永远担心明天会发生什么事的权利，要有感染伤寒的权利，要有被一切无以言表的痛苦折磨的权利。"

说完是一段长时间的沉默。

"我要求这一切的权利。"野蛮人终于打破沉默。[1]

野蛮人约翰最后去往无人居住的荒野，成为一名隐士。多年来他住在原住民保留区里，被莎士比亚和宗教洗脑，他受到了制约，拒绝

第 18 章 未来不是科幻小说：无法逃离的母体

了所有现代带来的恩惠。但是流言很快传开，说到有这样一个非比寻常的有趣人物，于是众人蜂拥而至，观察、记录着他的一切，转眼间他声名大噪。这一切不请自来的关注令他真心感到作呕，于是野蛮人决定逃离这个文明的母体，但方式不是吞下红色药丸，而是上吊自杀。

不同于《黑客帝国》和《楚门的世界》，赫胥黎质疑的是究竟会不会有人真想逃离，也就是质疑了逃离的可能性。既然你的大脑和"自我"都是母体的一部分，想逃离母体，就必须要逃离自我。这个可能性一直值得探索。在 21 世纪，摆脱对自我的狭义定义也可能成为必需的生存技能。

第五部分
生存下去

在这个困惑的年代，
旧的故事崩塌，
新的故事还无以为继，
我们该怎么生存下去？

第 19 章 教育：
改变是唯一不变的事

人类正面临前所未有的各种变革，所有旧故事分崩离析，至今也还没有新故事足以接续。那么，不论是我们自己还是下一代，到底该做哪些准备，才能面对各种前所未见的转变，应付种种极端的不确定性？今天出生的婴儿，到2050年刚30岁出头。如果一切顺利，这个婴儿可能到2100年还活着，甚至到22世纪还是个积极公民。我们到底该教这个婴儿什么，才能帮助他在2050年或者22世纪的世界里存活，甚至大展身手？他需要什么样的技能才能找到工作，了解周围的一切，走出生命的迷宫？

很遗憾，正因为没人知道2050年的世界会是怎样的景象（2100年就更不用提了），我们并不知道这些问题的答案。当然，人类对未来的预测从来都不准确，然而今天要做预测又比过去更为困难。一旦技术让我们能够设计人类的身体、大脑与心智，所有的肯定都会被推翻，就连过去以为永恒不变的事物也不例外。

让我们回到1000年前的1018年，当时的人对未来懂得不多，但相信人类社会的基本特征在未来不会有什么不同。如果1018年你住在中国，会知道到1050年可能出现朝代更替，辽国可能从北方入侵，也可能发生瘟疫，让几百万人丧命。但你也很清楚，就算到了1050

年，大多数人仍然是农民或织布工，皇帝还是要靠人来组建军队和朝廷，男人的地位还是比女人高，预期寿命还是大约 40 岁，而且人体构造也绝不会有什么不同。所以，在 1018 年的时候，宋朝的穷人家会教小孩如何种稻或织布，有钱人家则是教男孩读经写字、骑马射箭，教女孩三从四德，当个好妻子。毫无疑问，这些技能到了 1050 年还是很重要。

相较之下，对于中国或世界其他地方到 2050 年会是什么样子，我们实在一无所知。我们不知道那时人类如何谋生，不知道军队或政府会如何运作，也不知道两性关系会是什么模样。到那个时候，有些人的寿命可能会比今天长得多，而且因为有了生物工程和直接的脑机接口，就连人体本身也可能发生前所未见的改变。所以，现在孩子学的各种科目技能，到 2050 年绝大多数可能没有什么用了。

目前有太多学校的教学重点仍然在于灌输信息。这在过去说得通，因为过去信息量本来就不大，而且就连那一点信息，也不断受到各种审查制度的阻隔。比如，如果你住在 1800 年墨西哥的某个偏僻小镇，就很难知道外面的世界到底是怎样的。毕竟，那时既没有收音机、电视机，也没有报纸或公共图书馆。[1] 就算你识字，也能进入某家私人图书馆，书架上多半也只有小说和传道小册子，因为西班牙帝国严格审查当地印刷的所有文本，而且也只允许极少数通过审查的出版作品由外界输入。[2] 如果你当时住在俄国、印度、土耳其的偏僻小镇，情况大致也是如此。现代学校出现，所有孩子都能学到读写技能，了解地理、历史和生物的基本事实，这其实是个极大的进步。

但是，在 21 世纪，我们被大量的信息淹没，而审查机构甚至都没有去阻挡信息的打算，反而忙于散布错误的信息，或是用不重要的事来分散我们的注意力。如果你现在住在墨西哥的一个偏僻小镇，有一部智能手机，光是看维基百科、TED 演讲、免费在线课程，就可以花掉大把的时间。一方面，现在没有任何政府有能力隐藏它们不喜

第 19 章　教育：改变是唯一不变的事

欢的所有信息；另一方面，现在如果想用各种互相矛盾的报道、无关紧要的话题来影响大众，完全是轻而易举。比如，全球民众现在如果想知道叙利亚的阿勒颇（Aleppo）遭轰炸的情况，或是南极冰盖融化的最新情形，只要上网点一下就能得到信息。然而网络上众说纷纭，实在难以判断哪些内容可信。正是因为只要点一下就能得到无数其他信息，也就令人难以专注。如果政治或科学看起来太复杂，我们很容易就会想转去看些可爱的猫猫狗狗、名人八卦。

在这样的世界里，老师最不需要教给学生的就是更多的信息。学生手上已经有太多信息，他们需要的是能够理解信息，判断哪些信息重要、哪些不重要，而最重要的是能够结合这点点滴滴的信息，形成一套完整的世界观。

事实上，西方自由主义教育的理想几百年来一直如此，但时至今日，甚至许多西方学校也从未实现这个理想。教师只是把资料硬塞给学生，再鼓励学生"自己思考"。出于对集权主义的恐惧，自由派的学校特别害怕教学生宏大叙事（grand narratives），认为只要给学生提供大量资料和一点自由，学生就会构建自己的世界观。就算这一代学生还没办法打造出一个有头有尾、有意义的故事，未来也总有时间让我们好好消化这一切。但我们已经没有时间了。我们在未来这几十年所做的决定，将会影响生命本身的未来，而我们只能依据自己目前的世界观来做出这些决定。如果我们这一代人无法对宇宙有整体的认识，生命的未来就只能依赖随机的决定。

迫在眉睫

除了太强调提供信息，大多数学校也过于强调让学生学习一套既有的技能，例如解微积分方程式、用 C++ 语言写计算机程序、识别试管中的化学物质或是要外国人学着讲中文。然而，我们并不知道 2050 年的世界和就业市场会是什么模样，所以我们也不会知道人类需要哪些特定的技能。我们可能投入了大量的精力，教孩子如何用C++语言编程、学说中文，但可能到了2050年，人工智能比人类更会写程序，谷歌翻译应用也能让只会说"你好"的外国人，近乎完美地用普通话、粤语或客家话来交谈。

那我们该教什么呢？许多教育专家认为，学校现在该教的就是"4C"，即批判性思考（critical thinking）、沟通（communication）、合作（collaboration）和创意（creativity）。³说得宽泛一点儿，学校不应该太看重特定的工作技能，而要强调通用的生活技能。最重要的是能够随机应变，学习新事物，在不熟悉的环境里仍然保持心智平衡。想跟上2050年的世界，人类不只需要发明新的想法和产品，最重要的是得一次又一次地重塑自己。

这么做的原因在于，随着改变的步伐加速，除了经济会改变，就连"作为一个人"的意义也可能不同。早在1848年，《共产党宣言》就声称"一切坚固的东西都烟消云散了"（all that is solid melts into air），只不过，马克思和恩格斯当时讲的主要是社会和经济结构。而到2048年，物理和认知结构或许也会烟消云散，或是散成大量数字信息。

1848年，几百万人失去了乡间农场的工作，迁移到大城市去工厂里上班。但他们到了大城市之后，性别并不会改变，也不会忽然多个第六感。而且只要在某个纺织厂找到了工作，就能在这个行业待上一辈子。

到2048年，人类可能要面临的就是迁移到网络空间、流动的性别认同，以及计算机植入装置所带来的新感官体验。就算他们找到了一份有意义的新工作，如为3D虚拟现实游戏设计最新的流行趋势，但可能短短10年内，不仅是这个职业，甚至是所有需要类似艺术创意的工作都会被人工智能取代。所以，你在25岁的时候，交友网站上的自我介绍可能是"25岁的异性恋女生，住在伦敦，从事时尚业

第 19 章　教育：改变是唯一不变的事

的工作"。但到了 35 岁，就变成"年龄调整中，非特定性别，新大脑皮层活动主要发生在'新宇宙'虚拟世界，人生的使命是要前往其他时尚设计师未曾踏足的领域"。到了 45 岁，就连"约会"和"自我定义"都成了过时的概念，只要等待算法帮你找到（或创造）完美的另一半就行了。还想要从时尚设计中找到人生意义吗？现在算法的作品已经比你的作品强太多了，如果再去回顾你在 10 年前最满意的作品，只会让你无地自容，再也没有半点自豪的感受。而且，你也才 45 岁，后面还有好几个 10 年，等着你发生巨变。

上面这个例子当然只是个假设。没有人真正知道未来将如何变化，而且任何假设都可能与真正的未来相去甚远。如果某个人向你描述 21 世纪中叶的世界，听起来像是一部科幻小说，那么他很可能是错的。但如果某个人向你描述 21 世纪中叶的世界，听起来一点儿都没有科幻小说的意思，那他肯定是错的。虽然我们无法确定细节，但唯一能确定的就是一切都会改变。

未来的重大改变，很有可能改变人生的基本架构，让"不连续性"成为最显著的特征。从远古时代开始，人的一生分为两个阶段：学习阶段和工作阶段。你先在第一阶段累积各种信息，发展各种技能，建构起自己世界观的同时，也建立起稳定的身份认同。就算在 15 岁的时候没去上学，而是在自家田地里工作，你仍然是在"学习"：学习怎样让水稻长得更好，怎么和大城市贪婪的米商谈判，以及怎样解决和其他稻农之间抢水抢地的问题。在人生的第二阶段，你依靠累积下来的技能闯荡世界，谋取生计，贡献社会。当然，就算到了 50 岁，你还是会在种稻、谈判、处理冲突这些事情上学到新知，但都只是对已然千锤百炼的能力做点微调而已。

但到 21 世纪中叶，由于改变的速度加快、人的寿命延长，这种传统模式将无以为继。人一生之中的各个接缝处可能出现裂痕，不同时期的人生也不再紧紧相连。"我是谁"会变成一个比以往更加紧迫也更加复杂的问题。[4]

这很可能会带来极大的压力。因为改变总是会造成压力,所以在一定年龄过后,大多数人都不喜欢改变。15 岁的时候,人生充满变化,你的身体在成长,心智在发展,关系也在深化。一切都在改变,一切都如此新奇。你忙着自我重塑。对大多数青少年来说,这有点儿吓人,但也令人兴奋。新的愿景在你面前展开,整个世界等着你去征服。

但到了 50 岁的时候,你不想改变了,大多数人也都放弃了征服世界的梦想。这辈子能看的、能做的、能买的,好像也就那样。这时的你更喜欢稳定。为了手上的这些技能、职业生涯、身份和世界观,你已经投入了太多时间和精力,并不想重新来过。为某件事费的心力越多,放下它、为新的事物挪出空间也就越困难。你虽然还是可能喜欢有些新的体验、做些小的调整,但对大多数 50 多岁的人而言,并没有准备好彻底改变自己的身份认同及性格的深层架构。

这件事可以从神经学的角度来解释。虽然成年人的大脑并不像我们过去以为的那么僵化,但和青少年的大脑相比,可塑性还是差了一截儿。要让神经元重新连接、突触重新排列,实在是难如登天。[5] 然而在 21 世纪,"稳定"会是个我们无福消受的奢侈品。如果还想死守着稳定的身份、工作或世界观,世界只会从你身边嗖的一声飞过,把你远远抛在后面。因为人类的预期寿命应该会更长,有可能你有几十年的时间,只能活得像一个无知的化石。想让自己在这个世界上还有点儿用(不只是在经济上,更重要的是在社会上),就需要不断学习、重塑自己,而且到时候,50 岁可能还算年轻。

等到改变成为新常态,个体或人类整体过去经历的参考标准都只会慢慢降低。无论是作为个体或整体,人类都将越来越多地面对以前从未遇到过的事物,比如超高智能机器、基因工程改造的身体、能够精确操控自己情绪的神奇精妙的算法、急速袭来的人工气候灾难,以及每 10 年就得换个职业的需求。面对前所未有的局面,到底该怎么

第 19 章 教育：改变是唯一不变的事

做才正确？现在被大量信息淹没，绝无可能全部吸收和分析，该如何应对？如果"不确定性"已经不再是例外，而是常态，又要怎么过下去？

想在这样的世界过得顺风顺水，需要心态非常灵活、情感极度平衡。人类将不得不一再放弃某些自己最熟悉的事物，并要学会与未知和平相处。但麻烦的是，教孩子拥抱未知、保持心态平衡，比教他们物理公式或第一次世界大战的起因要困难许多。人的韧性光靠读书听课是培养不出来的。现在的教师多半也是旧教育系统下的产物，通常他们自己的心态也都不够灵活。

工业革命让我们对教育的想法就像一条生产线。城镇的中心有一座大型混凝土建筑，里面分成许多大小相同的房间，每个房间都配有几排桌椅。铃声响起，你就和另外 30 个一般大的孩子一起走进某个房间。每个小时都会有一个大人走进来说话，而且政府付钱叫他们这么做。有一个人会告诉你地球是什么形状，另一个人告诉你人类的过去如何，还有一个人告诉你人体是什么样的。我们很容易对这种模式嗤之以鼻，而且几乎所有人都认为，就算这种教育模式在过去取得了一些成就，现在也已经破产。但到目前为止，我们还没有找出可行的替代方案。至少，这种替代方案不能只适用于加州市郊富人区，而是要能够扩大规模，即使在墨西哥乡村也可以施行。

黑进人体

所以，如果有个 15 岁的孩子被困在墨西哥、印度或亚拉巴马州某所观念过时的学校，我能给他的最好建议就是：不要太依赖大人。多数大人都是一片好意，但他们不太懂现在这个世界。过去，听大人的话会是个相对安全的选项，因为在当时，他们确实懂那个世界，而且世界的变化并不快。但 21 世纪不一样。变化的脚步越来越快，你永远无法知道，大人告诉你的到底是永恒的智慧，还是过时的偏见。

所以，到底你可以依赖什么呢？也许是技术？这个选项更冒险。技术可以带来许多帮助，但如果技术在你的生活里掌握太多权力，它就可能把你当作人质，走向它想达到的目标。几千年前，人类发明了农业技术，但这只让一小群精英富了起来，大多数人反而沦为奴隶。大多数人发现自己得顶着炎炎烈日拔草、浇水和收割，日出而作，日入而息。这也可能是你的命运。

技术本身并不坏。如果你知道自己想要什么，技术能帮助你达成目标。但如果你不知道自己想要什么，它就很容易为你塑造目标，控制你的生活。特别是随着技术越来越了解人类，你可能会发现，好像是自己在为技术服务，而不是技术在服务你。有没有看过街上的行人像僵尸一样在游荡，脸几乎贴在手机屏幕上？你觉得是他们控制了技术，还是技术控制了他们呢？

那么，你该依赖自己吗？在《芝麻街》或是迪士尼以前的电影里，这听起来可能是个好主意，但这个选择在现实生活中的成效并不大。就连迪士尼也意识到了这一点。大多数人就像《头脑特工队》里的莱莉，其实并不了解自己，打算倾听自己内心的声音时，很容易遭到外部的操控。我们大脑中的那些声音绝不值得信赖，因为这些声音反映的总是国家的政治宣传、意识形态的洗脑手段和商业广告的殷殷召唤，更别提人体生化机制本来就有缺陷。

随着生物技术和机器学习不断进步，要操控人类最深层的情绪和欲望只会变得更简单，于是"跟着感觉走"就会越来越危险。等到可口可乐、亚马逊、百度或政府知道怎样触动你的心弦，按下你大脑的开关，营销专家和你内心之间的区别是否还那么容易看清？

面对这项令人生畏的任务，你必须下定决心，了解自己这套操作系统，要知道自己是什么、希望在人生中达到什么目标。本书中所提出的诸多建议里，这绝对是历史最悠久的一条：认识你自己。几千年来，先知和哲人言之谆谆，要人们认识自己。而到了 21 世纪，这个

第19章 教育：改变是唯一不变的事

建议的迫切性更是前所未见，因为现在已经不是老子或苏格拉底的时代，人类已经有了强大的竞争对手。可口可乐、亚马逊、百度和政府争先恐后，都想非法侵入你。不是侵入你的手机、你的计算机，也不是侵入你的银行账户，它们想黑进的就是"你"，以及你的生物操作系统。你可能听过，有人说这是个非法攻击计算机的时代，但事实并非如此。事实上，现在已经是非法攻击人类的时代。

算法现在正看着你，看着你去了哪里、买了什么、遇见了谁。再过不久，算法就会监视你走的每一步、每一次呼吸、每一次心跳。凭借大数据和机器学习，算法对你的了解只会越来越深。而等到这些算法比你更了解你自己，就能控制你、操纵你，而且你无力抵抗。你会住在母体里，或是活在楚门的世界里。到头来，这就是个简单的经验问题：如果算法确实比你更了解你身体内部发生的一切，决定权就会转到它们手上。

当然，也有可能你很高兴能把所有决定权都交给算法，相信它们会为你和世界做出最好的决定。如果真是这样，你只要轻轻松松享受安排好的旅程，什么事都不用做，交给算法就好。但是，如果你还想为自己的存在、为人生的未来保留一点儿控制权，就得跑得比算法、亚马逊和政府快，在它们之前就认识你自己。如果要跑得更快，就要轻装上阵，把过去的所有幻想都放下吧，它们是相当沉重的负担。

第 20 章　意义：
　　　　 人生不是虚构的故事

我是谁？我这辈子要做什么？人生有什么意义？从远古时期开始，人类就一直在问这些问题。因为人类的已知和未知会不断变化，所以每个世代都需要一个新的答案。而到了今天，根据我们对科学、上帝、政治和宗教的所有已知和未知，我们能给出的最好的答案是什么呢？

人类到底想听到怎样的答案？如果有人问人生有什么意义，想听到的答案十有八九都是某个故事。智人是一种说故事的动物，用故事而非数字或图像来思考；智人也相信整个宇宙运作就像一个故事，有英雄和坏人，有冲突和解决冲突，也有高潮和最后的快乐结局。寻找人生有何意义的时候，我们想要有个故事来解释现实，告诉我们自己在这场宇宙大戏里扮演什么角色。知道自己的角色，就像是参与了某个比自己更伟大的计划，于是过去的所有经验与选择也都有了意义。

例如有一个颇受欢迎的故事，数千年来一直安抚着几十亿人焦虑的心，这个故事讲的是所有人都属于一个永恒的循环，这个循环包容万物，让万物紧紧相连。在这个循环里，每个生命都有独特的功能和要达成的目的。所谓了解人生的意义，就是要了解自己有何功能；所谓过了美好的一生，就是达到了拥有那项功能的目的。

印度史诗《薄伽梵歌》（Bhagavadgītā）中谈道，在古印度的一场血腥内战中，王子阿朱那（Arjuna）本身是个英勇的战士，但看到许多亲友都在敌方，于是心中产生怀疑，无法痛下杀手。他开始思考善恶之别、该由谁来做出这个判断、人的一生又有何目的。奎师那（Krishna）神便向阿朱那解释：宇宙的循环自有其"正道"（dharma），也就是每个人必须遵行的道路、必须完成的任务；只要实现正道，不论过程如何艰难，都能得到心灵的平静、不受疑虑的困扰；而如果你拒绝实现正道，想走上别人的道路（甚至是完全不遵行任何道路），就会扰乱宇宙的平衡，永远无法寻得平静或喜悦。每个人的道路各有不同，但只要遵行即可。就算只是个洗衣妇，只要遵行妇道，就比不行王子之道的王子更为高贵。阿朱那了解了人生的意义之后，遵行他身为战士的道路，带领军队获得胜利，成为印度教深受尊敬及爱戴的一位英雄。

1994年，迪士尼推出的史诗电影《狮子王》（The Lion King）为现代观众重新包装了这个古老的故事，小狮子辛巴正是阿朱那的角色。辛巴想知道生存的意义，它的父亲，也就是狮王木法沙，告诉它这个世界有个伟大的"生命循环"。木法沙解释说，羚羊吃草，狮子吃羚羊，等狮子死后，遗体又会分解成为草的养分。生命就是这样代代相传，每个动物都有自己的角色要扮演，一切环环相扣，互相依赖，哪怕只是某根草不履行自己的职责，都有可能让整个生命循环瓦解。木法沙说，辛巴该负的职责就是在木法沙死后统治狮子王国，并维护所有动物的秩序。

然而，木法沙被邪恶的弟弟刀疤谋杀而过早离世，小辛巴以为自己是罪魁祸首，于是离开了狮子王国，逃避了它该负起的王室职责，在荒野之中游荡。在那里，辛巴遇到了另外两只离群的动物：狐獴丁满和疣猪彭彭，与它们一起度过了一段无忧无虑的日子。根据它们的反社会哲学，所有问题都可以用一个答案"哈库那玛塔塔"来解决，也就是"不用担心"。

第 20 章　意义：人生不是虚构的故事

然而，辛巴无法逃离它的正道。随着它日益成熟，它越来越感到烦恼，不知道自己是谁，这辈子该做什么。到了电影的高潮部分，木法沙向辛巴显灵，提醒辛巴生命的循环以及它的王室身份。辛巴也得知，在它不在的时候，邪恶的刀疤已经夺取了王位，整个王国动荡不安，甚至发生了饥荒。辛巴终于明白自己是谁、该做些什么。它回到狮子王国，杀死叔叔，继承王位，于是王国恢复了和谐与繁荣。电影的最后一幕是辛巴得意地将它刚出生的继承者介绍给群兽，于是生命的循环得以延续。

生命循环是将宇宙大戏视为一种周而复始、不断循环的故事。对于辛巴和阿朱那来说，狮子吃羚羊、战士打仗，都是永远不变的事，会持续千秋万代。这种故事的力量就来自这种永恒的重复，仿佛说世界的自然规律就是如此，如果阿朱那逃避战斗，或者辛巴拒绝成为狮子王，就是在对抗自然法则。

生命循环可以有各种版本，如果我相信其中任何一种，就代表我相信自己有一种固定、真实的身份，决定了我这一生有何职责。我可能多年以来一直怀疑这个身份，甚至对它一无所知，但总有一天，在某个伟大的时刻，这个身份会显露出来，我也会了解自己在这场宇宙大戏中的角色；就算可能面对诸多考验和磨难，我也不会有任何怀疑，不会有<u>一丝绝望</u>。

但也有其他宗教和意识形态所相信的宇宙大戏是线性的，有明确的开始、一个不太长的中段以及某个一劳永逸的结局。比如在穆斯林的故事里，说是真主安拉创造了整个宇宙，制定出宇宙的法则，再通过《古兰经》告知所有世人。但不幸的是，有些无知且邪恶的人背叛了安拉，还企图违背或隐瞒这些法则，于是拥有美德并忠于安拉的穆斯林就必须站出来，维护这些法则、传播相关知识。而到了最后的审判日，安拉会对每一个人的行为做出审判，奖励正义之人进入天堂、享受永恒的喜乐，并将恶人扔进地狱的火坑。

这个大叙事隐含的意思是：我这辈子渺小但重要的角色就是要遵行安拉的命令，传播他的法则，确保众人遵从他的旨意；如果我相信这则穆斯林的故事，我就会每天做五次礼拜，捐钱盖新的清真寺，并且与叛教徒和异教徒对抗；即使是最平凡的那些活动——洗手、喝酒、性行为，也充满了这个宇宙的意义。

民族主义也认同线性的故事。犹太复国主义者的故事，就始于犹太人在《圣经》时代的种种冒险与成就，回顾这长达两千年的流亡和迫害，以纳粹大屠杀和以色列建国为高潮，最后期待某一天以色列得以享有和平与繁荣，成为全世界道德和精神的灯塔。如果我相信这则犹太复国主义者的故事，我就会认为自己这辈子的使命是增进犹太民族的利益，方法包括维护希伯来语的纯洁，夺回失去的犹太领土，或是生养忠诚的新世代以色列儿童。

在这种情境下，就连最单调无聊的举动，也可能充满意义。在以色列独立日，学童经常一起唱一首很受欢迎的希伯来歌曲，颂扬为祖国做的任何事。第一个孩子唱"我在以色列的土地上盖了一栋房子"，第二个孩子唱"我在以色列的土地上种了一棵树"，第三个孩子唱"我在以色列的土地上写了一首诗"，就这样一直唱下去，直到最后大合唱"所以我们在以色列的土地上有一栋房子、一棵树、一首诗（以及任何你想补充的东西）"。

共产主义讲了一个关于阶级斗争的故事。《共产党宣言》开宗明义地指出：

> 至今一切社会的历史都是阶级斗争的历史。
>
> 自由民和奴隶、贵族和平民、领主和农奴、行会师傅和帮工，一句话，压迫者和被压迫者，始终处于相互对立的地位，进行不断的、有时隐蔽有时公开的斗争，而每一次斗争的结局都是整个社会受到革命改造或者斗争的各阶级同归于尽。[1]

第 20 章　意义：人生不是虚构的故事

《共产党宣言》继续解释道，在现代"整个社会日益分裂为两大敌对的阵营，分裂为两大相互直接对立的阶级：资产阶级和无产阶级"。[2] 这场斗争将以无产阶级的胜利告终，代表着历史的终结，在地球上建立起共产主义社会，全民公有，而且每个人都享受完全的自由、完全的快乐。

如果我是个共产主义者，就会认为自己人生的使命就是要加速推进这场全球的革命，方法可能是撰写笔调激昂的小册子、组织罢工和示威，或是刺杀那些贪婪的资本家及其走狗。对于共产主义者来说，再小的动作都有意义，比如抵制在孟加拉国剥削纺织工人的品牌，或者在圣诞节晚餐的时候与丑陋的资本家激烈争辩。

综观各种打算定义人们的身份、为各种行为赋予意义的故事，会发现一个惊人的事实：故事的规模大小实在没什么影响。有些故事（比如辛巴的生命循环），看起来会持续到永恒，所以我是在整个宇宙的背景之下，才能知道自己的意义。但也有些故事（比如大多数民族主义和部落的神话），所谈到的规模简直小得微不足道。例如犹太复国主义，这套故事在意的只有人类总人口的 0.2%、地球总表面积的 0.005%、历史总时间的须臾片刻。将这一套犹太复国主义的故事，放到不论是中国历朝历代、新几内亚的诸多部落、仙女座星系，还是早在摩西、亚伯拉罕生活的时代和猿猴演化之前的漫长岁月，都没有任何意义。

这种短视会产生严重的影响。例如，巴以和平协议的主要障碍之一，在于以色列不愿意切分耶路撒冷。以色列认为这座城是"犹太人永恒的首都"，那么很显然，"永恒"怎么能妥协呢？[3] 而与永恒相比，死几个人又算得了什么呢？当然，这完全是无稽之谈。所谓永恒，至少有 138 亿年，也就是宇宙迄今的年纪。至于地球这颗行星，大约形成于 45 亿年前；人类则已经存在了至少 200 万年。相较之下，耶路撒冷建立于 5000 年前，犹太人则顶多有 3000 年的历史。这要算是

"永恒",也实在过于勉强。

至于未来,根据物理学所说,大概在距今75亿年后,地球会因为太阳膨胀而遭到吞噬[4],而宇宙在那之后还有至少130亿年的寿命。难道真有人相信以色列或耶路撒冷必定会再存续1.3万年?130亿年就更不用提了。说要展望未来,犹太复国主义所想象的顶多也就几个世纪,但仅仅如此,就足以耗尽多数以色列人的想象力,认为这就是"永恒"。如果是为了"永恒之城",人民愿意做出牺牲;但如果只是为了一片短时间存在的房舍,大概就没有这种说服力了。

在以色列,我十几岁的时候也曾被民族主义的承诺所迷惑,希望能参与某个比自己更伟大的计划。我愿意相信,如果我为国家奉献生命,就会永远活在这个国家的人民的心里。但我无法理解"永远活在人民的心里"是什么意思。这句话听起来好像很伟大,但到底是什么意思呢?我还记得自己十三四岁时参加的一场阵亡将士纪念日(Memorial Day)仪式。虽然美国的阵亡将士纪念日的主要特色就是各种特卖会,但以色列的阵亡将士纪念日活动是非常庄严、非常重要的。学校在这一天举行纪念仪式,缅怀在以色列多次战争中牺牲的士兵。孩子们都穿着白色衣服,朗诵诗歌,吟唱歌曲,摆放花圈,挥舞旗帜。我也不例外,在学校举办的仪式上穿着白色衣服,挥着旗,诵着诗,然后自然而然地觉得,等我长大了也去从军,为国家奉献生命。毕竟,如果我为以色列英勇地牺牲了生命,不就会有这么多的孩子背诵诗歌、挥舞旗帜来纪念我吗?

但后来我又想道:"等等,如果我死了,又怎么会知道这些孩子真的在诵诗纪念我?"于是我开始想象自己死后的情况,想象自己葬在某个整齐的军人墓园,躺在某块白色墓碑之下,听着地面传来的诗歌。但我又想道:"如果我死了,就不会有耳朵,不会有大脑,所以什么都听不到,也感受不到,当然就更听不到任何诗歌。这样一来,这一切到底有什么意义?"

第 20 章　意义：人生不是虚构的故事

更糟的是，我13岁的时候就已经知道宇宙已有几十亿年的历史，而且大概还会再继续存在几十亿年。现实点儿说，我真的能期待以色列存在这么久吗？再过两亿年，还会有智人的小孩，穿着白色衣服，朗诵着诗歌吗？这整件事听起来难道不是大有问题吗？

如果你碰巧是巴勒斯坦人，也不用高兴得太早。再过两亿年，大概也不会剩下任何巴勒斯坦人，甚至很有可能根本不会剩下任何哺乳动物。其他国家运动也同样有这种短视的问题。塞尔维亚民族主义实在不在意侏罗纪发生过什么事，而朝鲜民族主义则认为自己这个在亚洲东部的半岛，是全宇宙事业绝对不能被忽视的部分。

当然，就算是辛巴，虽然全心相信生命循环永恒不变，但也从没想过狮子、羚羊和草地也并非真正永恒。辛巴没想过进化出哺乳动物之前的宇宙是什么模样，也没想过如果人类杀光所有狮子，用沥青和混凝土覆盖了整片草原，它心爱的非洲大草原命运又将如何。这会不会让辛巴的一生变得毫无意义？

所有的故事都不完整。但如果只是要为自己打造一个行得通的身份认同，为自己的人生赋予意义，我并不需要一个绝无盲点、毫无内部矛盾的完整故事，只要能符合两个条件就行。第一，我在这个故事里至少要扮演某种角色。新几内亚的部落原住民大概不会相信犹太复国主义或塞尔维亚民族主义的故事，因为这些故事里根本没有新几内亚及其人民能上场的份儿。这就像电影明星接剧本一样，人类只会喜欢那些自己能出演重要角色的剧本。

第二，一个好的故事所讨论的范畴不一定要无穷无尽，但至少要能够延伸到超出我自己的视界。在这个故事里，必须要让我得到某种身份认同，并让我参与某种比我自己更重要的事物，好为我的人生赋予意义。但总还是有种风险：我开始怀疑，是什么赋予了那个"更重要的事物"意义？如果我的人生意义在于协助无产阶级或波兰民族，那么无产阶级或波兰民族的意义究竟又是从哪儿来的？有个故事，说有个男人声称整个世界是由一头巨大的大象用背撑着，才如此稳定。有人问他，那大象站在什么地方？他回答大象站在一只大乌龟的背上。那乌龟又站在哪儿？另一只更大的乌龟背上。那么，那只更大的乌龟呢？那个男人生气了，说："别再问了，反正下面都是乌龟。"

　　大多数成功的故事都是开放式的。这些故事从来不需要解释意义最终的来源，因为它们很懂得如何抓住人的注意力，让人别去想更多其他的事。所以，要说世界是撑在某头巨大大象背上的时候，就该用些障眼法吸引注意力，免得听众问了不好回答的问题。比如可以开始细细地描述，如果这头大象扇动它的大耳朵，就会引发飓风；如果这头大象生气地抖了抖身子，就会造成地震。只要障眼法足够好，听众就不会在意大象站在什么地方。同样，民族主义也有障眼法，用各种英勇的故事令我们着迷，用各种过去的灾难令我们涕泣，再用国家遭受到的种种不公不义令我们愤怒不已。到最后，我们如此相信这个国家的史诗故事，于是无论看到世界上发生什么事，第一个想到的就是这对我们的国家有什么影响，压根儿就没想到要话说从头，讨论一下究竟为什么我们的国家这么有意义。

　　如果你相信某个特定的故事，就算最小的细节也会让你大感兴趣，但与此同时，任何不属于故事范围内的事物都很难引起你的注意。比如坚定的共产主义者，可能会花上几个小时，就是否该在革命的早期与社会民主主义者结盟进行激辩；但他们很少会暂停一下，思考无产阶级对于地球哺乳动物进化有何意义，或是对全宇宙的有机生命有何意义。像这样的闲谈，会被认为是浪费口舌。

　　虽然有些故事也会辛苦地把规模扩大到整个时空，但其他许多故事就是靠操纵听众的注意力，虽然规模远远较小，但成效并不逊色。讲故事的一项关键法则就是讨论范畴只要已经超过观众的视界，真正的最终范畴大小几乎不会造成任何影响。不管是为了某个只有千年历史的国家，还是为了某个号称有10亿岁的神，信众杀起人来的狂热

第20章 意义：人生不是虚构的故事

有可能不相上下。数字大到超过一定程度之后，人类的感觉都差不多。而在大多数情况下，要耗尽我们的想象力实在比想象的要容易太多。

有鉴于我们对宇宙的一切认知，任何有理智的人都不可能相信以色列、德国或俄罗斯民族主义的故事（或任何一般的民族主义故事）就是宇宙和人类存在的最终真理。如果这个故事几乎完全不谈完整的时间、完整的空间、宇宙大爆炸、量子物理、生命进化，那么这个故事最多只是整个真理和真相的一小部分。然而，人们不知为何就是无法看穿。

确实，历史上也曾有几十亿人认为，就算自己不属于某个国家或某个伟大的意识形态运动，自己的人生仍然可能有意义。只要自己能够"留下些什么"，让自己的故事能够超越自己的死亡，好像也就够了。这里留下的"什么"，最好是灵魂或个人本质。如果在目前的躯体死亡后，我还能重生于一个新的身体，那么死亡就不是终点，而是像两章之中的空白，过去章节的内容仍然会在下一章继续。对许多人来说，就算不以任何特定的神学为基础，对于这种说法也都多少有些相信。在这里，人们需要的并不是什么精心设计的教条，只是求个心安，希望自己的故事能够在死后延续。

人生如同一部永无止境的史诗，虽然是一种很普遍也很吸引人的说法，但有两大问题。第一，不管人生的故事可以延续多长，也不见得更有意义，只是比较长而已。印度教和佛教这两大宗教，都认为生死就是无穷的循环，但也都担心一切只是徒劳。就这样千百万次，我学会走路、长大成人、与婆婆吵嘴斗法，然后生病过世，就这样无限循环。这有什么意义呢？如果把我每一辈子流过的泪水聚集起来，能汇成一个太平洋；如果把每一辈子掉的牙齿和头发聚集起来，会比喜马拉雅山还要高。但这些又有什么意义呢？难怪印度教和佛教大师殚精竭虑，都是一心想要摆脱这个旋转木马，而不是让它延续下去。

这种理论的第二个问题在于缺乏证据支持。我哪有什么证据，能够证明自己曾经是个中世纪的农民、尼安德特猎人、暴龙或阿米巴原虫？（如果我真的活了几百万辈子，而又是最近250万年才有人类，那我肯定当过恐龙和原虫吧？）谁又敢说我未来是会变成生化人、星际探险家，还是会变成一只青蛙？把自己的人生以这种承诺当基础，就像把房子卖了，换来一张云端银行开出的过期支票。

所以，有些人并不相信自己死后会留下什么灵魂，只希望能够留下一些更有形的东西。而所谓"有形的东西"有两种形式：文化的或生物的。例如我可以留下一首诗，或留下一些我珍贵的基因。于是，我这一生之所以有意义，是因为后人在100年后仍会阅读我的诗歌，或者是因为我还有儿孙继续存活下去。至于他们的人生有何意义？那就是他们的事情，不是我的了。这样一来，人生的意义就像是玩着已经拉开引信的手榴弹，传给别人，你就没事了。

但是，很遗憾，就连"留下一些什么"这种卑微的愿望也很少能够实现。绝大多数曾经存在的生物，都是没有留下基因便已然灭绝。例如几乎所有的恐龙都是如此；又如尼安德特人，在智人接手后就消失殆尽；再比如我外祖母的波兰家族。在1934年，我的外祖母范妮和父母及两位姐妹迁居耶路撒冷，但大部分亲戚还留在波兰的赫米尔尼克（Chmielnik）和琴斯托霍瓦（Częstochowa）。几年后，纳粹来犯，老弱妇孺一个不留，均未能幸存。

即使只是文化遗绪，也很少能够留下。外祖母的波兰家族留下的只有家庭相册里几张照片上褪色的面容，而我外祖母已经96岁高龄，现在连她也不记得每个人的名字了。而且据我所知，这些人并未留下任何文字，没有诗，没有日记，就连买东西的清单都没有。你可能会认为，这些人毕竟曾是犹太人的一部分，是犹太复国主义运动的一部分，但这几乎不会给他们的个人人生带来任何意义。此外，我们怎么知道他们每个人都爱做犹太人，都支持犹太复国主义？搞不好，其中有一个是忠诚的共产主义者，做了苏联的间谍而牺牲了自己；可能又

第 20 章　意义：人生不是虚构的故事

有一个，一心希望能成为波兰社会的一分子，于是做了波兰的军官，最后在卡廷（Katyn）大屠杀中丧命；也许还有一个，是激进的女权主义者，拒绝所有传统的宗教和民族主义身份；既然他们没有留下任何资料，要说他们所追求的人生意义是这个或那个，实在太容易了，而他们甚至连起身抗议的权利都没有。

如果我们无法留下什么有形的东西（例如基因或诗歌），或许只要能让世界变得更好一点儿，也就足够了。如果你帮了某个人，而他又去帮了其他人，这样下去就有助于让整个世界都变得更好，就像穿起一个"善的联结"，而你就是其中的一个小环节。或许你也可以好好教导某个聪慧但不善与人相处的孩子，而他最后会成为医生，拯救千百人的生命。又或许，你可以帮助一位老太太过马路，让她的人生有一小时开开心心。虽然这些做法确实有优点，但一串善意好像和一串海龟没有多大差异：我们还是不知道意义在哪儿。有位智者被问到人生的意义。他说："我知道的是，我在这里是为了帮助其他人。但我不知道的是，究竟为什么其他人在这里。"

如果有些人不相信有什么连接，不相信有什么未来，也不相信有什么集体的动人史诗，或许最安全、最简单又能让他们相信的一套故事就是"爱"了。"爱"这套故事并没有打算要超越现在。诸多歌颂爱情的诗句都说过，当你沉浸在爱里的时候，整个宇宙就只剩下你爱人的耳垂、睫毛或乳头。就像罗密欧看着朱丽叶的脸颊斜倚在手上，便感叹道："愿我化身那手上的手套，便可抚摸那脸颊！"只要与此时、此地的一个身体相连，就能让你觉得连接了整个宇宙。

事实上，你爱的只是一个人，而相较于其他每天在火车上或超市里擦肩而过的人，这个人的本质并无不同。但对你来说，这个人似乎就是无穷无尽的宇宙，而你也愿意在那无穷无尽的宇宙中失去自我。来自各种传统的诗人，都常说浪漫的爱情如同天人合一，神祇就是他的爱人。浪漫主义诗人也常把自己的爱人写得如同神祇一般。如果你真的和某人正陷入爱恋，永远不会担心人生有什么意义的问题。

然而，如果你不在爱河里，又该怎么办？如果你还是相信这套"爱"的故事，只是自己不在爱里，至少你已经知道自己的人生目标了：寻找真爱。而且你已经在无数的电影里看过爱，也在无数的著作中读过爱，你知道自己总有一天会遇到那个特别的人，在那双眼眸中你看到无限的光芒在闪烁，让你的人生突然充满意义，你所有曾有过的问题，都只要一再呼唤着一个名字，就能得到解答，一如《西区故事》里的托尼，或者看到朱丽叶正从阳台俯视自己的罗密欧。

屋顶的重量

前面说过，一个好的故事必须让人有可以扮演的角色，要能延伸到超出自我的视界；但与此同时，好的故事并不用真实。一套故事可以纯粹出于虚构，只要能让我们有身份认同，觉得人生有意义，就已足够。事实上，如果以我们目前的科学知识来判断，全世界有史以来所有文化、宗教和部落的千千万万个故事，没有一个是真实的，全部只是人类的发明。如果你想问人生有何真正的意义，而对方是用一个故事来回答你，这个答案肯定是错的。故事细节如何并不会有所区别，任何故事，都一定是错的。原因在于，宇宙绝不是以故事的方式运作。

那么，为什么大家会相信这些虚构的故事呢？第一，我们的个人身份认同是以这些故事为基础的。我们从小就被教导要相信故事。早在智力和情感的独立都还不足以判断故事真假的时候，父母、师长、邻居和社会文化早已把这些故事说了又说。等到我们智力成熟，已经在这些故事中投入太多心血，所以不仅不想去推翻这些故事，反而更想把故事合理化。那些追求身份认同的人，就像要玩寻宝游戏的孩子，他们最后找到的，都只是父母事先为他们藏起来的东西。

第二，除了个人身份认同，就连人类整体的机构体制都是建立在故事上的。因此，仅仅是质疑故事真假，就让人胆战心惊。在许多社

第20章 意义：人生不是虚构的故事

会中，想质疑故事的人都会遭到排挤甚至迫害。就算没有这种情形，说到要质疑社会最基本的结构，也实在需要很大的胆子。原因在于，如果真的驳倒了相关的故事，就代表我们所知的整个世界都没有意义。国家法律、社会规范、经济体制，可能全部面临崩溃。

多数故事之所以仍能屹立不倒，靠的并不是稳固的地基，而是屋顶的重量。以基督教的故事为例，这套故事的基础实在薄弱。到底有什么证据可以证明全宇宙创造者的儿子是在大约两千年前、在银河系的某个地方以碳基生命①形式诞生？又有什么证据可以证明这事发生在加利利，而且他的母亲还是个处女？虽然如此，以这个故事为基础，全球就是建立起了许多重要的机构与体制，而且单凭其重量就形成了强大的力量，使这个故事颠扑不破。曾有许多战争，起因只是为了改动这个故事里的某个字。例如西方基督教与东正教分裂千年的原因，近来又在克罗地亚与塞尔维亚人的相互屠杀中体现出来，一切都始于拉丁文的"filioque"（"和子说"）这个词。西方基督教想把这个词放进基督教信仰，而东正教强烈反对。（把这个词加进去的影响，在神学上有极其复杂、神秘的意义，这里不可能说得清楚。欲知详情，请查谷歌。）

如果个人身份认同和整个社会系统都是以某个故事为基础，就很难再去质疑这个故事。原因并不是这个故事证据齐全，而是因为一旦崩溃就会引发个人和社会的灾难。在历史上，屋顶有时比地基更重要。

"信"出来的产业

让人生有意义、让人有身份认同的故事，虽然都是虚构的，但人类还是得相信这些故事。那么，怎样才能让人感觉故事是真的

---

① 碳基生命，指以碳元素为有机物质基础的生物。地球上所有的生物，都是碳基生物。——编者注

呢？我们已经知道人类想要相信故事的原因，现在我们得讨论一下让人相信故事的方法。早在几千年前，祭司和巫师就已经找到了答案：靠各种仪式。"仪式"是一种神奇的行为，能让抽象变得具体、虚构变得真实。至于仪式的精髓，可以说就在于它的咒语，中文念"天灵灵、地灵灵"，在西方则念"Hocus pocus"，似乎念了咒语，就能让 A 变成 B。[5]

想让基督在信众的眼中变得真实吗？在弥撒仪式中，神父拿起一块面包和一杯葡萄酒，说面包是基督的肉，葡萄酒是基督的血，吃着面包、喝着葡萄酒，就是让信众与基督共融。基督都能在口中尝到了，哪有比这更真实的呢？传统上，神父是用拉丁文做出这些大胆宣示的，而拉丁文正是宗教、法律、各种人生秘密所使用的语言。农民群聚，露出着迷的眼神，神父再高高举起一块面包，大声说道："Hoc est corpus！"（这是耶稣的身体！）理论上这面包就成了基督的肉。这群不懂拉丁文的农民把"Hoc est corpus"误听成"Hocus pocus"！结果就这样流传下来，在西方成了一句强大的咒语，可以把青蛙变成王子，把南瓜变成马车。[6]

早在基督教诞生的千年之前，古代印度教也用过同样的技巧。《广林奥义书》（*Brihadaranyaka Upanishad*）曾把献祭一匹马的过程，解释成整个宇宙形成的故事。这里一样是遵照着"天灵灵，地灵灵，让 A 变成 B"的架构，说道："马头为黎明，眼睛为太阳，生命力为空气，张开的口为内火（Vaisvanara），马身为一年……四肢为季节，关节为月份和两周，马蹄为日夜，马骨为星星，血肉为云朵……哈欠为闪电，抖动为雷鸣，排尿为下雨，嘶鸣为声音。"[7] 就这样，一匹可怜的马就成了宇宙。

几乎任何事都能化为仪式，不论是点蜡烛、摇手铃或数珠子，任何再普通的动作，都能带来深刻的宗教意义。身体动作也是如此，比如鞠躬、匍匐或双手合十，都各有意义。而从锡克教的头巾到穆斯林

第 20 章 意义：人生不是虚构的故事

的头巾，各种形式的头饰所承载的丰富意义在信众中引发的狂热持续了几个世纪。

就连食物所代表的精神意义也可能远超其营养价值，比如复活节彩蛋象征新的生命与基督复活，犹太人在逾越节吃的苦菜和无酵饼，纪念的则是他们在埃及所受的奴役以及神将他们救出埃及。在这个世界上，几乎任何一道菜都有某种象征意义。比如在新年，虔诚的犹太人会吃蜂蜜，这样才会有甜蜜的一年；吃鱼头，才会像鱼一样多子多孙而且勇敢前进；吃石榴，让善行如石榴籽般繁荣兴盛。

政治上也会利用各种仪式。几千年来，王冠、王座和令牌代表着王国和帝国，许多残酷的战争就是为了争夺"王位"或"王冠"，让几百万人为之丧命。皇家宫廷发展出各种极度详密的规则礼节，与最细致讲究的宗教仪式不相上下。而讲到军事，纪律和仪式的关系密不可分，从古罗马到如今，士兵花上无数小时，练习着行进，敬礼，把靴子擦得锃亮。拿破仑有句名言，说他只要用一个勋章，就能让士兵愿意献出自己的生命。

而讲到仪式的重要性，或许最懂这件事的就是孔子了。对孔子来说，尊礼是社会和谐、政治稳定的关键。诸如《礼记》《周礼》《仪礼》等儒家经典，记载了各种国事场合需要怎样的仪式，甚至连礼器的数量、乐器的种类、礼服的颜色，诸多规范巨细无遗。而每当国家遭遇危机，儒家很快就会认为必定是哪里失了礼，就好像在打了一场败仗之后，长官认为败因在于士兵没有把靴子擦干净。[8]

在现代西方，儒家对礼仪的执迷往往被认为是浅薄的和过时的，但事实上，由此或许正可看出孔子对人性有着怎样深刻和永恒的理解。儒家之所以能够从中国流传到韩国、越南和日本，并且形成源远流长的社会和政治结构，或许并非偶然。如果想知道生命的终极真相，礼仪和仪式会是个巨大的障碍。但如果你想知道的是如何达到社会的稳定与和谐（就像孔子那样），真相往往只是一种负担，而礼仪和仪式反而是你最好的伙伴。

这件事情就算到了 21 世纪，重要性还是像在古代中国一样重要。就算到了现代工业世界，种种咒语的力量仍然很强大。就算到了 2018 年，还是有很多人认为两根木棍钉在一起就成了上帝，墙上一张五颜六色的海报就成了革命，而在风中飘扬的一块布就成了国家。你当然不可能看到或听到法国，因为法国只存在于人的想象当中，但你确实可以看到三色旗，听到《马赛曲》。于是，靠着挥舞国旗，咏唱国歌，国家就从一个抽象的故事变得现实且一触可及。

几千年前，虔诚的印度教教徒会用宝贵的马献祭；而今天，印度人会制作昂贵的国旗。印度国旗在当地被称为"Tiranga"（三色旗），由橙、白、绿三色条纹组成。印度 2002 年的《国旗法》规定，印度国旗"代表着印度人民的希望和愿望，是国家自豪的象征。在过去 50 年，包括武装部队在内的一些人，曾无畏地牺牲性命，让三色旗继续光荣地飘扬"。[9]《国旗法》接着引用印度第二任总统拉达克里希南（Sarvepalli Radhakrishnan）的话解释道：

> 橙色代表献身与无私，我们的领导人必须不受物质利益诱惑，献身于工作；中间的白色代表光明，是指引我们行为的真理之路；绿色代表我们与土地的关系，也是与所有生命赖以为生的植物生命的关系。白色条纹的中间，则有阿育王时代的法轮。所有在这个旗下工作的人，都应以真理与道德作为最高指导原则。[10]

2017 年，民族主义的印度政府在印巴边界的阿塔里（Attari）升起全世界最大的国旗，但想激发的情感不是献身，也不是无私，而是巴基斯坦的嫉妒。这面三色旗长 36 米、宽 24 米，飘扬在一根高 110 米的旗杆上（不知道弗洛伊德会有何感想）。就算是从巴基斯坦的大城市拉合尔（Lahore），也能看到这面国旗。但很不幸，强风一次又

第 20 章　意义：人生不是虚构的故事

一次把这面国旗撕裂，而为了国家的骄傲，又得一次又一次地缝合，这给印度纳税人造成了巨大的负担。[11] 究竟为什么，印度政府要把资源拿来升起巨大的国旗，而不是在德里的贫民窟建造污水处理系统？原因就在于这面国旗可以让印度变得"真实"，而这是污水处理系统做不到的。

而且事实上，正是因为国旗所费不赀，反而让仪式更加有效。在所有的仪式中，献祭是最有力的一种，因为虽然世事百态，但痛苦这种感觉最为真实，无法忽视，不容怀疑。想让别人相信某个虚构的故事，就要引诱他们先为此做出牺牲。等到你因为某个故事而承受了痛苦，通常就足以让你相信这个故事是真实的。如果你之所以禁食，是因为上帝命令你这么做，那么这种再实际不过的饥饿感，会比任何雕像或画像更能让你感觉到上帝的存在。如果你为国征战而失去双腿，残肢和轮椅会比任何诗词或国歌更令你觉得国家是真实的。先别讲那么伟大的事，就算你只是决定选购某种质量较低的本国商品，而非质量较高的进口商品，也算得上是种小小的牺牲，让你在超市里感觉到自己的国家真是无比真实。

当然，这是一种逻辑谬误。就算你因为信仰上帝或相信国家的概念而受苦，并不能证明就真有上帝或真有国家。或许你只是因为自己太轻信谣言，所以得付出代价？但大多数人并不喜欢承认自己是傻瓜。所以，他们为某种信念牺牲越多，这种信念就会越强烈。这正是牺牲献祭这件事神奇的魔力。主持献祭的神职人员想让我们臣服于神威之下，并不需要给我们什么（无论是雨水、金钱，还是胜利），反而要从我们这里取走一些东西。只要我们被说服并做出某些痛苦的牺牲，我们就会被困在这个概念里。

牺牲的概念也适用于商业世界。就算你只花一万多块钱就买到一台二手的菲亚特汽车，可能还是会一直向身边的人抱怨这辆二手车问题多多。但如果你是花了好几百万买下一辆全新的法拉利，肯定会对车赞誉有加、四处宣扬，并不见得是真的因为车好，而是因为已经花了那么多钱，必须相信这是全世界最棒的车才行。就算是在爱情里，不管是罗密欧还是有着烦恼的少年维特，都知道如果没有牺牲就不是真爱。牺牲除了能让爱人相信你有多真情，还能让你自己相信自己真的在恋爱。你认为女性为什么想要对方为自己戴上钻戒？对方一旦做出如此巨大的经济牺牲，就得说服自己，这一切一定有价值、有意义。

"牺牲自我"这件事不仅对烈士有说服力，就连对旁观者也极具说服力。要不是有那些烈士和殉道者，大概没有多少神明、国家或革命能够得以维系。如果你打算质疑某个宗教戏码、民族主义神话或革命传奇，立刻就会招来责骂："那么多值得尊敬的殉道者为此献出了生命！你敢说他们的死都没有意义？你以为这些英雄都是笨蛋吗？"

对于什叶派穆斯林来说，最重要的节日是阿舒拉节（Ashura）；当时是"希吉拉"（Hijrah）事件后的58年、穆哈拉姆月（Muharram）的第10天，也就是公历680年10月10日。那天在伊拉克的卡尔巴拉（Karbala），邪恶篡位者叶齐德（Yazid）手下的士兵残杀了先知穆罕默德的外孙侯赛因·本·阿里（Husayn ibn Ali）等一行人。对于什叶派来说，侯赛因的殉难从此象征着善恶之间、正义与压迫之间永恒的争斗。正如基督徒会一再重演钉十字架的情节，模仿基督的殉难；什叶派也会一再上演阿舒拉节的情节，模仿侯赛因的殉难。在卡尔巴拉，侯赛因殉难处建了一个圣坛，每年都有数百万什叶派教徒前来。而在阿舒拉节当天，全球什叶派教徒都有哀悼仪式，有些时候还会用尖锐的武器鞭打或割伤自己。

然而，阿舒拉节的重要性并不局限于特定地点，也不局限于特定时间。伊朗前最高领导人霍梅尼（Ayatollah Ruhollah Khamenei）和许多什叶派领导人，都曾一再告诉追随者："每天都是阿舒拉节，每地都是卡尔巴拉。"[12] 于是，侯赛因在卡尔巴拉的殉难开始让任何时间、任何地点的任何事情都有了意义，即使再平凡无奇的决定，也可能会

第 20 章　意义：人生不是虚构的故事

影响善恶在这个宇宙间的这场大争斗。如果你竟敢质疑这个故事，就会有人立刻提醒你在卡尔巴拉的事；至于去怀疑或嘲笑侯赛因的殉难，大概会是你能犯下的最严重的罪行。

又或者，如果烈士难寻、信众不愿牺牲自己，主持献祭的神职人员也可以接受让他们牺牲别人。譬如，你可以把一个人献给充满复仇之心的巴力（Ba'al）神；可以把一个异端分子绑在柱上点燃，以荣耀耶稣；把一个淫妇处死，因为这是神的旨意。一旦你这么做，牺牲献祭这件事所发挥的魔力会稍有不同。先前，如果你因某个故事之名给自己造成痛苦，你的选择是："我要么相信这个故事是真的，要么就是个容易受骗的傻瓜。"但如果你是因某个故事之名给别人造成痛苦，你的选择则是："我要么相信这个故事是真的，要么就是个残忍无情的坏蛋。"而因为我们既不想承认自己是傻瓜，也不想承认自己是坏蛋，只好相信这个故事是真的。

1839 年 3 月，在伊朗的马什哈德（Mashhad）市，一位犹太妇女患了皮肤病，一个江湖医生告诉她，秘方就是杀一条狗，再用狗血洗手。马什哈德是个神圣的什叶派城市，而不巧那位妇女就是在神圣的阿舒拉节进行这项吓人的治疗。有些什叶派教徒看到了，相信（或声称相信）这位妇女之所以杀了这条狗，是在嘲讽卡尔巴拉殉难。发生这种令人难以想象的亵渎行径，消息很快传遍了马什哈德的大街小巷。在当地伊玛目的怂恿下，一群愤怒的暴徒冲入犹太区，焚烧犹太会堂，当场屠杀 36 名犹太人。至于所有幸存的马什哈德犹太人，只有两种选择：立刻改信伊斯兰教，或是被杀。虽然发生此等可耻之事，但是几乎无损马什哈德作为"伊朗圣城"的美名。[13]

说到人类献祭，我们常常想到的是在迦南或阿兹特克的神庙里举行的诡异恐怖的仪式，而且一般认为在一神论之后，就没有这种可怕的做法了。但实际上，一神论所引发的人类献祭，比起大多数多神论引发的规模远远过之而无不及。基督教或伊斯兰教以神之名杀害的人数，远多于以巴力神或维齐洛波奇特利（Huitzilopochtli）①之名杀害的人。在西班牙征服者禁止阿兹特克和印加帝国所有人类献祭仪式的时候，宗主国西班牙的宗教裁判所还在大批大批烧死异端分子。

牺牲的操作形式各异、规模大小不一，不一定都要有祭司挥着刀、现场血流成河。举例来说，在犹太教安息日（Sabbath，意为"静止"或"休息"）这神圣的日子，不得劳动或旅行。安息日从星期五的日落开始，持续到星期六的日落结束，在此期间，正统派犹太教徒几乎不从事任何劳作，甚至从厕所的卷筒撕下卫生纸也不行。（关于这一点，有些最富学识的拉比已经有过一些讨论，结论认为撕卫生纸确实触犯了安息日的禁忌，因此虔诚的犹太人如果要在安息日擦屁股，可得先撕好卫生纸准备着。[14]）

在以色列，虔诚的犹太人常常想逼迫世俗的犹太人甚至完全的无神论者一起遵守这些禁忌。由于正统派通常在以色列政治中握有权力，所以多年来也成功通过许多法律，禁止在安息日从事各种活动。虽然他们无法禁止在安息日开私家车，但却成功禁止了公共交通车辆上路。于是，这项遍及全国的宗教献祭仪式，主要冲击的就是社会上最弱势的群体，特别是劳工阶层的民众，星期六是他们一周之内唯一可以自由旅行、拜访远方亲友和造访旅游景点的一天。如果是个有钱的祖母，要开着全新的车到另一个城镇探望孙辈并不成问题；但如果是个贫穷的祖母，没了公交车或火车，便寸步难行。

靠着这样为难千千万万个国民，各宗教团体得以证明并巩固它们对犹太教坚定不移的信仰。虽然没有流血，但却牺牲了许多人的幸福。如果犹太教只是一个虚构的故事，却让祖母无法探望孙辈、贫穷的学生无法去海滩玩，这就是一种残忍、一种无情。虽然如此，宗教团体

---

① 墨西哥阿兹特克人的战神，墨西加人的部落神，铁诺奇蒂兰城的主神。——编者注

第 20 章 意义：人生不是虚构的故事

仍然告诉世界，也告诉自己，说它们真的相信这套犹太教的故事。什么？它们怎么可能毫无理由、单纯以伤人为乐呢？

有了牺牲，不仅能增强你对故事的信心，还常常能替代你对它的所有其他义务。人类绝大多数伟大的故事，都规定了一些大多数人根本无法实现的理想。有多少基督徒真的能切实遵守十诫，从不说谎或贪恋别人的东西？又有多少佛教徒真能抵达"无我"的境界？

既然无法真正实现理想，人们只好用牺牲作为弥补。一个印度教徒可能逃税成性、偶尔嫖妓并且虐待年迈的双亲，但仍然自认为是一个非常虔诚的人，因为他赞成在阿尤德亚（Ayodhya）将巴布里清真寺（Babri Mosque）拆毁的举动，甚至还捐了钱，支持在原地盖起印度教的庙宇。一如古代，就算到了 21 世纪，人类追求意义的时候往往造成一连串的牺牲。

身份认同的组合

古埃及人、迦南人和希腊人做出牺牲的时候，还懂得要有避险措施。他们有许多神灵可供选择，就算有一个不灵，还有许多其他神灵可以期待。所以，他们早上拜太阳神，中午拜大地女神，晚上则拜各种精灵和恶魔。但就算如此，情况也没有多大的改变。今天人们相信的任何神祇或事物，不管是耶和华、玛门（Mammon），还是国家、革命，都并不完整，满是漏洞，充满矛盾。正因为如此，人类很少把所有的信念都投注在单一的故事上，而是有个"信念组合"，里面有几个不同的故事、几个不同的身份认同，可以配合需求任意切换。几乎所有的社会和运动，都有这种认知失调的情形。

以典型的"茶党"支持者为例，这种人可以一边坚决反对政府福利政策，一边坚定支持美国步枪协会（National Rifle Association），还说自己虔诚地信仰耶稣基督。耶稣难道不是比较热衷帮助穷人，而不是把自己搞得全副武装吗？虽然这些事情看起来彼此格格不入，但人脑就是好像有许多抽屉和隔间，而且有些神经元好像也不会经常彼此聊天。同样，你也可以找到许多伯尼·桑德斯（Bernie Sanders）的支持者，一边相信未来会出现革命，一边相信应该做出明智的投资。就算原本是在讨论现在的财富分配如何不公平，他们也可以轻轻松松忽然转向讨论他们在华尔街的投资表现。

　　人几乎不可能只有一种身份。人不会单纯只是穆斯林，单纯只是意大利人，或者单纯只是资本家。然而，时不时就会出现某种狂热的信条，坚称所有人只该相信某个故事、只能有某个身份认同。在最近的几个世代当中，法西斯主义大概是其中最狂热的信条代表。法西斯主义坚持认为，除了民族主义故事，人们不应该相信任何其他故事，除了国家认同，也不该有任何其他身份认同。并非所有民族主义者都是法西斯分子，大多数的民族主义者虽然非常相信自己国家的故事，也很强调自己独特的优点，以及自己国家必须承担的独特义务，但还是承认世界上不是只有自己这个国家。就算我是个忠诚的意大利人，对意大利负有独特的义务，但还是可以有其他身份，例如同时是社会主义者、天主教徒、丈夫、父亲、科学家、素食者，而每一种身份也分别有要承担的义务。有些时候，不同的身份认同会把我向不同的方向拉扯，不同的义务也会相互冲突。然而，谁说生活是件简单的事呢？

　　至于法西斯主义，起因就在于其民族主义想要否定所有其他身份和义务，好让自己更好过。关于法西斯主义的确切意义，近来出现许多混淆，好像只要是自己不喜欢的任何对象，都可以称为"法西斯分子"。这样一来，这个词有可能会变成一个被滥用的通用词语。那么，这个词真正的意义是什么？简言之，民族主义告诉我的，是我的国家独一无二，而我对自己国家的义务应该不同于一般；而法西斯主义告诉我的，是我的国家比别人的更优越，而我对自己国家的义务应该排挤掉其他一切义务。在任何情况下，其他团体或个人的利益，都不应

第20章　意义：人生不是虚构的故事

该超越我的国家的利益。就算我的国家会给远方土地上几百万个陌生人造成极大的痛苦，而且换得的利益微不足道，我还是该无条件地支持我的国家，否则我就是个卑鄙的叛徒。我的国家要我杀几百万人，我就该杀几百万人。我的国家要我背叛真相、背叛美的事物，我就该背叛真相、背叛美的事物。

法西斯主义怎么判断艺术？法西斯主义怎么知道一部电影是好还是坏？非常简单，只有一个标准。电影符合国家利益，就是一部好电影，不符合国家利益，就是一部坏电影。法西斯主义怎么决定学校该教孩子什么？一样的标准：符合国家利益的，就该教。真相？那不重要。[15]

这种国家崇拜对人很有吸引力，因为这会让人觉得自己的国家是全世界最美、最重要的。第二次世界大战与纳粹大屠杀事件，就代表这种思维方式可能带来的骇人结果。很遗憾，现在要批评法西斯主义究竟有何不好，常常成效不彰，原因在于只把法西斯主义讲得像头恐怖的怪兽，却没提法西斯主义有何诱人之处。于是，今天有些人会在不知不觉中出现法西斯主义的念头。民众只会想："人家说法西斯主义是丑陋的，但我照镜子的时候发现我这么美，怎么可能是法西斯主义者呢？"

这也有些类似好莱坞电影里描绘坏人时所犯的错：不管是《哈利·波特》里的伏地魔、《指环王》里的索伦，还是《星球大战》里的黑武士达斯·维德，总是丑陋又凶恶，就连对自己最忠心的支持者也是一派残暴阴险。每次看这些电影我总是不明白，为什么有人会跟着伏地魔这种讨人厌的怪胎？

真实世界中的邪恶不见得是丑陋的，而有可能看起来非常美丽。关于这一点，基督教比好莱坞专业多了，所以在基督教的艺术传统中，常常把撒旦描绘得高大英俊。正因为如此，人类才难以抗拒撒旦的诱惑；也正因为如此，人类才难以抵抗法西斯主义。如果看着一面法西斯主义的镜子，反映出的景象绝不丑陋。德国在20世纪30年代看着法西斯主义的镜子，看到的就是德国真是全世界最美丽的国家。如果现在的俄罗斯人看着法西斯主义的镜子，就会看到俄罗斯是全世界最美丽的国家；以色列人看着法西斯主义的镜子，就会看到以色列是全世界最美丽的国家。接着，他们就会想要加入这个美丽的国家，迷失自我也在所不惜。

"法西斯主义"（fascism）一词来自拉丁文"fascis"，意为"一捆棍子"。讲到世界史上可能最凶残、最致命的意识形态，"一捆棍子"这个形象听起来实在太不起眼，但这里有个深刻而又邪恶的意义：一根棍子很脆弱，轻松就能折断，但如果把许多棍子捆成"一捆棍子"（法西斯），就几乎不可能被折断。这意味着虽然个人力量微小，但只要聚成群体，力量就极为强大。[16]因此，法西斯主义相信集体的利益高于任何个人的利益，并要求任何一根棍子都不得破坏集体的统一。

当然，到底该把哪些人算是"一捆棍子"，绝没有一个明确的答案。我为什么要把意大利当成我所属的一捆棍子？为什么不是我的家庭、佛罗伦萨这个城市、托斯卡尼这个省、整个欧洲大陆，或者干脆把全人类当成一捆棍子？有些民族主义者的态度比较温和，认为我确实对我的家庭、佛罗伦萨、欧洲和全人类有义务，同时也对意大利有一份不同于一般的义务。反之，意大利法西斯主义则要求只能对意大利绝对忠诚。

虽然墨索里尼和他的法西斯政党尽了最大努力，但大多数意大利人还是没那么愿意把意大利的重要性放在自己的家庭之上。在德国，纳粹的宣传机器做得更为彻底，可是就连希特勒也没能让国民心中只有法西斯，忘却其他所有故事。就算是在纳粹时代最黑暗的日子里，除了官方故事之外，人民也还是会有些备用故事。情况在1945年变得再明显不过。有人可能会以为，经过12年纳粹洗脑，可能会有许多德国人无法适应战后的生活。毕竟他们曾把所有的信念只投注

第 20 章　意义：人生不是虚构的故事

在一个规模宏大的故事中，但现在这个故事崩溃了，该如何是好？然而，大多数德国人恢复的速度快得惊人。在他们的脑海某处，还留有这个世界的其他故事，希特勒举枪自尽没多久，在柏林、汉堡和慕尼黑的许多人就已经接受了新的身份认同，也为人生找到了新的意义。

确实，纳粹大约有 20% 的区长（gauleiter，相当于现在的省长或州长）、10% 的将军决定自尽[17]，但这也代表有 80% 的区长、90% 的将军非常乐意继续活下去。至于绝大多数领有党证的纳粹党员，甚至盖世太保的成员，都既没有发疯，也没有自杀，后来成了很好的农夫、教师、医生或保险代理人。

而且，就算是自杀，也不见得真的代表完全只承认单一故事。2015 年 11 月 13 日，极端组织"伊斯兰国"在巴黎发动多起恐怖袭击事件，造成 130 余人死亡。"伊斯兰国"表示，这些攻击是为了报复法国空军轰炸在叙利亚和伊拉克的"伊斯兰国"成员，并要求法国未来不得再进行此类轰炸。[18] 同时"伊斯兰国"也宣称，被法国空军炸死的所有穆斯林都是殉教者，已经在天堂享有永恒的幸福。

这里有些事没有道理。如果那些遭法军空袭而死的殉教者都上了天堂，为什么要复仇呢？复的到底是什么仇？把人送上天堂吗？如果听说你的好兄弟买彩票中了 100 万美元，难道你会去自杀式攻击彩票投注站，说要复仇？那么，为什么法国空军让你的几个弟兄拿到去天堂的单程机票，你却要气呼呼的呢？而且，如果你真的让法国不再继续空袭叙利亚，能上天堂的穆斯林不就少了吗？这样岂不更糟？

所以我们或许能得出一个结论，即"伊斯兰国"那些激进分子并不真正相信殉教者能上天堂。所以，当有人被炸死的时候，他们才会如此生气。如果是这样，为什么还有人愿意全身绑满炸弹、把自己炸成碎片？很有可能，答案就是他们同时坚信着两个根本互相矛盾的故事，但对于其中的不一致却浑然不觉。就像前面说过的，就是有些神经元彼此不经常聊天。

法军在 2015 年空袭"伊斯兰国"位于叙利亚和伊拉克的据点，但早在 8 个世纪前，有另一支法国军队曾入侵中东，后人称之为"第七次十字军东征"。在路易九世的领导下，这批十字军希望征服尼罗河谷，把埃及变成基督教的堡垒，但在曼苏拉战役（Battle of Mansoura）中被击败，多半遭到俘虏。其中一名十字军骑士庄卫勒（Jean de Joinville）后来在回忆录里写道，在大势已去、众人决定投降之时，一位部下说："我无法同意投降，我建议大家接受被处决，这样我们都会上天堂。"庄卫勒也把结果简单地一语带过："没人听他的。"[19]

庄卫勒并未解释到底大家为何拒绝。毕竟，这些人之所以离开在法国舒适的城堡，远征中东进行漫长又危险的冒险，主要原因不就是相信有个永恒的救赎吗？当时，距离天堂永恒的幸福就只差那么一小步，为什么他们忽然宁愿被穆斯林抓起来？显然，虽然十字军热切相信救赎与天堂，但到了真相大白的一刻，还是得想想该在哪边下注。

赫尔辛格的超市

在历史上，几乎所有人都会同时相信好几个故事，但也从不会真正相信任何一个故事完全是真理。对大多数宗教来说，这样的不确定性有如芒刺在背，所以多半会强调"相信信仰"是一个重要的美德，而"怀疑信仰"则可能是最糟糕的一种罪；简直就像在说，就算你没有证据也愿意相信，这实在是件好事。然而，随着现代文化的兴起，情况有所不同了。相信信仰看起来越来越像让人当精神上的奴隶，而怀疑信仰则成了自由的前提。

1599—1602 年，莎士比亚写下他那个版本的《狮子王》（一般人比较熟悉的名字是《哈姆雷特》）。哈姆雷特与辛巴不同的地方，在于哈姆雷特并未完成他的生命循环，直到最后仍然充满怀疑和矛盾，并未找出人生的意义，也从来没有下定决心到底是该生存还是该毁灭。

第 20 章　意义：人生不是虚构的故事

在这方面，哈姆雷特可以说是典型的现代主角。现代并未推翻否认过去继承的诸多故事，反而简直像开了间故事超市。现代人可以自由自在地尝试这些故事，根据自己的口味加以选择和组合。

有些人受不了有这么多的自由和不确定。像法西斯主义这样的现代极权主义运动，就对这种充满可疑思想的超市做出激烈回应，程度甚至超越过去传统宗教要求信众绝对相信信仰的要求。然而，大多数现代人都爱超市。如果你不知道人生的意义，不知道该相信哪个故事，该怎么办，就把"做选择"这件事给神圣化吧。想象自己站在超市的过道，拥有权力和自由，能够选择自己喜欢的任何东西、检查眼前的种种产品，然后……画面停止。就这样，演到这里就好，赶紧上片尾工作人员字幕吧。

根据自由主义的神话，只要你在这个大超市里站的时间够长，自由迟早会为你带来顿悟，让你想出人生的真正意义。超市所陈列的所有故事都在骗你，人生的意义绝不是现成的产品，除了我自己之外，绝没有什么神圣的脚本能够为我的人生赋予意义。是我自己，通过自由选择和自己的感觉，为一切赋予意义。

乔治·卢卡斯有一部表现平平的奇幻电影《风云际会》(*Willow*)，主人公威洛是一个平平凡凡的矮人，但梦想成为伟大的魔法师，掌握存在的秘密。某一天，有一位这样的魔法师经过他所在的村子，想找学徒。威洛和另外两个矮人上前应征，魔法师提出一项简单的测验。他举起右手，伸出五指，用一种像尤达大师的声音问道："控制世界的力量在哪根手指？"三个矮人各挑了一根，但都挑错了。尽管如此，魔法师注意到威洛选择的时候有些迟疑，便问他："我伸出手指的时候，你的第一反应是想选哪一根？"威洛回答："听起来很蠢，其实我想选自己的手指。"魔法师得意地说："啊哈！那正是正确答案！你只是对自己缺乏信心罢了。"对于这个重要教训，自由主义神话总是一再重复，不厌其烦。

是人类自己的手指，写下了《圣经》《古兰经》和《吠陀经》，也是我们的心灵，让这些故事拥有了力量。当然，这些都是很美的故事；但所谓的美，是看的人觉得美就是美。耶路撒冷、麦加、瓦拉纳西（Varanasi）和菩提伽耶（Bodh Gaya）都是圣地，但这些地方之所以神圣，是因为去的人觉得神圣。宇宙其实就是一群原子组成的大杂烩，本身并没有意义。没有什么东西原本就是美丽、神圣或性感的，是人的感觉让它变得如此。红苹果如此诱人，粪便如此恶心，也只是出于人的感觉。如果不考虑人的感觉，一切都只是一堆分子而已。

我们都希望，如果能在某些关于宇宙的现成故事里找到自己可以扮演的角色，就能找到自己的意义，但如果根据自由主义对世界的解释，事实却正好相反。不是宇宙给我意义，而是我为宇宙赋予意义。这正是我在宇宙里的任务，没有什么固定的命运或正道。如果我发现自己扮演的是辛巴或阿朱那的角色，也可以选择为王位而战，但这不是必须的，我还是可以加入巡回马戏团、去百老汇唱音乐剧，或者去硅谷创立一家公司。我可以自由自在地开创自己的正道。

所以，与其他的故事一样，自由主义故事也以"创造"作为开端。根据自由主义，创造是每时每刻都在发生的事，而我就是创造者。那么我的人生目标是什么？通过感受、思考、渴望和发明，去创造意义。任何事物只要限制了人类自由地去感受、思考、渴望和发明的能力，就会限制宇宙的意义。所以，最高的理想就是有摆脱这些限制的自由。

实际上，相信这套自由主义故事的人信守两条诫命：一是创造，二是争取自由。创造的表现，可以是写首诗、探索自己的性取向、发明一个新的应用程序，也可以是发现一种未知的化学物质。至于争取自由的表现，可以是用任何行为让人得以摆脱社会、生物和实体的限制，例如向残忍的独裁者示威抗议、教女孩读书识字、找到癌症的治疗方法，或者打造宇宙飞船。在自由主义的万神殿里，既会有推动黑人乘车权利的罗莎·帕克斯，也会有画家毕加索，旁边还有微生物学

第20章 意义：人生不是虚构的故事

家巴斯德（Louis Pasteur），与莱特兄弟并肩而坐。

理论上，这听起来实在是令人兴奋、意义深远。但很遗憾，人类的自由和创造力也不是这套自由主义故事所想象的那样。就目前的科学所知，人类的选择和创造力背后并没有什么神秘的魔法，单纯就是几十亿个神经元交换生化信号后的产物。

自由主义这套故事，让我追求表达自我、实现自我的自由。然而，"自我"和自由都只是从古代童话借来的妄想。自由主义对"自由意志"的概念有些混淆不清。当然，人类有意志、有欲望，有时候也能自由地满足欲望。如果所谓的"自由意志"是说"自由地去做想做的事"，那么人类确实有自由意志。但如果所谓的自由意志是说人类有"选择欲望的自由"，那么答案是否定的，人类并没有自由意志。

如果我在性的方面喜欢男性，或许可以自由实现我的种种幻想，但并无法自由选择去喜欢女性。有些情况下，我可能会选择抑制我的性冲动，甚至尝试性取向扭转治疗；然而这种想要改变性取向的欲望是由神经元强加于我的，可能来自文化和宗教偏见。为什么某个人可能对自己的性取向感到羞耻，希望改变，而另一个人虽然有同样的性取向，却没有半点羞耻，还想让大家都知道？有人会说，是前者的宗教情感比后者强烈。然而宗教情感的强弱，难道是件可以自由选择的事吗？同样，人可以选择每周日都去教堂，有意识地增强自己的宗教情感；但为什么有人会希望变得更加虔诚，也有人很乐意继续相信无神论？这一切可能有许多文化和基因方面的原因，但其中没有任何原因是出于"自由意志"。

不只是性欲望，所有的欲望、感受和想法都是如此。让我们以你脑中跳出的下一个想法为例。这个想法是从哪儿来的？是你自由地选择要想到这个想法，然后才想到的吗？当然不是。人类自我探索的过程是从简单的事开始的，然后越来越难。一开始，我们发现自己无法控制外在的世界，比如没办法控制什么时候下雨。接着，我们发现自己身体里的事也没办法控制，比如我没办法控制自己的血压。再后来，我们发现就连大脑也无法控制，比如我并没告诉神经元什么时候要发出信号。到头来我们就该认清，我们就是无法控制自己的欲望，甚至无法控制对欲望的反应。

意识到这一点，可以让我们不再那么执迷于自己的意见、感受和欲望。虽然我们没有自由意志，但可以稍微挣脱意志的暴政。人类通常太重视自己的欲望，想要依据自己的欲望来控制并塑造整个世界。人类为了满足欲望，飞向月球，掀起世界大战，破坏了整个生态系统的稳定。如果我们知道自己的欲望并非出于什么神奇的自由选择，不过就是生化程序的产物（并受到文化因素的影响，同样非个人所能控制），或许就不会如此执迷。比较好的做法是设法了解自己，了解自己的心智，了解自己的欲望，而不是每次脑子里浮现什么奇思妙想，就急着想要实现。

想要了解自己，关键的一步就是要承认"自我"也是个虚构的故事，会通过心智思维的复杂机制，不断制造、更新和重写。我脑中有个讲故事的人，会解释我是谁、来自哪里、要去往何方，以及现在发生了什么事。就像政府在解释近来的政治动荡，这位脑中的叙事者总是一再犯错，但很少承认。一如政府用旗帜、画像和游行来建立国家神话，我内心的宣传机器也会用珍贵的记忆、宝贵的创伤建立起个人神话，但这些记忆与创伤往往并不等同于真相。

在脸书和 Instagram（一款图片分享应用程序）的时代，这个神话的制作过程有一部分已经从人脑外包到计算机上，比以前变得清楚可见。看到有人花上无数小时，不断打造并修饰一个完美的在线自我，为自己的创造而深深着迷，并误以为那就是自己，这一切令人赞叹，但也令人惊骇。[20] 原本全家出门度假，道路拥堵至极，路上小吵不停，中间几度冷战，但最后都化成网络上美丽的全景照、完美的晚餐照和一张张笑脸；我们真正的经历，有 99% 都不会成为这些自我故事的

第20章 意义：人生不是虚构的故事

一部分。

特别值得一提的是，我们对自我的理想故事常常是视觉的，而实际的体验却是肉体的。在理想故事里，我们会从心里或计算机屏幕上观察某个场景。看着自己站在热带海滩上，身后有蔚蓝的大海，脸上有迷人的笑容，一手举着鸡尾酒，另一手搂着情人的腰——好一派天堂景象。但这幅图片没显示的，是有讨厌的蚊虫正在你腿上叮咬，喝了馊掉的鱼汤而腹中正在翻搅，假笑令你下巴僵掉，你们可能5分钟前才刚刚大吵一架。要是能体会照片里的人当下真正的感受，真不知道会有多妙。

因此，如果你真想了解自己，并不该相信你的社交账号，或者内心告诉你的那个故事，而是要观察身体和心智的实际流动。你会发现，种种想法、情绪和欲望的来去没有理由，也由不得你命令，就像是来自四面八方的风，吹乱了你的头发。你既不是风，也不是你体验到的那些想法、情绪和欲望，当然更不是你心中以事后之明整理消毒过的那些故事。你只是经历了这一切，既无法控制，也不能拥有，你更不等同于这一切。当人类问"我是谁"的时候，希望能得到一个故事作为答案。其实，你需要知道的第一件事，就是你并不是一个故事。

没有故事

自由主义跨出激进的一步，否定了其他所有的宇宙大戏，但又在人的心里重新打造一出戏：正因为宇宙没有情节，所以要由人类来创造情节，这正是我们的使命、我们人生的意义。早在自由主义兴起的几千年前，古代佛教还更进一步，不仅否定所有宇宙大戏，就连人类心里的这一出也加以否定。在古代佛教看来，宇宙没有意义，而人的感觉也同样没有意义，并不属于什么伟大的宇宙故事，不过就是短暂的振荡，没有理由地来去。这就是事实，接受吧。

《广林奥义书》写道："马头为黎明，眼睛为太阳……四肢为季节，关节为月份和两周，马蹄为日夜，马骨为星星，血肉为云朵。"相较之下，佛教经典《大念处经》（Mahasatipatthana Sutta）则说比丘和比丘尼在禅修时，仔细观察自己的身体，看到的是"于此身有发、毛、爪、齿、皮、肉、筋、骨、髓、肾、心……泪、皮脂、唾、涕、关节液、尿。如是，比丘安住于身……于是'有身'之念现起"。[21] 而在这里的发、骨、尿所讲的并无任何其他延伸意义，只不过就是讲出事实。

这部经用了许多篇幅来解释，比丘和比丘尼在身体或心中观照到什么，其实就是什么。所以，禅修而观照自己的呼吸，"出息长时，了知：我出息长；入息长时，了知：我入息长。出息短时，了知：我出息短；入息短时，了知：我入息短"。[22] 呼吸得长，并不代表季节，呼吸得短，也不代表每天。一切只是身体的振动。

根据佛教的说法，宇宙有三个基本现实：一切事物都会不断改变（诸行无常），一切事物都没有永恒的本质（诸法无我），没有什么能永远令人满意（诸漏皆苦）。就算你能够探索银河系、探索你的身体、探索你的心智，即使你探索得再远，也无法找到永不改变的东西、永恒固定的本质，更无法得到永远的满足。

人类之所以会感到痛苦，常常就是因为无法体会到这一点，总觉得在某个地方会有永恒的本质，而只要自己能找到，就能永远心满意足。这种永恒的本质有时称为上帝，有时称为国家，有时称为灵魂，有时称为真实的自我，有时则称为真爱；而人如果对此越执着，最后找不到的时候也就越失望、越痛苦。更糟糕的是，人越执着的时候，如果觉得有人、团体或机构妨碍自己去追寻这些重要目标，所生出的仇恨心也越大。

根据佛教的说法，生命本来就没有意义，所以人类也不用去创造任何意义。人只要知道一切本来就没有意义，就能不再依恋，不再追求空的事物，于是得到解脱。所以，人如果问："我该做什么？"佛

第 20 章　意义：人生不是虚构的故事

会说："什么都不要做。"我们的问题就是我们总是在做些什么。肉体层面或许还有可能什么都不做（毕竟我们可以闭着眼睛静坐几个小时），但在精神层面，我们总是忙着创造各种故事和身份，在脑中进行各种战争并赢得胜利。真正的不做什么，是要连心灵也休息，什么都不去创造。

不幸的是，就连这样，也很容易变成一套英雄故事。就算你只是闭眼静坐，观照自己的呼吸气息，也很可能开始构建一套关于呼吸的故事。"现在我的呼吸有些勉强，如果再平静一些，就能变得更健康"，或是"我只要继续观照自己的呼吸，什么都不做，最后就能开悟，成为全世界最聪明、最快乐的人"。接着这种故事就开始扩大，变得不仅要从自己的执着中解放自己，还想说服别人也跟着做。自己接受了生命没有意义之后，开始觉得这个概念实在太重要，于是有些事情就变得很有意义，比如要把这个概念告诉其他人，要与不相信这个概念的人争论，要好好教教那些怀疑的人，要捐钱修建寺庙。如此一来，连"没有故事"都很容易成了另一个故事。

佛教历史就有许多例子，让我们看到就算这些人相信虚无短暂、知道该放下执着，还是可能争吵着该怎么治理国家、某座建筑物该归谁所有，甚至只是争吵某个字是什么意思。如果你相信有个永恒的神，而为了他的荣耀，你与他人展开斗争，这件事虽然不幸，但却不难理解；然而，如果你相信一切都是虚无，却又因此和他人展开斗争，这就实在太奇怪了——但这对人性来说也实属正常。

18 世纪时，缅甸和邻国暹罗的王朝都以自己对佛陀的忠诚为荣，也都以保护佛教信仰取得其正统性。两国的国王都会捐助寺庙，修建佛塔，每周听高僧讲经及告诫他们遵守五戒：不杀生、不偷盗、不邪淫、不妄语、不饮酒。尽管如此，两国仍然激烈对立。1767 年 4 月 7 日，缅甸国王辛标信（Hsinbyushin）的军队经过漫长的围城，终于攻下暹罗首都，残杀百姓、奸淫掳掠，很有可能也在各处醉酒狂欢了一番。接着，他们放火烧毁了大半个首都，宫殿、寺庙和佛塔都未能幸免，再掳回几千名奴隶，带走大量的黄金宝石，扬长归国。

并不是说辛标信轻视自己的佛教信仰。这场大胜的7年之后，辛标信还沿着伊洛瓦底江出巡，沿途参拜各个重要的佛塔寺庙，祈求庇佑军队赢得更多胜利。而辛标信抵达仰光后，更是重建并扩建了全缅甸最神圣的建筑物：大金寺（Shwedagon Pagoda）。接着，他用与自己同重的黄金为扩建的大金寺贴上金箔，并在佛塔顶端再加一座金色尖顶，镶嵌宝石（可能是从暹罗掠夺而来）。他也利用这个场合，处决了从勃固（Pegu）王国俘虏来的国王两兄弟和儿子。[23]

20世纪30年代的日本甚至还异想天开，将佛教教义与民族主义、军国主义和法西斯主义全部结合起来。日本的激进佛教思想家如井上日召、北一辉、田中智学等人认为，想让人不再执着于利己，就该让人完全把自己奉献给天皇，斩除所有个人思想，并对国家完全忠诚。这种想法催生了许多超民族主义的组织，其中还出现一个有军方支持的狂热团体，意图以暗杀活动推翻日本的保守政治系统，遭暗杀的名单包括前财务大臣、三井财阀的总负责人，最后还包括当时的内阁总理大臣犬养毅。这一切让日本加速向军事独裁迈进。等到日本正式开战，佛教僧侣和禅宗大师也鼓吹要无私服从国家权威，并慷慨为国捐躯。相较之下，佛教教义虽然也有慈悲和非暴力，但在某种程度上遭到遗忘，而且对日军后来在南京、马尼拉或汉城的所作所为似乎也没发挥什么作用。[24]

今天，缅甸佛教的人权记录是全球倒数，而在缅甸带头推动反伊斯兰运动的，就是一位佛教僧人阿欣·乌伊拉杜（Ashin Wirathu）。他声称自己只是希望保护缅甸和佛教，免受伊斯兰极端主义阴谋染指，但他的布道和文章极尽煽动，甚至连脸书也在2018年2月删除了他的粉丝专页，理由是禁止仇恨言论。[25]

如果你期待全球近80亿人都开始固定冥想禅修，于是世界和平、

第20章 意义：人生不是虚构的故事

全球和睦，那么机会大概小之又小。观察自己的真相就是如此困难！而且，就算能成功地让大多数人开始尝试冥想禅修，很多人还是会迅速把观照到的各种真相加以扭曲，变成各种善恶对立、邪不干正的故事，找到各种开战的借口。

现实的考验

虽然一切大故事都是由人类心智虚构出来的，但也无须感到绝望。毕竟，现实仍然存在。虽然我们并没有在什么虚构的宇宙大戏里扮演任何角色，但我们又何必扮演任何角色呢？人类所面临的重大问题并不是"人生的意义是什么"，而是"如何摆脱痛苦"。等到我们放下所有虚构的故事，对事物的观察就能远比过去清晰，而如果我们能真正了解关于自己、关于世界的真相，什么都无法让我们感到痛苦和悲伤。当然，这件事说起来容易做起来难。

人类之所以能征服世界，是靠创造和相信虚构故事的能力。但也因此，人类特别拙于判断虚构和现实的差异。毕竟我们要无视两者的差异，才能得以生存，过于计较，就会受苦。因为，世界上最真实的东西就是痛苦。

面对某个动人的故事，如果想判断这究竟是真实还是想象，要问的关键问题就是故事主角是否可能受苦。举例来说，如果有人跟你说一个波兰的故事，你就要想想波兰是否会受苦。波兰浪漫主义诗人暨革命家亚当·密茨凯维奇（Adam Mickiewicz）把波兰称为"诸国的基督"。波兰遭到俄国、普鲁士和奥地利瓜分几十年之后，1830年曾一度起义，但遭到俄国残酷镇压，而密茨凯维奇就在1832年写道，波兰所遭受的巨大苦痛，正是为了全人类所做的牺牲，相当于基督的牺牲，而且波兰也必然如基督一般从死里复活。

在一个著名的段落，密茨凯维奇写道：

波兰（对欧洲人民）说："凡到我这里来的人，都是自由平等的，因为我就是自由。"但各国国王听到这句话，心中惊恐万分，将波兰国钉上十字架、埋进坟墓里，高喊："我们已经杀死了自由并将它埋葬。"但这些呼喊是愚蠢的……波兰国并未死去……到了第三天，灵魂就会回到身体；国家将会再次崛起，让欧洲所有人民摆脱奴役。[26]

一个国家真的能受苦吗？国家真有眼睛、双手、五感、情意、情欲吗？如果你拿刀刺向国家，国家会流血吗？情况显然不是这样。如果国家打了败仗、割让了某个省份，甚至无法维持独立，仍然不会感觉到任何痛苦、悲伤或其他哀痛，因为国家没有身体、没有思想、没有感情等等。事实上，"国家"只是个隐喻。只是在某些人的想象中，波兰才是个能够受苦的实体。波兰之所以有各种感受，是因为人类把身体借给了它；不仅加入波兰军队作为士兵，更用肉身体现着这个国家的悲喜。1831年5月，波兰在奥斯特罗文卡（Ostrołęka）战败的消息传到华沙，是人类的胃因为哀痛而痉挛，人类的心因为悲伤而剧痛，人类的眼中泪水满溢。

当然，这一切并不代表俄国入侵是合理的，也不会有损波兰独立建国、决定本国法律和习俗的权利。但这确实表示波兰国的故事绝不是事实，因为所谓的波兰究竟存不存在，全凭人类脑中的想象。

相较之下，让我们看看华沙一名女子的命运。这名女子遭到入侵俄军抢劫、强奸。波兰国的受苦只是种隐喻，但这名女子受到的痛苦再真实不过。至于使她受到这些痛苦的原因，也很可能是出于各种虚构的人类信念，例如俄国民族主义、基督教东正教、要有男子气概的英雄主义，鼓动着俄国的政客与士兵。但不论原因是否虚构，造成的痛苦都是100%真实。

所以，只要政客的话语开始掺杂一些神秘的语词，就该提高警惕。面对真实的痛苦，这些人可能会用某些空泛难解的表达来加以包装，

第20章 意义：人生不是虚构的故事

作为申辩。其中有四个词要特别小心：牺牲、永恒、纯净、恢复。只要听到其中任何一个，心中就该警铃大作。如果领导人常常说"他们的牺牲，将能恢复我们这个永恒国家的纯净"之类的话，你就该知道自己问题大了。想要维持理智，就要记得把这些空话转回现实：有士兵痛苦地哭泣，有妇女遭到殴打和残虐，有儿童恐惧地颤抖。

所以，如果真想知道宇宙的真相、人生的意义、自己的身份，最好的出发点就是开始观察痛苦、探索痛苦的本质。

答案永远不会是一个故事。

第 21 章　重新认识自己：
　　　　　人类心智的奥秘

为了公平起见，在批评了这么多的故事、宗教和意识形态之后，我也得剖析一下自己：为什么像我这样一个怀疑一切的人，每天醒来还是可以如此开心。对于这件事我本来有点迟疑，因为一方面不想太过自我放纵，一方面也不想给人错误的印象，让人误以为这套方法可以适用于所有人。毕竟我非常清楚，自己的基因、神经元、个人经历和心中的"正道"绝不可能和别人一样。然而，如果读者至少可以知道我是用怎样的观点来看世界，知道我的视界和写作受了怎样的影响，或许是好事一桩。

我在青少年时期有许多烦恼，心静不下来，觉得整个世界莫名其妙，对于人生的种种大问题也都找不到答案。特别是我不明白为什么有诸多苦痛充斥着整个世界，充斥着我的生活，也不知道自己对此可以做些什么。不论是身边的人，还是读到的书，讲的都是一些精心虚构的故事：关于神和天堂的宗教神话，关于祖国和历史使命的民族主义，关于爱情和冒险的浪漫神话，还有那套说着经济增长、消费能让我开心的资本主义神话。虽然我当时已经能够意识到这一切可能都是虚构的，但还是不知道怎样找出真相。

等到上了大学，原以为到了可以找出答案的好地方，但后来我很失望。学术世界有各种强大的工具,可以解构人类过去创造的所有神话,但还是无法针对人生的重大问题给出令人满意的答案,相反,它要我把目光越缩越窄。到最后,我在牛津大学读博士时的研究主题是中世纪士兵的自传文本。出于喜好,我读了许多哲学书籍,也做过多次哲学辩论;虽然这能为智识带来无穷乐趣,但却几乎无法提供任何真正的见解。这实在太叫人沮丧了。

到最后,我的好朋友罗恩建议我试试放下书本几天,也别动脑子做什么讨论,而是去上个内观(Vipassana,这是古印度巴利文,意为"内省")禅修课程。我原本以为这大概就是什么新世纪(New Age)的玩意儿,而且也实在不想再听另一个神话,于是就拒绝了他的好意。但经过他一年的循循善诱,我在2000年4月参加了为期10天的内观禅修。[1]

以前我对禅修所知极少,以为这肯定牵扯了各种复杂神秘的理论,没想到禅修教学竟如此注重实际。当时,戈恩卡(S. N. Goenka)老师指导学生盘腿坐下闭上眼睛,所有注意力都集中在气息如何进出鼻孔。他一直提醒我们:"什么都别做,别去控制呼吸,也不要想用什么特殊的方式呼吸。只要观察现在的状况,不管状况如何。吸气的时候,你只是意识到,这股气进来了;呼气的时候,你只是意识到,这股气出去了。而等你不再专注,思绪开始在回忆和幻想中游荡的时候,你只是意识到,现在我的思绪不在呼吸上了。"这是别人跟我说过的最重要的一件事。

有人会问些人生大问题,他们并不想知道自己什么时候吸气、什么时候呼气,而只是想知道人死之后会怎样。然而,人生真正的谜并不是发生在死后,而是在生前。想懂"死",就得先懂"生"。

有人会问:"我死的时候,是完全消失吗?会去天堂吗?还是会在新的身体内重生?"这些问题背后的假设,是认为有个"我"从生到死都不会改变,于是想知道"死后这个不变的我会如何"。然而,

第 21 章　重新认识自己：人类心智的奥秘

真的有个"我"是从生到死都不会改变吗？身体随时都在变化，大脑随时都在变化，心智也随时都在变化。你观察自己观察得越仔细，就越会发现，就算只是从这一秒到下一秒，也没有什么是不变的。这样说来，人的一生如何连续统一？不知道这个问题的答案，你就不懂得"生"，当然也就没有机会懂得"死"。只要知道什么叫作连续统一，关于死亡的大问题也会有明确的答案。

有人说："人从出生到死亡，灵魂一直不变，所以算是完整的一生。"但这只是个虚构的故事。你真的看到过灵魂吗？我们不用到死的那一刻，也知道这种说法是真是假。只要了解自己在这个瞬间的结束、下个瞬间的开始发生了什么事，我们就能知道在死亡的那个瞬间会发生什么事。只要好好观察自己如何完成一次呼吸，你就能理解这一切。

我从观察自己呼吸所学到的第一件事是：虽然我读了那么多书，在大学上了那么多课，但对自己的心智几乎一无所知，而且根本没什么办法控制心智。无论我怎么努力，还是会想到别的事情，专心观察气息如何进出鼻孔的时间怎样也撑不过 10 秒。多年来我一直以为自己就是我人生的主宰，是我个人品牌的首席执行官，但禅修不过短短几小时，就足以证明我对自己几乎没有任何控制的能力。我非但不是首席执行官，就连当个看门的也不太够格。虽然我只是站在自己身体的大门（鼻孔）旁，观察一下有什么进来、有什么出去，但没一会儿我就擅离职守了。那真的是一次让我大开眼界的经历。

随着课程进行下去，学生除了要观察自己的呼吸，还要观察整个身体的感觉。这里说的并不是什么特别的幸福或狂喜，而是最普通、最一般的感觉，比如冷热、压力、疼痛等。内观技巧背后的道理，是认为心智的流动与身体的感觉密切相关。我和这个世界之间隔着的是身体的感觉。我真正反应的对象不是外界事件，而是自己身体的感觉。某种感觉不愉快，我的反应就是"厌恶"；某种感觉愉快，我的反应就是"想要更多"。即使我们以为自己的反应针对的是别人做的某件事（例如特朗普的最新推文）或是遥远的童年记忆，事实上我们做出的反应也是自己最直接的身体感觉。如果有人侮辱我们的国家或神，真正让我们难受的是胃部灼热、心头就像被捏住的感觉。我们的国家并没有任何感觉，但我们的身体真的能够感觉到痛苦。

想知道"愤怒"究竟是什么吗？只要在自己生气的时候，观察自己身体上出现而最后消失的那些感觉。我第一次参加禅修是在24岁，在那之前大概已经生过一万次气，但从来没想到要观察自己愤怒时的真实感觉。每次生气，我的注意力只集中在愤怒的对象身上（某人的行为或言辞），而不是愤怒的真实感觉。

我认为，经过观察各种感觉的10天，我对自己和整个人类的了解可能要超过我先前所学。而且做到这点，无须接受任何故事、理论或神话，只要观察真正的现实就行了。我学到的最重要的一件事是，各种痛苦最深层的来源，就在于自己的心智。如果有什么是我想得却不可得，心智的反应就是产生痛苦。痛苦并非外部世界的客观情形，而是自己心智产生的心理反应。了解这一点就是跨出了第一步，让人不再产生痛苦。

自2000年第一次参加禅修之后，我每天都会冥想两个小时，每年也会参加一两个月的禅修课程。这不是逃离现实，而是接触现实。因为这样一来，我每天至少有两个小时能真正观察现实，另外22个小时则是被电子邮件、推文和可爱的小狗短片淹没。如果不是凭借禅修带给我的专注力和清晰的眼界，我不可能写出《人类简史》和《未来简史》。至少对我而言，冥想与科学研究并不冲突。特别是要了解人类心智的时候，冥想就是另外一种重要的科学工具。

大脑与心智

科学之所以很难解开心智的奥秘，很大程度是因为缺少有效的工

第 21 章 重新认识自己：人类心智的奥秘

具。包括科学家在内，许多人都把心智与大脑混为一谈，但两者其实非常不同。大脑是由神经元、突触和生化物质组成的实体网络组织，心智则是痛苦、愉快、爱和愤怒等主观体验的流动。生物学家认为是大脑产生了心智，是数十亿神经元的生化反应产生了爱和痛苦之类的体验。但到目前为止，我们仍然完全无法解释心智是如何从大脑里出现的。为什么数十亿神经元以某种模式发射电子信号，我会感觉到疼痛，而以另一种模式发射，我会感觉到爱？对此我们毫无头绪。所以，就算心智确实是在大脑中出现，至少在目前，研究心智和研究大脑仍然完全是两回事。

依靠显微镜、脑部扫描仪和运算能力强大的计算机，大脑研究正突飞猛进。然而，利用这些设备我们并不能看到心智。这些设备能让我们监测大脑中的生化和电子活动，但无法让我们碰触到与这些活动相关的主观体验。时至 2018 年，我唯一能够直接接触的仍然只有自己的心智。如果想知道其他人有何体验，只能根据各种二手资料，但这其中会有各种局限和歪曲。

当然，我们可以收集关于许多人的二手资料，再用统计方法找出重复出现的模式。利用这些方法，心理学家和脑科学家不仅比过去更了解心智，而且改善甚至拯救了数百万人的生命。然而，光靠二手资料还是不能完成突破。科学上如果想研究某个特定现象，最好能够直接观察。比如，虽然人类学家大量使用二手数据，但如果真想了解萨摩亚（Samoa）文化，迟早还是得打包行李，亲自走一趟。

光是到了萨摩亚还不够。如果只是当背包客去萨摩亚旅行、写写博客，并不算是人类学科学研究，因为绝大多数背包客并不具备必要的研究工具，也未受过必要的研究训练。很多时候，他们的观察漫无章法，而且带有偏见。想成为值得信赖的人类学家，就得学习如何摆脱先入为主的想法和偏见，用系统的客观方式观察人类文化。这就是人类学专业要教的内容，也是拉近不同文化的距离，人类学家的角色会如此重要的原因。

然而，有关心智的科学研究很少遵照这种人类学的模式。人类学家常常是亲身前往遥远的岛屿和神秘的国度，再回来报告自己的访查结果；研究心智的学者却很少这样亲身前往心智的国度。原因在于，我们唯一能直接观察到的只有自己的心智。不带偏见地观察萨摩亚文化已经是件难事，想要客观观察自己的心智则更为困难。经过一个多世纪的努力，今日的人类学家已经拥有许多强大的研究程序，用来做到客观观察。但相较之下，研究心智的学者虽然也有许多工具可以用来收集和分析二手资料，但要直接观察人类的心智，根本就是隔靴搔痒。

我们既然没有直接观察心智的现代方法，不妨尝试一下前现代化文化发展出的一些工具。有些古代文化对于心智研究早有关注，而且依靠的不是二手数据，而是有系统地训练如何观察自己的心智。过去发展出的这些方法，现在都归在"冥想"这一大类。虽然现在讲到冥想，常常是与宗教和神秘主义有关，但原则上，冥想就是直接观察自己心智的另一种方法。确实，许多宗教都在广泛应用各种冥想的技巧，但并不代表冥想就一定与宗教有关。这就像许多宗教也会广泛读书，但并不代表读书就是一种宗教习俗。

几千年来，人类已经发展出几百种冥想技巧，原则和效果也各不相同。我自己只试过"内观"这一种，因此也只有资格谈谈这一种。和许多其他冥想技巧一样，内观据说也是由佛陀在古印度发现的。几个世纪以来，许多理论和故事都号称源自佛陀，但往往并无根据。即使不相信这些故事，也不影响冥想。教我内观的戈恩卡老师，走的就是非常实际的路线，他会不断告诉学生：观察心智的时候，必须抛开所有二手信息、宗教教条和哲学猜想，一心专注于自己的体验和真正遇到的各种现实。每天都有许多学生去找他，希望得到指引、得到问题的解答。他房间门口写着："不要讨论理论或哲学，请把问题集中

第 21 章　重新认识自己：人类心智的奥秘

在与你实际修行相关的事情上。"

所谓实际修行，就是要运用系统、持续及客观的方式，观察身体的感觉以及心智对这些感觉的反应，据此找出心智的基本模式。有些人会用冥想来追求幸福和狂喜之类的特殊体验。但事实上，意识是宇宙最大的谜团，就算是冷热或痒麻之类最一般的感觉，也和心醉神迷或宇宙合一之类的感觉同样神秘。内观禅修者都会被告诫，千万不要想追求什么特殊的体验，而是要专注于了解自己心智的真实状况，不论这个状况为何。

近年来，研究心智和大脑的学者对于冥想技巧越来越感兴趣，但多半只是间接使用这种工具。[2] 一般来说，科学家做研究的时候并不是自己冥想，而是请有经验的冥想者来到实验室，在他们的头上接上电极感应，再请他们开始冥想，科学家来观察冥想所产生的大脑活动。虽然这也能告诉我们许多关于大脑的有趣信息，但如果实验目标是要了解心智，就抓错了重点。这种做法，就像是想要通过观察石头来了解物质结构，一个人本来是用放大镜来观察，而你给他一台显微镜，并告诉他说："试试这个，可以让你看得更清楚。"他接过显微镜之后，拿起自己信赖已久的放大镜，开始仔细观察这台显微镜是由什么物质组成的。冥想就是一种工具，让你直接观察自己的心智，如果不是自己去冥想，而是观察别人冥想时的脑电活动，其实并没有真正发挥冥想的潜力。

当然，我绝不是在建议放弃现有的大脑研究工具和研究方法。冥想并不能代替这些工具，而是可以当作辅助工具。这有点像是工程师打算挖隧道打通一座大山，为什么只从一边挖呢？如果能同时从两边开挖，不是更好？如果大脑和心智确实同为一体，这两条隧道迟早都会连通。如果大脑和心智并非一体，那么我们更应该深入研究心智，而不是一心只研究大脑。

有些大学和实验室已经开始将冥想作为研究工具，而不只是大脑研究的观察对象。但这个过程才刚起步，其进展缓慢的原因之一就在于，它需要研究人员投入大量心力。认真的冥想需要严格的纪律，如果你想尝试客观地观察自己的感觉，就会立刻注意到原来心智是如此不受控制、没有耐心。即使你专注于观察某种相对明显的感觉（例如呼吸时气息进出鼻孔），常常也只能专注几秒，接着就会分心，心智开始游荡于各种念头、回忆和梦想之中。

显微镜失焦的时候，只要转动调节手柄，就能调整焦距。就算是调节手柄有问题，也能找技师来修理。但如果心智失焦，就没有这么简单的解决办法了。我们通常需要大量的训练，才能冷静下来，让心智集中，接着才能开始系统客观地观察自己。或许在未来，只要服用一颗药丸，我们就能立刻达到专注。然而，如果冥想的目的是探索心智，而不只是集中心智，选用这种快捷方式就可能适得其反。虽然药物可能让我们极为警醒和专注，但也会妨碍我们观察到心智完整的层面。毕竟就算在今天，看一部拍得好的惊悚片，也能让人轻松集中心智。但心智在这种时候就是专注在电影上，无法观察自己的状态。

然而，即使现在没有技术工具可以依赖，也不代表我们就该放弃研究心智。我们可以学学人类学家、动物学家和航天员。人类学家和动物学家会在遥远的岛屿待上好几年，面对各式各样的疾病和危险。航天员也得花费好几年来接受艰苦的训练，好为危险的太空探索做好准备。如果我们愿意为了解异国文化、未知物种和遥远的星球付出这么多的心力，或许为了了解心智，也该付出同等的心力。而且，在算法为我们做出所有决定之前，人类最好尽快了解自己的心智。

观察自己从来不是件简单的事，但随着时间的流逝，难度还可能越来越大。历史上，人类为自己创造了种种复杂的故事，我们认识真正的自己变得越来越难。这些故事的本意，是让许多人团结起来、集合力量、维持社会和谐。这些故事，满足了几十亿人的温饱，使他们不至于互相残杀。人类观察自己的时候，常常发现的就是这些现成的

第 21 章 重新认识自己：人类心智的奥秘

故事。过去会认为开放式、不预设答案的探寻实在过于危险，有可能让整个社会秩序崩塌。

但随着技术的进步，发生了两件事。第一，过去的燧石刀已经发展成现在的核武器，社会秩序崩塌的可能性更高。第二，过去洞穴里的壁画已经发展成现在的电视广播，要迷惑大众也变得更容易。在不远的未来，算法就可能为这一切发展画下句点，人类将再也无法观察到真正的自己，而是由算法为人类决定我们是谁、该知道关于自己的哪些事。

在未来几年或几十年内，我们还有选择。只要努力，我们还是能了解真正的自己是什么模样。但如果真要把握这个机会，最好从现在开始。

致谢

我要在此感谢所有帮助我写作，或是帮助我懂得取舍的人。

感谢米夏尔·沙维特（Michal Shavit），她是我在企鹅兰登书屋（Penguin Random House）的发行人，她最先提出了这本书的想法，也指引我完成了这个漫长的写作过程；也要感谢整个企鹅兰登书屋团队的努力和支持。

感谢戴维·米尔纳（David Milner），一如往常，他展现了绝佳的编辑功力。有时候，我只要想想他可能会怎么说，就会写得更加投入。

感谢苏珊娜·迪安（Suzanne Dean），她是我在企鹅兰登书屋的创意总监，也是本书书封设计的幕后天才。

感谢普里那·盖德赫（Preena Gadher）和 Riot Communications 公关公司的同事，策划了精彩的公关活动。

感谢 Spiegel & Grau 出版社的辛迪·施皮格尔（Cindy Spiegel），感谢她提供的意见，帮我处理北美洲的事情。

感谢全球各大洲（南极洲除外）出版本书的所有出版社，感谢它们的信任、用心和专业。

感谢我的研究助理伊詹·谢勒（Idan Sherer），他检查核对了从古代犹太教堂到人工智能的所有信息。

感谢什穆埃尔·罗斯纳（Shmuel Rosner）不断给我支持和好的建议。

感谢伊加尔·波罗乔夫斯基（Yigal Borochovsky）和萨莱伊·阿哈罗尼（Sarai Aharoni）阅读我的手稿，投入大量心力来纠正我的错误，为我注入了新的观点。

感谢丹尼·奥尔巴赫（Danny Orbach）、乌里·萨巴克（Uri Sabach）、约拉姆·尤瓦尔（Yoram Yovell）和罗恩·梅罗姆（Ron Merom），对神风特攻队、监视、心理学和算法提出了宝贵的见解。

感谢我投入的团队：伊多·阿亚尔（Ido Ayal）、玛雅·奥尔巴赫（Maya Orbach）、纳马·沃腾伯格（Naama Wartenburg）和艾罗娜·阿里尔（Eilona Ariel），他们花了好多天来处理我的电子邮件轰炸。

感谢我所有的朋友和家人，感谢他们的耐心和关爱。

感谢我的母亲普尼娜（Pnina）、岳母哈娜（Hannah），她们愿意花时间陪我。

感谢我的另一半兼经纪人伊茨克（Itzik），如果没有他，这一切都不可能成真。我只知道怎么写书，其他一切都是他的功劳。

最后，感谢我所有的读者，感谢你们愿意花时间，对我的书感兴趣，给出批评。如果一本书放在书架上没人去读，怎么可能产生影响力？

*

正如序里所指出的，这本书其实是在我与公众的对话过程中写成的，许多章节是针对读者、记者和同事提出的问题而撰写的。某些部分曾以论文或文章的形式发表过，这让我有机会听取意见、打磨观点。这些已经发表过的论文或文章包括：

'If We Know Meat Is Murder, Why Is It so Hard for us to Change and

Become Moral?', *Haaretz*, 21 June 2012.

'The Theatre of Terror', *Guardian*, 31 January 2015.

'Judaism Is Not a Major Player in the History of Humankind', *Haaretz*, 31 July 2016.

'Yuval Noah Harari on Big Data, Google and the End of Free Will', FT.com, 26 August 2016.

'Isis is as much an offshoot of our global civilisation as Google', *Guardian*, 9 September 2016.

'Salvation by Algorithm: God, Technology and New 21st Century Religion', *New Statesman*, 9 September 2016.

'Does Trump's Rise Mean Liberalism's End?', *New Yorker*, 7 October 2016.

'Yuval Noah Harari Challenges the Future According to Facebook', *Financial Times*, 23 March 2017.

'Humankind: The Post-Truth Species', Bloomberg.com, 13 April 2017.

'People Have Limited Knowledge. What's the Remedy? Nobody Knows', *New York Times*, 18 April 2017.

'The Meaning of Life in a World Without Work', *Guardian*, 8 May 2017.

'In Big Data vs. Bach, Computers Might Win', *Bloomberg View*, 13 May 2017.

'Are We About to Witness the Most Unequal Societies in History?', *Guardian*, 24 May 2017.

'Universal Basic Income is Neither Universal Nor Basic', *Bloomberg View*, 4 June 2017.

'Why It's No Longer Possible For Any Country to Win a War', Time.

com, 23 June 2017.

'The Age of Disorder: Why Technology is the Greatest Threat to Humankind', *New Statesman*, 25 July 2017.

'Reboot for the AI Revolution', *Nature News*, 17 October 2017.

注释

第 1 章

1. 参见小布什在 2005 年的就职演说，他表示："有鉴于各种事件和常理，让我们得出一个结论：自由要在我们国内得以存续，越来越有赖于其他地区的自由得以成功。要想追求世界和平，最可能达成的方式就是将自由传播到整个世界。" 'Bush Pledges to Spread Democracy', CNN, 20 January 2005, http://edition.cnn.com/2005/ALLPOLITICS/01/20/bush.speech/, accessed 7 January 2018. 参见奥巴马的最后一场联合国演讲：Katie Reilly, 'Read Barack Obama's Final Speech to the United Nations as President', *Time*, 20 September 2016, http://time.com/4501910/president-obama-united-nations-speech-transcript/, accessed 3 December 2017.

2. William Neikirk and David S.Cloud, 'Clinton: Abuses Put China "On Wrong Side of History"', *Chicago Tribune*, 30 October 1997, http://articles.chicagotribune.com/1997-10-30/news/9710300304_1_human-rights-jiang-zemin-chinese-leader, accessed 3 December 2017.

3. Eric Bradner, 'Hillary Clinton's Email Controversy, Explained', CNN, 28 October 2016, http://edition.cnn.com/2015/09/03/politics/hillary-clinton-email-controversy-explained-2016/index.html, accessed 3 December 2017.

4. Chris Graham and Robert Midgley, 'Mexico Border Wall: What is Donald Trump Planning, How Much Will It Cost and Who Will Pay for It?', *Telegraph*, 23 August 2017, http://www.telegraph.co.uk/news/0/mexico-border-wall-donald-trump-planning-much-will-cost-will/, accessed 3 December 2017; Michael Schuman, 'Is China Stealing Jobs? It May Be Losing Them, Instead', *New York Times*, 22 July 2016, https://www.nytimes.com/2016/07/23/business/international/china-jobs-donald-trump.html, accessed 3 December 2017.

5. 关于19世纪到20世纪初期的几个例子，参见：Evgeny Dobrenko and Eric Naiman (eds.), *The Landscape of Stalinism: The Art and Ideology of Soviet Space* (Seattle: University of Washington Press, 2003); W.L.Guttsman, *Art for the Workers: Ideology and the Visual Arts in Weimar Germany* (New York: Manchester University Press, 1997). 相关的讨论，参见：Nicholas John Cull, *Propaganda and Mass Persuasion: A Historical Encyclopedia, 1500 to the Present* (Santa Barbara: ABC-CLIO, 2003).
6. 相关论述请参见：Ishaan Tharoor, 'Brexit: A modern-day Peasants' Revolt?', *Washington Post*, 25 June 2016, https://www.washingtonpost.com/news/worldviews/wp/2016/06/25/the-brexit-a-modern-day-peasants-revolt/?utm_term=.9b8e81bd5306; John Curtice, 'US election 2016: The Trump–Brexit voter revolt', BBC, 11 November 2016, http://www.bbc.com/news/election-us-2016–37943072.
7. 如今，这种论述最有名的仍是：Francis Fukuyama, *The End of History and the Last Man* (London: Penguin, 1992).
8. Karen Dawisha, *Putin's Kleptocracy* (New York: Simon & Schuster, 2014); Timothy Snyder, *The Road to Unfreedom: Russia, Europe, America* (New York: Tim Duggan Books, 2018); Anne Garrels, *Putin Country: A Journey Into the Real Russia* (New York: Farrar, Straus & Giroux, 2016); Steven Lee Myers, *The New Tsar: The Rise and Reign of Vladimir Putin* (New York: Knopf Doubleday, 2016).
9. Credit Suisse, *Global Wealth Report 2015*, 53, https://publications.credit-suisse.com/tasks/render/file/?fileID=F2425415-DCA7-80B8-EAD989AF9341D47E, accessed 12 March 2018; Filip Novokmet, Thomas Piketty and Gabriel Zucman, 'From Soviets to Oligarchs: Inequality and Property in Russia 1905–2016', July 2017, *World Wealth and Income Database*, http://www.piketty.pse.ens.fr/files/NPZ2017WIDworld.pdf, accessed 12 March 2018; Shaun Walker, 'Unequal Russia', *Guardian*, 25 April 2017, https://www.theguardian.com/inequality/2017/apr/25/unequal-russia-is-anger-stirring-in-the-global-capital-of-inequality, accessed 12 March 2018.
10. Ayelet Shani, 'The Israelis Who Take Rebuilding the Third Temple Very Seriously', *Haaretz*, 10 August 2017, https://www.haaretz.com/israel-news/.premium-1.805977, accessed January 2018; 'Israeli Minister: We Should Rebuild Jerusalem Temple', *Israel Today*, 7 July 2013, http://www.israeltoday.co.il/Default.aspx?tabid=178&nid=23964, accessed 7 January 2018; Yuri Yanover, 'Dep.Minister Hotovely: The Solution Is Greater Israel without Gaza', *Jewish Press*, 25 August 2013, http://www.jewishpress.com/news/breaking-news/dep-minister-hotovely-the-solution-is-greater-israel-without-gaza/2013/08/25/, accessed 7 January 2018; 'Israeli Minister: The Bible Says West Bank Is Ours', Al Jazeera, 24 February 2017, http://www.aljazeera.com/programmes/

upfront/2017/02/israeli-minister-bible-west-bank-170224082827910.html, accessed 29 January 2018.
11. Katie Reilly, 'Read Barack Obama's Final Speech to the United Nations as President', *Time*, 20 September 2016, http://time.com/4501910/president-obama-united-nations-speech-transcript/, accessed 3 December 2017.

第 2 章

1. Gregory R.Woirol, *The Technological Unemployment and Structural Unemployment Debates* (Westport: Greenwood Press, 1996), 18–20; Amy Sue Bix, *Inventing Ourselves out of Jobs? America's Debate over Technological Unemployment, 1929–1981* (Baltimore: Johns Hopkins University Press, 2000), 1–8; Joel Mokyr, Chris Vickers and Nicolas L.Ziebarth, 'The History of Technological Anxiety and the Future of Economic Growth: Is This Time Different?', *Journal of Economic Perspectives* 29:3 (2015), 33–42; Joe Mokyr, *The Gifts of Athena: Historical Origins of the Knowledge Economy* (Princeton: Princeton University Press, 2002), 255–7; David H.Autor, 'Why Are There Still So Many Jobs? The History and the Future of Workplace Automation', *Journal of Economic Perspectives* 29:3 (2015), 3–30; Melanie Arntz, Terry Gregory and Ulrich Zierahn, 'The Risk of Automation for Jobs in OECD Countries', *OECD Social, Employment and Migration Working Papers* 89 (2016); Mariacristina Piva and Marco Vivarelli, 'Technological Change and Employment: Were Ricardo and Marx Right?', *IZA Institute of Labor Economics, Discussion Paper No.10471* (2017).
2. 举例来说，人工智能已在飞行特别是空中战斗中胜过人类：Nicholas Ernest et al., 'Genetic Fuzzy based Artificial Intelligence for Unmanned Combat Aerial Vehicle Control in Simulated Air Combat Missions', *Journal of Defense Management* 6:1 (2016), 1–7; intelligent tutoring and teaching systems: Kurt VanLehn, 'The Relative Effectiveness of Human Tutoring, Intelligent Tutoring Systems, and Other Tutoring Systems', *Educational Psychologist* 46:4 (2011), 197–221; algorithmic trading: Giuseppe Nuti et al., 'Algorithmic Trading', *Computer* 44:11 (2011), 61–9; financial planning, portfolio management etc.: Arash Baharammirzaee, 'A comparative Survey of Artificial Intelligence Applications in Finance: Artificial Neural Networks, Expert System and Hybrid Intelligent Systems', *Neural Computing and Applications* 19:8 (2010), 1165–95; analysis of complex data in medical systems and production of diagnosis and treatment: Marjorie Glass Zauderer et al., 'Piloting IBM Watson Oncology within Memorial Sloan Kettering's Regional Network', *Journal of Clinical Oncology* 32:15 (2014), e17653; creation of original texts in natural language from massive amount of data: Jean-Sébastien Vayre et al., 'Communication Mediated through

Natural Language Generation in Big Data Environments: The Case of Nomao', *Journal of Computer and Communication* 5 (2017), 125–48; facial recognition: Florian Schroff, Dmitry Kalenichenko and James Philbin, 'FaceNet: A Unified Embedding for Face Recognition and Clustering', *IEEE Conference on Computer Vision and Pattern Recognition (CVPR)* (2015), 815–23; and driving: Cristiano Premebida, 'A Lidar and Vision-based Approach for Pedestrian and Vehicle Detection and Tracking', *2007 IEEE Intelligent Transportation Systems Conference* (2007).

3. Daniel Kahneman, Thinking, Fast and Slow (New York: Farrar, Straus & Giroux, 2011); Dan Ariely, *Predictably Irrational* (New York: Harper, 2009); Brian D.Ripley, *Pattern Recognition and Neural Networks* (Cambridge: Cambridge University Press, 2007); Christopher M.Bishop, *Pattern Recognition and Machine Learning* (New York: Springer, 2007).

4. Seyed Azimi et al., 'Vehicular Networks for Collision Avoidance at Intersections,' *SAE International Journal of Passenger Cars – Mechanical Systems* 4 (2011), 406–16; Swarun Kumar et al., 'CarSpeak: A Content-Centric Network for Autonomous Driving', *SIGCOM Computer Communication Review* 42 (2012), 259–70; Mihail L.Sichitiu and Maria Kihl, 'Inter-Vehicle Communication Systems: A Survey', *IEEE Communications Surveys & Tutorials* (2008), 10; Mario Gerla, Eun-Kyu Lee and Giovanni Pau, 'Internet of Vehicles: From Intelligent Grid to Autonomous Cars and Vehicular Clouds', *2014 IEEE World Forum on Internet of Things (WF-IoT)* (2014), 241–6.

5. World Health Organization, *Global status report on road safety 2015* (2016); 'Estimates for 2000–2015, Cause-Specific Mortality', http://www.who.int/healthinfo/global_burden_disease/estimates/en/index1.html, accessed 6 September 2017.

6. 关于美国车祸的原因调查，参见：Daniel J.Fagnant and Kara Kockelman, 'Preparing a Nation for Autonomous Vehicles: Opportunities, Barriers and Policy Recommendations', *Transportation Research Part A: Policy and Practice* 77 (2015), 167–81；全世界大致情况的调查，参见：*OECD/ITF, Road Safety Annual Report 2016* (Paris: OECD Publishing, 2016), http://dx.doi.org/10.1787/irtad-2016-en.

7. Kristofer D.Kusano and Hampton C.Gabler, 'Safety Benefits of Forward Collision Warning, Brake Assist, and Autonomous Braking Systems in Rear-End Collisions', *IEEE Transactions on Intelligent Transportation Systems* 13:4 (2012), 1546–55; James M.Anderson et al., *Autonomous Vehicle Technology: A Guide for Policymakers* (Santa Monica: RAND Corporation, 2014), esp.13–15; Daniel J.Fagnant and Kara Kockelman, 'Preparing a Nation for Autonomous Vehicles: Opportunities, Barriers and Policy Recommendations', *Transportation Research Part A: Policy and Practice* 77 (2015), 167–81; Jean-

注释

Francois Bonnefon, Azim Shariff and Iyad Rahwan, 'Autonomous Vehicles Need Experimental Ethics: Are We Ready for Utilitarian Cars?', *arXiv* (2015), 1–15. 关于车辆如何建立车际网络以避免车祸，参见：Seyed R.Azimi et al., 'Vehicular Networks for Collision Avoidance at Intersections', *SAE International Journal of Passenger Cars – Mechanical Systems* 4:1 (2011), 406–16; Swarun Kumar et al., 'CarSpeak: A Content-Centric Network for Autonomous Driving', *SIGCOM Computer Communication Review* 42:4 (2012), 259–70; Mihail L.Sichitiu and Maria Kihl, 'Inter-Vehicle Communication Systems: A Survey', *IEEE Communications Surveys & Tutorials* 10:2 (2008); Mario Gerla et al., 'Internet of Vehicles: From Intelligent Grid to Autonomous Cars and Vehicular Clouds', *2014 IEEE World Forum on Internet of Things (WF-IoT)* (2014), 241–6.

8. Michael Chui, James Manyika and Mehdi Miremadi, 'Where Machines Could Replace Humans – and Where They Can't (Yet)', *McKinsey Quarterly* (2016), http://www.mckinsey.com/business-functions/digital-mckinsey/our-insights/where-machines-could-replace-humans-and-where-they-cant-yet, accessed 1 March 2018.

9. Wu Youyou, Michal Kosinski and David Stillwell, 'Computer-based personality judgments are more accurate than those made by humans', *PANS*, vol.112 (2014), 1036–8.

10. Stuart Dredge, 'AI and music: will we be slaves to the algorithm?' *Guardian*, 6 August 2017, https://www.theguardian.com/technology/2017/aug/06/artificial-intelligence-and-will-we-be-slaves-to-the-algorithm, accessed 15 October 2017. 关于这些方法的综览，参见：Jose David Fernández and Francisco Vico, 'AI Methods in Algorithmic Composition: A Comprehensive Survey', *Journal of Artificial Intelligence Research* 48 (2013), 513–82.

11. Eric Topol, *The Patient Will See You Now: The Future of Medicine is in Your Hands* (New York: Basic Books, 2015); Robert Wachter, *The Digital Doctor: Hope, Hype and Harm at the Dawn of Medicine's Computer Age* (New York: McGraw-Hill Education, 2015); Simon Parkin, 'The Artificially Intelligent Doctor Will Hear You Now', *MIT Technology Review* (2016), https://www.technologyreview.com/s/600868/the-artificially-intelligent-doctor-will-hear-you-now/; James Gallagher, 'Artificial intelligence "as good as cancer doctors"', BBC, 26 January 2017, http://www.bbc.com/news/health-38717928.

12. Kate Brannen, 'Air Force's lack of drone pilots reaching "crisis" levels', *Foreign Policy*, 15 January 2015, http://foreignpolicy.com/2015/01/15/air-forces-lack-of-drone-pilots-reaching-crisis-levels/.

13. Tyler Cowen, *Average is Over: Powering America Beyond the Age of the Great Stagnation* (New York: Dutton, 2013); Brad Bush, 'How combined human and computer intelligence will redefine jobs', *TechCrunch* (2016), https://techcrunch.com/2016/11/01/how-combined-human-and-computer-intelligence-will-redefine-

jobs/.

14. Lawrence F.Katz and Alan B.Krueger, 'The Rise and Nature of Alternative Work Arrangements in the United States, 1995–2015', *National Bureau of Economic Research* (2016); Peter H.Cappelli and J.R.Keller, 'A Study of the Extent and Potential Causes of Alternative Employment Arrangements', *ILR Review* 66:4 (2013), 874–901; Gretchen M.Spreitzer, Lindsey Cameron and Lyndon Garrett, 'Alternative Work Arrangements: Two Images of the New World of Work', *Annual Review of Organizational Psychology and Organizational Behavior* 4 (2017), 473–99; Sarah A.Donovan, David H.Bradley and Jon O.Shimabukuru, 'What Does the Gig Economy Mean for Workers?', Washington DC: Congressional Research Service (2016), https://fas.org/sgp/crs/misc/R44365.pdf, accessed 11 February 2018; 'More Workers Are in Alternative Employment Arrangements', Pew Research Center, 28 September 2016, http://www.pewsocialtrends.org/2016/10/06/the-state-of-american-jobs/st_2016-10-06_jobs-26/, accessed 11 February 2018.

15. David Ferrucci et al., 'Watson: Beyond *Jeopardy!*', *Artificial Intelligence* 199–200 (2013), 93–105.

16. 'Google's AlphaZero Destroys Stockfish in 100-Game Match', Chess.com, 6 December 2017, https://www.chess.com/news/view/google-s-alphazero-destroys-stockfish-in-100-game-match, accessed 11 February 2018; David Silver et al., 'Mastering Chess and Shogi by Self-Play with a General Reinforcement Learning Algorithm', *arXiv* (2017), https://arxiv.org/pdf/1712.01815.pdf, accessed 2 February 2018; see also Sarah Knapton, 'Entire Human Chess Knowledge Learned and Surpassed by DeepMind's AlphaZero in Four Hours', *Telegraph*, 6 December 2017, http://www.telegraph.co.uk/science/2017/12/06/entire-human-chess-knowledge-learned-surpassed-deepminds-alphazero/, accessed 11 February 2018.

17. Cowen, *Average is Over*, op.cit.; Tyler Cowen, 'What are humans still good for? The turning point in freestyle chess may be approaching' (2013), http://marginalrevolution.com/marginalrevolution/2013/11/what-are-humans-still-good-for-the-turning-point-in-freestyle-chess-may-be-approaching.html.

18. Maddalaine Ansell, 'Jobs for Life Are a Thing of the Past.Bring On Lifelong Learning', *Guardian*, 31 May 2016, https://www.theguardian.com/higher-education-network/2016/may/31/jobs-for-life-are-a-thing-of-the-past-bring-on-lifelong-learning.

19. Alex Williams, 'Prozac Nation Is Now the United States of Xanax', *New York Times*, 10 June 2017, https://www.nytimes.com/2017/06/10/style/anxiety-is-the-new-depression-xanax.html.

20. Simon Rippon, 'Imposing Options on People in Poverty: The Harm of a Live Donor Organ Market', *Journal of Medical Ethics* 40 (2014), 145–50; I.Glenn

Cohen, 'Regulating the Organ Market: Normative Foundations for Market Regulation', *Law and Contemporary Problems* 77 (2014); Alexandra K.Glazier, 'The Principles of Gift Law and the Regulation of Organ Donation', *Transplant International* 24 (2011), 368–72; Megan McAndrews and Walter E.Block, 'Legalizing Saving Lives: A Proposition for the Organ Market', *Insights to A Changing World Journal 2015*, 1–17.

21. James J.Hughes, 'A Strategic Opening for a Basic Income Guarantee in the Global Crisis Being Created by AI, Robots, Desktop Manufacturing and BioMedicine', *Journal of Evolution & Technology* 24 (2014), 45–61; Alan Cottey, 'Technologies, Culture, Work, Basic Income and Maximum Income', *AI & Society* 29 (2014), 249–57.

22. Jon Henley, 'Finland Trials Basic Income for Unemployed,' *Guardian*, 3 January 2017, https://www.theguardian.com/world/2017/jan/03/finland-trials-basic-income-for-unemployed, accessed 1 March 2018.

23. 'Swiss Voters Reject Proposal to Give Basic Income to Every Adult and Child', *Guardian*, 5 June 2017, https://www.theguardian.com/world/2016/jun/05/swiss-vote-give-basic-income-every-adult-child-marxist-dream.

24. Isabel Hunter, 'Crammed into squalid factories to produce clothes for the West on just 20p a day, the children forced to work in horrific unregulated workshops of Bangladesh', *Daily Mail*, 1 December 2015, http://www.dailymail.co.uk/news/article-3339578/Crammed-squalid-factories-produce-clothes-West-just-20p-day-children-forced-work-horrific-unregulated-workshops-Bangladesh.html, accessed 15 October 2017; Chris Walker and Morgan Hartley, 'The Culture Shock of India's Call Centers', *Forbes*, 16 December 2012, https://www.forbes.com/sites/morganhartley/2012/12/16/the-culture-shock-of-indias-call-centres/#17bb61d372f5, accessed 15 October 2017.

25. Lauren Gambini, 'Trump Pans Immigration Proposal as Bringing People from "Shithole Countries"', *Guardian*, 12 January 2018, https://www.theguardian.com/us-news/2018/jan/11/trump-pans-immigration-proposal-as-bringing-people-from-shithole-countries, accessed 11 February 2018.

26. 环境整体改善时，相对的不平等也可能加剧，此种论点参见：Thomas Piketty, *Capital in the Twenty-First Century* (Cambridge, MA: Harvard University Press, 2013).

27. '2017 Statistical Report on Ultra-Orthodox Society in Israel', *Israel Democracy Institute and Jerusalem Institute for Israel Studies* (2017), https://en.idi.org.il/articles/20439, accessed 1 January 2018; Melanie Lidman, 'As ultra-Orthodox women bring home the bacon, don't say the F-word', *Times of Israel*, 1 January 2016, https://www.timesofisrael.com/as-ultra-Orthodox-women-bring-home-the-bacon-dont-say-the-f-word/, accessed 15 October 2017.

28. Melanie Lidman, 'As ultra-Orthodox women bring home the bacon, don't say

the F-word', *Times of Israel*, 1 January 2016, https://www.timesofisrael.com/as-ultra-Orthodox-women-bring-home-the-bacon-dont-say-the-f-word/, accessed 15 October 2017; 'Statistical Report on Ultra-Orthodox Society in Israel', *Israel Democracy Institute and Jerusalem Institute for Israel Studies* 18 (2016), https://en.idi.org.il/media/4240/shnaton-e_8-9-16_web.pdf, accessed 15 October 2017. 在经济合作与发展组织（OECD）最近调查的38个经济体中，以色列的快乐指数排名第11，参见：'Life Satisfaction', *OECD Better Life Index*, http://www.oecdbetterlifeindex.org/topics/life-satisfaction/, accessed 15 October 2017.

29. '2017 Statistical Report on Ultra-Orthodox Society in Israel', *Israel Democracy Institute and Jerusalem Institute for Israel Studies* (2017), https://en.idi.org.il/articles/20439, accessed 1 January 2018.

第3章

1. Margaret Thatcher, 'Interview for *Woman's Own* ("no such thing as society")', Margaret Thatcher Foundation, 23 September 1987, https://www.margaretthatcher.org/document/106689, accessed 7 January 2018.
2. Keith Stanovich, *Who Is Rational? Studies of Individual Differences in Reasoning* (New York: Psychology Press, 1999).
3. Richard Dawkins, 'Richard Dawkins: We Need a New Party – the European Party', *NewStatesman*, 29 March 2017, https://www.newstatesman.com/politics/uk/2017/03/richard-dawkins-we-need-new-party-european-party, accessed 1 March 2018.
4. Steven Swinford, 'Boris Johnson's allies accuse Michael Gove of "systematic and calculated plot" to destroy his leadership hopes', *Telegraph*, 30 June 2016, http://www.telegraph.co.uk/news/2016/06/30/boris-johnsons-allies-accuse-michael-gove-of-systematic-and-calc/, accessed 3 September 2017; Rowena Mason and Heather Stewart, 'Gove's thunderbolt and Boris's breaking point: a shocking Tory morning', *Guardian*, 30 June 2016, https://www.theguardian.com/politics/2016/jun/30/goves-thunderbolt-boris-johnson-tory-morning, accessed 3 September 2017.
5. James Tapsfield, 'Gove presents himself as the integrity candidate for Downing Street job but sticks the knife into Boris AGAIN', *Daily Mail*, 1 July 2016, http://www.dailymail.co.uk/news/article-3669702/I-m-not-great-heart-s-right-place-Gove-makes-bizarre-pitch-Downing-Street-admitting-no-charisma-doesn-t-really-want-job.html, accessed 3 September 2017.
6. 2017年，斯坦福大学研究团队推出一项算法，声称只要分析几张你的面部照片，就能够判断你是同性恋还是异性恋，准确率达91%（https://osf.io/zn79k/）。然而，因为这项算法的研发基础是使用网民上传至交友网站的自选相片，有可能反映出来的只是不同文化的理想有何差异。也就是说，并

注释

不是同性恋的面部特征真的和异性恋有所不同，只是男同性恋把照片上传到男同性恋交友网站时，心中想符合的那套理想标准并不同于异性恋男性把照片上传到异性恋交友网站想符合的理想标准罢了。

7. David Chan, 'So Why Ask Me? Are Self-Report Data Really That Bad?' in Charles E.Lance and Robert J.Vandenberg (eds.), *Statistical and Methodological Myths and Urban Legends* (New York, London: Routledge, 2009), 309–36; Delroy L.Paulhus and Simine Vazire, 'The Self-Report Method' in Richard W.Robins, R.Chris Farley and Robert F.Krueger (eds.), *Handbook of Research Methods in Personality Psychology* (London, New York: The Guilford Press, 2007), 228–33.

8. Elizabeth Dwoskin and Evelyn M.Rusli, 'The Technology that Unmasks Your Hidden Emotions', *Wall Street Journal*, 28 January 2015, https://www.wsj.com/articles/startups-see-your-face-unmask-your-emotions-1422472398, accessed 6 September 2017.

9. Norberto Andrade, 'Computers Are Getting Better Than Humans at Facial Recognition', *Atlantic*, 9 June 2014, https://www.theatlantic.com/technology/archive/2014/06/bad-news-computers-are-getting-better-than-we-are-at-facial-recognition/372377/, accessed 10 December 2017; Elizabeth Dwoskin and Evelyn M.Rusli, 'The Technology That Unmasks Your Hidden Emotions', *Wall Street Journal*, 28 June 2015, https://www.wsj.com/articles/startups-see-your-face-unmask-your-emotions-1422472398, accessed 10 December 2017; Sophie K.Scott, Nadine Lavan, Sinead Chen and Carolyn McGettigan, 'The Social Life of Laughter', *Trends in Cognitive Sciences* 18:12 (2014), 618–20.

10. Daniel First, 'Will big data algorithms dismantle the foundations of liberalism?', *AI & Soc*, 10.1007/s00146-017-0733-4.

11. Carole Cadwalladr, 'Google, Democracy and the Truth about Internet Search', *Guardian*, 4 December 2016, https://www.theguardian.com/technology/2016/dec/04/google-democracy-truth-internet-search-facebook, accessed 6 September 2017.

12. Jeff Freak and Shannon Holloway, 'How Not to Get to Straddie', *Red Land City Bulletin*, 15 March 2012, http://www.redlandcitybulletin.com.au/story/104929/how-not-to-get-to-straddie/, accessed 1 March 2018.

13. Michelle McQuigge, 'Woman Follows GPS; Ends Up in Ontario Lake', *Toronto Sun*, 13 May 2016, http://torontosun.com/2016/05/13/woman-follows-gps-ends-up-in-ontario-lake/wcm/fddda6d6-6b6e-41c7-88e8-aecc501faaa5, accessed 1 March 2018; 'Woman Follows GPS into Lake', News.com.au, 16 May 2016, http://www.news.com.au/technology/gadgets/woman-follows-gps-into-lake/news-story/a7d362dfc4634fd094651afc63f853a1, accessed 1 March 2018.

14. Henry Grabar, 'Navigation Apps Are Killing Our Sense of Direction.What if They Could Help Us Remember Places Instead?' *Slate*, http://www.slate.com/

blogs/moneybox/2017/07/10/google_and_waze_are_killing_out_sense_of_direction_what_if_they_could_help.html, accessed 6 September 2017.

15. Jean-Francois Bonnefon, Azim Shariff and Iyad Rawhan, 'The Social Dilemma of Autonomous Vehicles', *Science* 352:6293 (2016), 1573–6.
16. Christopher W.Bauman et al., 'Revisiting External Validity: Concerns about Trolley Problems and Other Sacrificial Dilemmas in Moral Psychology', *Social and Personality Psychology Compass* 8:9 (2014), 536–54.
17. John M.Darley and Daniel C.Batson, '"From Jerusalem to Jericho": A Study of Situational and Dispositional Variables in Helping Behavior', *Journal of Personality and Social Psychology* 27:1 (1973), 100–8.
18. Kristofer D.Kusano and Hampton C.Gabler, 'Safety Benefits of Forward Collision Warning, Brake Assist, and Autonomous Braking Systems in Rear-End Collisions', *IEEE Transactions on Intelligent Transportation Systems* 13:4 (2012), 1546–55; James M.Anderson et al., *Autonomous Vehicle Technology: A Guide for Policymakers* (Santa Monica: RAND Corporation, 2014), esp.13–15; Daniel J.Fagnant and Kara Kockelman, 'Preparing a Nation for Autonomous Vehicles: Opportunities, Barriers and Policy Recommendations', *Transportation Research Part A: Policy and Practice* 77 (2015), 167–81.
19. Tim Adams, 'Job Hunting Is a Matter of Big Data, Not How You Perform at an Interview', *Guardian*, 10 May 2014, https://www.theguardian.com/technology/2014/may/10/job-hunting-big-data-interview-algorithms-employees, accessed 6 September 2017.
20. 对此有一场精彩的讨论，参见：Cathy O'Neil, *Weapons of Math Destruction: How Big Data Increases Inequality and Threatens Democracy* (New York: Crown, 2016)。只要有兴趣了解算法对社会和政治的可能影响，真的不能错过这本著作。
21. Bonnefon, Shariff and Rawhan, 'Social Dilemma of Autonomous Vehicles'.
22. Vincent C.Müller and Thomas W.Simpson, 'Autonomous Killer Robots Are Probably Good News', University of Oxford, Blavatnik School of Government Policy Memo, November 2014; Ronald Arkin, *Governing Lethal Behaviour: Embedding Ethics in a Hybrid Deliberative/Reactive Robot Architecture*, Georgia Institute of Technology, Mobile Robot Lab, 2007, 1–13.
23. Bernd Greiner, *War without Fronts: The USA in Vietnam*, trans.Anne Wyburd and Victoria Fern (Cambridge, MA: Harvard University Press, 2009), 16. 关于当时士兵的情绪状况，可参见：Herbert Kelman and V.Lee Hamilton, 'The My Lai Massacre: A Military Crime of Obedience' in Jodi O'Brien and David M.Newman (eds.), *Sociology: Exploring the Architecture of Everyday Life Reading* (Los Angeles: Pine Forge Press, 2010), 13–25.
24. Robert J.Donia, *Radovan Karadzic: Architect of the Bosnian Genocide* (Cambridge: Cambridge University Press, 2015). 同时参见：Isabella Delpla,

Xavier Bougarel and Jean-Louis Fournel, *Investigating Srebrenica: Institutions, Facts, and Responsibilities* (New York, Oxford: Berghahn Books, 2012).

25. Noel E.Sharkey, 'The Evitability of Autonomous Robot Warfare', *International Rev.Red Cross* 94 (886) 2012, 787–99.

26. Ben Schiller, 'Algorithms Control Our Lives: Are They Benevolent Rulers or Evil Dictators?', *Fast Company*, 21 February 2017, https://www.fastcompany.com/3068167/algorithms-control-our-lives-are-they-benevolent-rulers-or-evil-dictators, accessed 17 September 2017.

27. Elia Zureik, David Lyon and Yasmeen Abu-Laban (eds.), *Surveillance and Control in Israel/Palestine: Population, Territory and Power* (London: Routledge, 2011); Elia Zureik, *Israel's Colonial Project in Palestine* (London: Routledge, 2015); Torin Monahan (ed.), *Surveillance and Security: Technological Politics and Power in Everyday Life* (London: Routledge, 2006); Nadera Shalhoub-Kevorkian, 'E-Resistance and Technological In/Security in Everday Life: The Palestinian case', *British Journal of Criminology*, 52:1 (2012), 55–72; Or Hirschauge and Hagar Sheizaf, 'Targeted Prevention: Exposing the New System for Dealing with Individual Terrorism', *Haaretz*, 26 May 2017, https://www.haaretz.co.il/magazine/.premium-1.4124379, accessed 17 September 2017; Amos Harel, 'The IDF Accelerates the Crisscrossing of the West Bank with Cameras and Plans to Surveille all Junctions', *Haaretz*, 18 June 2017, https://www.haaretz.co.il/news/politics/.premium-1.4179886, accessed 17 September 2017; Neta Alexander, 'This is How Israel Controls the Digital and Cellular Space in the Territories', 31 March 2016, https://www.haaretz.co.il/magazine/.premium-MAGAZINE-1.2899665, accessed 12 January 2018; Amos Harel, 'Israel Arrested Hundreds of Palestinians as Suspected Terrorists Due to Publications on the Internet', Haaretz, 16 April 2017, https://www.haaretz.co.il/news/politics/.premium-1.4024578, accessed 15 January 2018; Alex Fishman, 'The Argaman Era', *Yediot Aharonot, Weekend Supplement*, 28 April 2017, 6.

28. Yotam Berger, 'Police Arrested a Palestinian Based on an Erroneous Translation of "Good Morning" in His Facebook Page', *Haaretz*, 22 October 2017, https://www.haaretz.co.il/.premium-1.4528980, accessed 12 January 2018.

29. William Beik, *Louis XIV and Absolutism: A Brief Study with Documents* (Boston, MA: Bedford/St Martin's, 2000).

30. O'Neil, *Weapons of Math Destruction*, op.cit.; Penny Crosman, 'Can AI Be Programmed to Make Fair Lending Decisions?', *American Banker*, 27 September 2016, https://www.americanbanker.com/news/can-ai-be-programmed-to-make-fair-lending-decisions, accessed 17 September 2017.

31. Matt Reynolds, 'Bias Test to Prevent Algorithms Discriminating Unfairly', New Scientist, 29 May 2017, https://www.newscientist.com/article/mg23431195-300-bias-test-to-prevent-algorithms-discriminating-unfairly/, accessed 17 September

2017; Claire Cain Miller, 'When Algorithms Discriminate', *New York Times*, 9 July 2015, https://www.nytimes.com/2015/07/10/upshot/when-algorithms-discriminate.html, accessed 17 September 2017; Hannah Devlin, 'Discrimination by Algorithm: Scientists Devise Test to Detect AI Bias', *Guardian*, 19 December 2016, https://www.theguardian.com/technology/2016/dec/19/discrimination-by-algorithm-scientists-devise-test-to-detect-ai-bias, accessed 17 September 2017.
32. Snyder, *The Road to Unfreedom*, op.cit.
33. Anna Lisa Peterson, *Being Animal: Beasts and Boundaries in Nature Ethics* (New York: Columbia University Press, 2013), 100.

第 4 章

1. 'Richest 1 Percent Bagged 82 Percent of Wealth Created Last Year – Poorest Half of Humanity Got Nothing', *Oxfam*, 22 January 2018, https://www.oxfam.org/en/pressroom/pressreleases/2018-01-22/richest-1-percent-bagged-82-percent-wealth-created-last-year, accessed 28 February 2018; Josh Lowe, 'The 1 Percent Now Have Half the World's Wealth', *Newsweek*, 14 November 2017, http://www.newsweek.com/1-wealth-money-half-world-global-710714, accessed 28 February 2018; Adam Withnall, 'All the World's Most Unequal Countries Revealed in One Chart', *Independent*, 23 November 2016, http://www.independent.co.uk/news/world/politics/credit-suisse-global-wealth-world-most-unequal-countries-revealed-a7434431.html, accessed 11 March 2018.
2. Tim Wu, *The Attention Merchants* (New York: Alfred A.Knopf, 2016).
3. Dan Bates, 'YouTube Is Losing Money Even Though It Has More Than 1 Billion Viewers', *Daily Mail*, 26 February 2015, http://www.dailymail.co.uk/news/article-2970777/YouTube-roughly-breaking-nine-years-purchased-Google-billion-viewers.html, accessed 19 October 2017; Olivia Solon, 'Google's Bad Week: YouTube Loses Millions As Advertising Row Reaches US', *Guardian*, 25 March 2017, https://www.theguardian.com/technology/2017/mar/25/google-youtube-advertising-extremist-content-att-verizon, accessed 19 October 2017; Seth Fiegerman, 'Twitter Is Now Losing Users in the US', CNN, 27 July 2017, http://money.cnn.com/2017/07/27/technology/business/twitter-earnings/index.html, accessed 19 October 2017.

第 5 章

1. Mark Zuckerberg, 'Building Global Community', 16 February 2017, https://www.facebook.com/notes/mark-zuckerberg/building-global-community/10154544292806634/, accessed 20 August 2017.
2. John Shinal, 'Mark Zuckerberg: Facebook can play a role that churches and Little

League once filled', CNBC, 26 June 2017, https://www.cnbc.com/2017/06/26/mark-zuckerberg-compares-facebook-to-church-little-league.html, accessed 20 August 2017.

3. http://www.cnbc.com/2017/06/26/mark-zuckerberg-compares-facebook-to-church-little-league.html; http://www.cnbc.com/2017/06/22/facebook-has-a-new-mission-following-fake-news-crisis-zuckerberg-says.html.
4. Robin Dunbar, *Grooming, Gossip, and the Evolution of Language* (Cambridge, MA: Harvard University Press, 1998).
5. 例如，参见：Pankaj Mishra, *Age of Anger: A History of the Present* (London: Penguin, 2017).
6. 大致的调查与评论可参见：Derek Y.Darves and Michael C.Dreiling, *Agents of Neoliberal Globalization: Corporate Networks, State Structures and Trade Policy* (Cambridge: Cambridge University Press, 2016).
7. Lisa Eadicicco, 'Americans Check Their Phones 8 Billion Times a Day', *Time*, 15 December 2015, http://time.com/4147614/smartphone-usage-us-2015/, accessed 20 August 2017; Julie Beck, 'Ignoring People for Phones Is the New Normal', *Atlantic*, 14 June 2016, https://www.theatlantic.com/technology/archive/2016/06/ignoring-people-for-phones-is-the-new-normal-phubbing-study/486845/, accessed 20 August 2017.
8. Zuckerberg, 'Building Global Community', op.cit.
9. *Time Well Spent*, http://www.timewellspent.io/, accessed September 3, 2017.
10. Zuckerberg, 'Building Global Community', op.cit.
11. https://www.theguardian.com/technology/2017/oct/04/facebook-uk-corporation-tax-profit; https://www.theguardian.com/business/2017/sep/21/tech-firms-tax-eu-turnover-google-amazon-apple; http://www.wired.co.uk/article/facebook-apple-tax-loopholes-deals.

第 6 章

1. Samuel P.Huntington, *The Clash of Civilizations and the Remaking of World Order* (New York: Simon & Schuster, 1996); David Lauter and Brian Bennett, 'Trump Frames Anti-Terrorism Fight As a Clash of Civilizations, Defending Western Culture against Enemies', *Los Angeles Times*, 6 July 2017, http://www.latimes.com/politics/la-na-pol-trump-clash-20170706–story.html, accessed 29 January 2018.Naomi O'Leary, 'The Man Who Invented Trumpism: Geery Wilders' Radical Path to the Pinnacle of Dutch Politics', *Politico*, 23 February 2017, https://www.politico.eu/article/the-man-who-invented-trumpism-geert-wilders-netherlands-pvv-vvd-populist/, accessed 31 January 2018.
2. Pankaj Mishra, *From the Ruins of Empire: The Revolt Against the West and the Remaking of Asia* (London: Penguin, 2013); Mishra, *Age of Anger*, op.cit.;

Christopher de Bellaigue, *The Muslim Enlightenment: The Modern Struggle Between Faith and Reason* (London: The Bodley Head, 2017).

3. 'Treaty Establishing A Constitution for Europe', European Union, https://europa.eu/european-union/sites/europaeu/files/docs/body/treaty_establishing_a_constitution_for_europe_en.pdf, accessed 18 October 2017.

4. Phoebe Greenwood, 'Jerusalem Mayor Battles Ultra-Orthodox Groups over Women-Free Billboards', *Guardian*, 15 November 2011, https://www.theguardian.com/world/2011/nov/15/jerusalem-mayor-battle-orthodox-billboards, accessed 7 January 2018.

5. http://nypost.com/2015/10/01/orthodox-publications-wont-show-hillary-clintons-photo/

6. Simon Schama, *The Story of the Jews: Finding the Words 1000 BC – 1492 AD* (New York: Ecco, 2014), 190–7; Hannah Wortzman, 'Jewish Women in Ancient Synagogues: Archaeological Reality vs.Rabbinical Legislation', *Women in Judaism* 5:2 (2008), http://wjudaism.library.utoronto.ca/index.php/wjudaism/article/view/3537, accessed 29 January 2018; Ross S.Kraemer, 'Jewish Women in the Diaspora World of Late Antiquity' in Judith R.Baskin (ed.), *Jewish Women in Historical Perspective* (Detroit: Wayne State University Press, 1991), esp.49; Hachlili Rachel, *Ancient Synagogues – Archaeology and Art: New Discoveries and Current Research* (Leiden: Brill, 2014), 578–81; Zeev Weiss, 'The Sepphoris Synagogue Mosaic: Abraham, the Temple and the Sun God – They're All in There', *Biblical Archeology Society* 26:5 (2000), 48–61; David Milson, *Art and Architecture of the Synagogue in Late Antique Palestine* (Leiden: Brill, 2007), 48.

7. Ivan Watson and Pamela Boykoff, 'World's Largest Muslim Group Denounces Islamist Extremism', CNN, 10 May 2016, http://edition.cnn.com/2016/05/10/asia/indonesia-extremism/index.html, accessed 8 January 2018; Lauren Markoe, 'Muslim Scholars Release Open Letter To Islamic State Meticulously Blasting Its Ideology', *Huffington Post*, 25 September 2014, https://www.huffingtonpost.com/2014/09/24/muslim-scholars-islamic-state_n_5878038.html, accessed 8 January 2018; for the letter, see: 'Open Letter to Al-Baghdadi', http://www.lettertobaghdadi.com/, accessed 8 January 2018.

8. Chris Perez, 'Obama Defends the "True Peaceful Nature of Islam"', *New York Post*, 18 February 2015, http://nypost.com/2015/02/18/obama-defends-the-true-peaceful-nature-of-islam/, accessed 17 October 2017; Dave Boyer, 'Obama Says Terrorists Not Motivated By True Islam', *Washington Times*, 1 February 2015, http://www.washingtontimes.com/news/2015/feb/1/obama-says-terrorists-not-motivated-true-islam/, accessed 18 October 2017.

9. De Bellaigue, *The Islamic Enlightenment*, op.cit.

10. Christopher McIntosh, *The Swan King: Ludwig II of Bavaria* (London: I.B.Tauris,

2012), 100.
11. Robert Mitchell Stern, *Globalization and International Trade Policies* (Hackensack: World Scientific, 2009), 23.
12. John K.Thornton, *A Cultural History of the Atlantic World, 1250–1820* (Cambridge: Cambridge University Press, 2012), 110.
13. Susannah Cullinane, Hamdi Alkhshali and Mohammed Tawfeeq, 'Tracking a Trail of Historical Obliteration: ISIS Trumpets Destruction of Nimrud', CNN, 14 April 2015, http://edition.cnn.com/2015/03/09/world/iraq-isis-heritage/index.html, accessed 18 October 2017.
14. Kenneth Pomeranz, *The Great Divergence: China, Europe and the Making of the Modern World Economy* (Princeton, Oxford: Princeton University Press, 2001), 36–8.
15. 'ISIS Leader Calls for Muslims to Help Build Islamic State in Iraq', CBCNEWS, 1 July 2014, http://www.cbc.ca/news/world/isis-leader-calls-for-muslims-to-help-build-islamic-state-in-iraq-1.2693353, accessed 18 October 2017; Mark Townsend, 'What Happened to the British Medics Who Went to Work for ISIS?', *Guardian*, 12 July 2015, https://www.theguardian.com/world/2015/jul/12/british-medics-isis-turkey-islamic-state, accessed 18 October 2017.

第 7 章

1. Francis Fukuyama, *Political Order and Political Decay: From the Industrial Revolution to the Globalization of Democracy* (New York: Farrar, Straus & Giroux, 2014).
2. Ashley Killough, 'Lyndon Johnson's "Daisy" Ad, Which Changed the World of Politics, Turns 50', CNN, 8 September 2014, http://edition.cnn.com/2014/09/07/politics/daisy-ad-turns-50/index.html, accessed 19 October 2017.
3. 'Cause-Specific Mortality: Estimates for 2000–2015', World Health Organization, http://www.who.int/healthinfo/global_burden_disease/estimates/en/index1.html, accessed 19 October 2017.
4. David E.Sanger and William J.Broad, 'To counter Russia, US signals nuclear arms are back in a big way', *New York Times*, 4 February 2018, https://www.nytimes.com/2018/02/04/us/politics/trump-nuclear-russia.html accessed 6 February 2018; US Department of Defense, 'Nuclear Posture Review 2018', https://www.defense.gov/News/Special-Reports/0218_npr/ accessed 6 February 2018; Jennifer Hansler, 'Trump Says He Wants Nuclear Arsenal in "Tip-Top Shape", Denies Desire to Increase Stockpile', CNN, 12 October 2017, http://edition.cnn.com/2017/10/11/politics/nuclear-arsenal-trump/index.html, accessed 19 October 2017; Jim Garamone, 'DoD Official: National Defense Strategy Will Enhance Deterrence', *Department of Defense News, Defense Media Activity*,

19 January 2018, https://www.defense.gov/News/Article/Article/1419045/dod-official-national-defense-strategy-will-rebuild-dominance-enhance-deterrence/, accessed 28 January 2018.

5. Michael Mandelbaum, *Mission Failure: America and the World in the Post-Cold War Era* (New York: Oxford University Press, 2016).

6. Elizabeth Kolbert, *Field Notes from a Catastrophe* (London: Bloomsbury, 2006); Elizabeth Kolbert, *The Sixth Extinction: An Unnatural History* (London: Bloomsbury, 2014); Will Steffen et al., 'Planetary Boundaries: Guiding Human Development on a Changing Planet', *Science* 347:6223, 13 February 2015, DOI: 10.1126/science.1259855.

7. John Cook et al., 'Quantifying the Consensus on Anthropogenic Global Warming in the Scientific Literature', *Environmental Research Letters* 8:2 (2013); John Cook et al., 'Consensus on Consensus: A Synthesis of Consensus Estimates on Human-Caused Global Warming', *Environmental Research Letters* 11:4 (2016); Andrew Griffin, '15,000 Scientists Give Catastrophic Warning about the Fate of the World in New "Letter to Humanity"', *Independent*, 13 November 2017, http://www.independent.co.uk/environment/letter-to-humanity-warning-climate-change-global-warming-scientists-union-concerned-a8052481.html, accessed 8 January 2018; Justin Worland, 'Climate Change Is Already Wreaking Havoc on Our Weather, Scientists Find', *Time*, 15 December 2017, http://time.com/5064577/climate-change-arctic/, accessed 8 January 2018.

8. Richard J.Millar et al., 'Emission Budgets and Pathways Consistent with Limiting Warming to 1.5 C', *Nature Geoscience* 10 (2017), 741–7; Joeri Rogelj et al., 'Differences between Carbon Budget Estimates Unraveled', *Nature Climate Change* 6 (2016), 245–52; Ashkat Rathi, 'Did We Just Buy Decades More Time to Hit Climate Goals', *Quartz*, 21 September 2017, https://qz.com/1080883/the-breathtaking-new-climate-change-study-hasnt-changed-the-urgency-with-which-we-must-reduce-emissions/, accessed 11 February 2018; Roz Pidcock, 'Carbon Briefing: Making Sense of the IPCC's New Carbon Budget', *Carbon Brief*, 23 October 2013, https://www.carbonbrief.org/carbon-briefing-making-sense-of-the-ipccs-new-carbon-budget, accessed 11 February 2018.

9. Jianping Huang et al., 'Accelerated Dryland Expansion under Climate Change', *Nature Climate Change* 6 (2016), 166–71; Thomas R.Knutson, 'Tropical Cyclones and Climate Change', *Nature Geoscience* 3 (2010), 157–63; Edward Hanna et al., 'Ice-Sheet Mass Balance and Climate Change', *Nature* 498 (2013), 51–9; Tim Wheeler and Joachim von Braun, 'Climate Change Impacts on Global Food Security', Science 341:6145 (2013), 508–13; A.J.Challinor et al., 'A Meta-Analysis of Crop Yield under Climate Change and Adaptation', *Nature Climate Change* 4 (2014), 287–91; Elisabeth Lingren et al., 'Monitoring EU Emerging

Infectious Disease Risk Due to Climate Change', *Science* 336:6080 (2012), 418–19; Frank Biermann and Ingrid Boas, 'Preparing for a Warmer World: Towards a Global Governance System to Protect Climate Change', *Global Environmental Politics* 10:1 (2010), 60–88; Jeff Goodell, *The Water Will Come: Rising Seas, Sinking Cities and the Remaking of the Civilized World* (New York: Little, Brown and Company, 2017); Mark Lynas, *Six Degrees: Our Future on a Hotter Planet* (Washington: National Geographic, 2008); Naomi Klein, *This Changes Everything: Capitalism vs. Climate* (New York: Simon & Schuster, 2014); Kolbert, *The Sixth Extinction*, op.cit.

10. Johan Rockström et al., 'A Roadmap for Rapid Decarbonization', *Science* 355:6331, 23 March 2017, DOI: 10.1126/science.aah3443.
11. Institution of Mechanical Engineers, *Global Food: Waste Not, Want Not* (London: Institution of Mechanical Engineers, 2013), 12.
12. Paul Shapiro, *Clean Meat: How Growing Meat Without Animals Will Revolutionize Dinner and the World* (New York: Gallery Books, 2018).
13. 'Russia's Putin Says Climate Change in Arctic Good for Economy,' CBS News, 30 March 2017, http://www.cbc.ca/news/technology/russia-putin-climate-change-beneficial-economy-1.4048430, accessed 1 March 2018; Neela Banerjee, 'Russia and the US Could be Partners in Climate Change Inaction,' *Inside Climate News*, 7 February 2017, https://insideclimatenews.org/news/06022017/russia-vladimir-putin-donald-trump-climate-change-paris-climate-agreement, accessed 1 March 2018; Noah Smith, 'Russia Wins in a Retreat on Climate Change', *Bloomberg View*, 15 December 2016, https://www.bloomberg.com/view/articles/2016-12-15/russia-wins-in-a-retreat-on-climate-change, accessed March 1, 2018; Gregg Easterbrook, 'Global Warming: Who Loses—and Who Wins?', *Atlantic* (April 2007), https://www.theatlantic.com/magazine/archive/2007/04/global-warming-who-loses-and-who-wins/305698/, accessed 1 March 2018; Quentin Buckholz, 'Russia and Climate Change: A Looming Threat', *Diplomat*, 4 February 2016, https://thediplomat.com/2016/02/russia-and-climate-change-a-looming-threat/, accessed 1 March 2018.
14. Brian Eckhouse, Ari Natter and Christopher Martin, 'President Trump slaps tariffs on solar panels in major blow to renewable energy', 22 January 2018, http://time.com/5113472/donald-trump-solar-panel-tariff/, accessed 30 January 2018.
15. Miranda Green and Rene Marsh, 'Trump Administration Doesn't Want to Talk about Climate Change', CNN, 13 September 2017, http://edition.cnn.com/2017/09/12/politics/trump-climate-change-silence/index.html, accessed 22 October 2017; Lydia Smith, 'Trump Administration Deletes Mention of "Climate Change" from Environmental Protection Agency's Website', *Independent*, 22 October 2017, http://www.independent.co.uk/news/world/americas/us-

politics/donald-trump-administration-climate-change-deleted-environmental-protection-agency-website-a8012581.html, accessed 22 October 2017; Alana Abramson, 'No, Trump Still Hasn't Changed His Mind About Climate Change After Hurricane Irma and Harvey', *Time*, 11 September 2017, http://time.com/4936507/donald-trump-climate-change-hurricane-irma-hurricane-harvey/, accessed 22 October 2017.

16. 'Treaty Establishing A Constitution for Europe', European Union, https://europa.eu/european-union/sites/europaeu/files/docs/body/treaty_establishing_a_constitution_for_europe_en.pdf, accessed 23 October 2017.

第 8 章

1. Bernard S.Cohn, *Colonialism and Its Forms of Knowledge: The British in India* (Princeton: Princeton University Press, 1996), 148.
2. 'Encyclical Letter Laudato Si' of the Holy Father Francis on Care for Our Common Home', *The Holy See*, http://w2.vatican.va/content/francesco/en/encyclicals/documents/papa-francesco_20150524_enciclica-laudato-si.html, accessed 3 December 2017.
3. 最早由弗洛伊德在他 1930 年的著作《文明与缺憾》中提到：Sigmund Freud, *Civilization and Its Discontents*, trans.James Strachey (New York: W.W.Norton, 1961), 61.
4. Ian Buruma, *Inventing Japan, 1853–1964* (New York: Modern Library, 2003).
5. Robert Axell, *Kamikaze: Japan's Suicide Gods* (London: Longman, 2002).

第 9 章

1. 'Global Trends: Forced Displacement in 2016', *UNHCR*, http://www.unhcr.org/5943e8a34.pdf, accessed 11 January 2018.
2. Lauren Gambini, 'Trump Pans Immigration Proposal as Bringing People from "Shithole Countries"', *Guardian*, 12 January 2018, https://www.theguardian.com/us-news/2018/jan/11/trump-pans-immigration-proposal-as-bringing-people-from-shithole-countries, accessed 11 February 2018.
3. Tal Kopan, 'What Donald Trump Has Said about Mexico and Vice Versa', CNN, 31 August 2016, https://edition.cnn.com/2016/08/31/politics/donald-trump-mexico-statements/index.html, accessed 28 February 2018.

第 10 章

1. http://www.telegraph.co.uk/news/0/many-people-killed-terrorist-attacks-uk/; National Consortium for the Study of Terrorism and Responses to

注释

Terrorism (START) (2016), Global Terrorism Database [Data file].Retrieved from https://www.start.umd.edu/gtd; http://www.cnsnews.com/news/article/susan-jones/11774–number-terror-attacks-worldwide-dropped-13–2015; http://www.datagraver.com/case/people-killed-by-terrorism-per-year-in-western-europe-1970-2015; http://www.jewishvirtuallibrary.org/statistics-on-incidents-of-terrorism-worldwide; Gary LaFree, Laura Dugan and Erin Miller, *Putting Terrorism in Context: Lessons from the Global Terrorism Database* (London: Routledge, 2015); Gary LaFree, 'Using open source data to counter common myths about terrorism' in Brian Forst, Jack Greene and Jim Lynch (eds.), *Criminologists on Terrorism and Homeland Security* (Cambridge: Cambridge University Press, 2011), 411–42; Gary LaFree, 'The Global Terrorism Database: Accomplishments and challenges', *Perspectives on Terrorism* 4 (2010), 24–46; Gary LaFree and Laura Dugan, 'Research on terrorism and countering terrorism' in M.Tonry (ed.), *Crime and Justice: A Review of Research* (Chicago: University of Chicago Press, 2009), 413–77; Gary LaFree and Laura Dugan, 'Introducing the global terrorism database', *Political Violence and Terrorism* 19 (2007), 181–204.

2. 'Deaths on the roads: Based on the WHO Global Status Report on Road Safety 2015', World Health Organization, accessed 26 January 2016; https://wonder.cdc.gov/mcd-icd10.html; 'Global Status Report on Road Safety 2013', World Health Organization; http://gamapserver.who.int/gho/interactive_charts/road_safety/road_traffic_deaths/atlas.html; http://www.who.int/violence_injury_prevention/road_safety_status/2013/en/; http://www.newsweek.com/2015–brought-biggest-us-traffic-death-increase-50-years-427759.

3. http://www.euro.who.int/en/health-topics/noncommunicable-diseases/diabetes/data-and-statistics; http://apps.who.int/iris/bitstream/10665/204871/1/9789241565257_eng.pdf?ua=1;https://www.theguardian.com/environment/2016/sep/27/more-than-million-died-due-air-pollution-china-one-year.

4. 关于这场战役，参见：Gary Sheffield, *Forgotten Victory: The First World War. Myths and Reality* (London: Headline, 2001), 137–64.

5. 'Victims of Palestinian Violence and Terrorism since September 2000', Israel Ministry of Foreign Affairs, http://mfa.gov.il/MFA/ForeignPolicy/Terrorism/Palestinian/Pages/Victims%20of%20Palestinian%20Violence%20and%20Terrorism%20sinc.aspx, accessed 23 October 2017.

6. 'Car Accidents with Casualties, 2002', Central Bureau of Statistics(in Hebrew), http://www.cbs.gov.il/www/publications/acci02/acci02h.pdf, accessed 23 October 2017.

7. 'Pan Am Flight 103 Fast Facts', CNN, 16 December 2016, http://edition.cnn.com/2013/09/26/world/pan-am-flight-103-fast-facts/index.html, accessed 23 October 2017.

8. Tom Templeton and Tom Lumley, '9/11 in Numbers', *Guardian*, 18 August 2002, https://www.theguardian.com/world/2002/aug/18/usa.terrorism, accessed 23 October 2017.
9. Ian Westwell and Dennis Cove (eds.), *History of World War I*, vol.2 (New York: Marshall Cavendish, 2002), 431. 关于伊松佐河战役，请参见：John R.Schindler, *Isonzo: The Forgotten Sacrifice of the Great War* (Westport: Praeger, 2001), 217–18.
10. Sergio Catignani, *Israeli Counter-Insurgency and the Intifadas: Dilemmas of a Conventional Army* (London: Routledge, 2008).
11. 'Reported Rapes in France Jump 18% in Five Years', France 24, 11 August 2015, http://www.france24.com/en/20150811-reported-rapes-france-jump-18-five-years, accessed 11 January 2018.

第 11 章

1. Yuval Noah Harari, *Homo Deus: A Brief History of Tomorrow* (New York: HarperCollins, 2017), 14–19; 'Global Health Observatory Data Repository, 2012', World Health Organization,http://apps.who.int/gho/data/node.main.RCODWORLD?lang=en, accessed 16 August 2015; 'Global Study on Homicide, 2013', UNDOC, http://www.unodc.org/documents/gsh/pdfs/2014_GLOBAL_HOMICIDE_BOOK_web.pdf; accessed 16 August 2015; http://www.who.int/healthinfo/global_burden_disease/estimates/en/index1.html.
2. 'World Military Spending: Increases in the USA and Europe, Decreases in Oil-Exporting Countries', *Stockholm International Peace Research Institute*, 24 April 2017, https://www.sipri.org/media/press-release/2017/world-military-spending-increases-usa-and-europe, accessed October 23, 2017.
3. http://www.nationalarchives.gov.uk/battles/egypt/popup/tele14.htm.
4. Spencer C.Tucker (ed.), *The Encyclopedia of the Mexican-American War: A Political, Social and Military History* (Santa Barbara: ABC-CLIO, 2013), 131.
5. Ivana Kottasova, 'Putin Meets Xi: Two Economies, Only One to Envy', CNN, 2 July 2017, http://money.cnn.com/2017/07/02/news/economy/china-russia-putin-xi-meeting/index.html, accessed 23 October 2017.
6. GDP 数据参考国际货币基金组织（IMF）统计数据，根据购买力平价来计算：International Monetary Fund, 'Report for Selected Countries and Subjects, 2017', https://www.imf.org/external/pubs/ft/weo/2017/02/weodata/index.aspx, accessed 27 February 2018.
7. http://www.businessinsider.com/isis-making-50–million-a-month-from-oil-sales-2015–10.
8. Ian Buruma, *Inventing Japan* (London: Weidenfeld & Nicolson, 2003); Eri Hotta, *Japan 1941: Countdown to Infamy* (London: Vintage, 2014).

注释

第 12 章

1. http://www.ancientpages.com/2015/10/19/10–remarkable-ancient-indian-sages-familiar-with-advanced-technology-science-long-before-modern-era/; https://www.hindujagruti.org/articles/31.html; http://mcknowledge.info/about-vedas/what-is-vedic-science/.
2. 这些数据及比例可参考：Conrad Hackett and David McClendon, 'Christians Remain World's Largest Religious Group, but They Are Declining in Europe', Pew Research Center, 5 April 2017, http://www.pewresearch.org/fact-tank/2017/04/05/christians-remain-worlds-largest-religious-group-but-they-are-declining-in-europe/, accessed 13 November 2017.
3. Jonathan Haidt, *The Righteous Mind: Why Good People Are Divided by Politics and Religion* (New York: Pantheon, 2012); Joshua Greene, *Moral Tribes: Emotion, Reason, and the Gap Between Us and Them* (New York: Penguin Press, 2013).
4. Marc Bekoff and Jessica Pierce, 'Wild Justice – Honor and Fairness among Beasts at Play', *American Journal of Play* 1:4 (2009), 451–75.
5. Frans de Waal, *Our Inner Ape* (London: Granta, 2005), ch.5.
6. Frans de Waal, *Bonobo: The Forgotten Ape* (Berkeley: University of California Press, 1997), 157.
7. 这个故事后来被拍成纪录片，片名为《黑猩猩》(*Chimpanzee*)，由迪士尼自然（Disneynature）于 2010 年推出。
8. M.E.J.Richardson, *Hammurabi's Laws* (London, New York: T&T Clark International, 2000), 29–31.
9. Loren R.Fisher, *The Eloquent Peasant*, 2nd edn (Eugene: Wipf & Stock Publishers, 2015).
10. 有些拉比允许为了拯救非犹太人而亵渎安息日，理由也是出自典型的"塔木德"思考方式。他们认为，如果犹太人不拯救非犹太人，就会激怒他们，导致他们攻击并杀害犹太人。所以通过拯救非犹太人，可能就是间接拯救了一个犹太人。但这个论点仍然强调非犹太人和犹太人的生命并不等值。
11. Catherine Nixey, *The Darkening Age: The Christian Destruction of the Classical World* (London: Macmillan, 2017).
12. Charles Allen, *Ashoka: The Search for India's Lost Emperor* (London: Little, Brown, 2012), 412–13.
13. Clyde Pharr et al.(eds.), *The Theodosian Code and Novels, and the Sirmondian Constitutions* (Princeton: Princeton University Press, 1952), 440, 467–71.
14. Ibid., esp.472–3.
15. Sofie Remijsen, *The End of Greek Athletics in Late Antiquity* (Cambridge: Cambridge University Press, 2015), 45–51.
16. Ruth Schuster, 'Why Do Jews Win So Many Nobels?', *Haaretz*, 9 October 2013,

https://www.haaretz.com/jewish/news/1.551520, accessed 13 November 2017.

第 13 章

1. Lillian Faderman, *The Gay Revolution: The Story of the Struggle* (New York: Simon & Schuster, 2015).
2. Elaine Scarry, *The Body in Pain*: *The Making and Unmaking of the World* (New York: Oxford University Press, 1985).

第 14 章

1. Jonathan H.Turner, *Incest: Origins of the Taboo* (Boulder: Paradigm Publishers, 2005); Robert J.Kelly et al., 'Effects of Mother-Son Incest and Positive Perceptions of Sexual Abuse Experiences on the Psychosocial Adjustment of Clinic-Referred Men', *Child Abuse & Neglect* 26:4 (2002), 425–41; Mireille Cyr et al., 'Intrafamilial Sexual Abuse: Brother-Sister Incest Does Not Differ from Father-Daughter and Stepfather-Stepdaughter Incest', *Child Abuse & Neglect* 26:9 (2002), 957–73; Sandra S.Stroebel, 'Father–Daughter Incest: Data from an Anonymous Computerized Survey', *Journal of Child Sexual Abuse* 21:2 (2010), 176–99.

第 15 章

1. Steven A.Sloman and Philip Fernbach, *The Knowledge Illusion: Why We Never Think Alone* (New York: Riverhead Books, 2017); Greene, *Moral Tribes*, op.cit.
2. Sloman and Fernbach, *The Knowledge Illusion*, op.cit., 20.
3. Eli Pariser, *The Filter Bubble* (London: Penguin Books, 2012); Greene, *Moral Tribes*, op.cit.
4. Greene, *Moral Tribes*, op.cit.; Dan M.Kahan, 'The Polarizing Impact of Science Literacy and Numeracy on Perceived Climate Change Risks', *Nature Climate Change* 2 (2012), 732–5. 但也有人提出相反的论点，参见：Sophie Guy et al., 'Investigating the Effects of Knowledge and Ideology on Climate Change Beliefs', *European Journal of Social Psychology* 44:5 (2014), 421–9.
5. Arlie Russell Hochschild, *Strangers in Their Own Land: Anger and Mourning on the American Right* (New York: The New Press, 2016).

第 16 章

1. Greene, *Moral Tribes*, op.cit.; Robert Wright, *The Moral Animal* (New York: Pantheon, 1994).

2. Kelsey Timmerman, *Where Am I Wearing?: A Global Tour of the Countries, Factories, and People That Make Our Clothes* (Hoboken: Wiley, 2012); Kelsey Timmerman, *Where Am I Eating?: An Adventure Through the Global Food Economy* (Hoboken: Wiley, 2013).
3. Reni Eddo-Lodge, *Why I Am No Longer Talking to White People About Race* (London: Bloomsbury, 2017); Ta-Nehisi Coates, *Between the World and Me* (Melbourne: Text Publishing Company, 2015).
4. Josie Ensor, '"Everyone in Syria Is Bad Now", Says UN War Crimes Prosecutor as She Quits Post', *New York Times*, 17 August 2017, http://www.telegraph.co.uk/news/2017/08/07/everyone-syria-bad-now-says-un-war-crimes-prosecutor-quits-post/, accessed 18 October 2017.
5. 例如，参见：Helena Smith, 'Shocking Images of Drowned Syrian Boy Show Tragic Plight of Refugees', *Guardian*, 2 September 2015, https://www.theguardian.com/world/2015/sep/02/shocking-image-of-drowned-syrian-boy-shows-tragic-plight-of-refugees, accessed 18 October 2017.
6. T.Kogut and I.Ritov, 'The singularity effect of identified victims in separate and joint evaluations', *Organizational Behavior and Human Decision Processes* 97:2 (2005), 106–16; D.A.Small and G.Loewenstein, 'Helping a victim or helping the victim: Altruism and identifiability', *Journal of Risk and Uncertainty* 26:1 (2003), 5–16; Greene, *Moral Tribes*, op.cit., 264.
7. Russ Alan Prince, 'Who Rules the World?', *Forbes*, 22 July 2013, https://www.forbes.com/sites/russalanprince/2013/07/22/who-rules-the-world/#63c9e31d7625, accessed 18 October 2017.

第 17 章

1. Julian Borger, 'Putin Offers Ukraine Olive Branches Delivered by Russian Tanks', *Guardian*, 4 March 2014, https://www.theguardian.com/world/2014/mar/04/putin-ukraine-olive-branches-russian-tanks, accessed 11 March 2018.
2. Serhii Plokhy, *Lost Kingdom: The Quest for Empire and the Making of the Russian Nation* (New York: Basic Books, 2017); Snyder, *The Road to Unfreedom*, op.cit.
3. Matthew Paris, *Matthew Paris' English History*, trans.J.A.Gyles, vol.3 (London: Henry G.Bohn, 1854), 138–41; Patricia Healy Wasyliw, *Martyrdom, Murder and Magic: Child Saints and Their Cults in Medieval Europe* (New York: Peter Lang, 2008), 123–5.
4. Cecilia Kang and Adam Goldman, 'In Washington Pizzeria Attack, Fake News Brought Real Guns', *New York Times*, 5 December 2016, https://www.nytimes.com/2016/12/05/business/media/comet-ping-pong-pizza-shooting-fake-news-consequences.html, accessed 12 January 2018.

5. Leonard B.Glick, *Abraham's Heirs: Jews and Christians in Medieval Europe* (Syracuse: Syracuse University Press, 1999), 228–9.
6. Anthony Bale, 'Afterword: Violence, Memory and the Traumatic Middle Ages' in Sarah Rees Jones and Sethina Watson (eds.), *Christians and Jews in Angevin England: The York Massacre of 1190, Narrative and Contexts* (York: York Medieval Press, 2013), 297.
7. 虽然常常有人说这句名言出自戈培尔，但不论是我本人还是我认真努力的研究助理，都找不到他说过或写过这句话的证据，倒也真是符合这句话的情形了。
8. Hilmar Hoffman, *The Triumph of Propaganda: Film and National Socialism, 1933–1945* (Providence: Berghahn Books, 1997), 140.
9. Lee Hockstader, 'From A Ruler's Embrace To A Life In Disgrace', *Washington Post*, 10 March 1995, accessed 29 January 2018.
10. Thomas Pakenham, *The Scramble for Africa* (London: Weidenfeld & Nicolson, 1991), 616–17.

第 18 章

1. Aldous Huxley, *Brave New World* (London: Vintage, year?), ch.17.

第 19 章

1. Wayne A.Wiegand and Donald G.Davis (eds.), *Encyclopedia of Library History* (New York, London: Garland Publishing, 1994), 432–3.
2. Verity Smith (ed.), *Concise Encyclopedia of Latin American Literature* (London, New York: Routledge, 2013), 142, 180.
3. Cathy N.Davidson, *The New Education: How to Revolutionize the University to Prepare Students for a World in Flux* (New York: Basic Books, 2017); Bernie Trilling, *21st Century Skills: Learning for Life in Our Times* (San Francisco: Jossey-Bass, 2009); Charles Kivunja, 'Teaching Students to Learn and to Work Well with 21st Century Skills: Unpacking the Career and Life Skills Domain of the New Learning Paradigm', *International Journal of Higher Education* 4:1 (2015).P21 的网站请见：'P21 Partnership for 21st Century Learning', http://www.p21.org/our-work/4cs-research-series, accessed 12 January 2018. 想参考这种新教法的实例，请参见美国国家教育协会（National Education Association）出版的：'Preparing 21st Century Students for a Global Society', NEA, http://www.nea.org/assets/docs/A-Guide-to-Four-Cs.pdf, accessed 21 January 2018.
4. Maddalaine Ansell, 'Jobs for Life Are a Thing of the Past.Bring On Lifelong Learning', *Guardian*, 31 May 2016, https://www.theguardian.com/higher-

education-network/2016/may/31/jobs-for-life-are-a-thing-of-the-past-bring-on-lifelong-learning.
5. Erik B.Bloss et al., 'Evidence for Reduced Experience-Dependent Dendritic Spine Plasticity in the Aging Prefrontal Cortex', *Journal of Neuroscience* 31:21 (2011): 7831–9;Miriam Matamales et al., 'Aging-Related Dysfunction of Striatal Cholinergic Interneurons Produces Conflict in Action Selection', *Neuron* 90:2 (2016), 362–72; Mo Costandi, 'Does your brain produce new cells? A skeptical view of human adult neurogenesis', *Guardian*, 23 February 2012, https://www.theguardian.com/science/neurophilosophy/2012/feb/23/brain-new-cells-adult-neurogenesis, accessed 17 August 2017; Gianluigi Mongillo, Simon Rumpel and Yonatan Loewenstein, 'Intrinsic volatility of synaptic connections – a challenge to the synaptic trace theory of memory', *Current Opinion in Neurobiology* 46 (2017), 7–13.

第 20 章

1. Karl Marx and Friedrich Engels, *The Communist Manifesto* (London, New York: Verso, 2012), 34–5.
2. Ibid., 35.
3. Raoul Wootlif, 'Netanyahu Welcomes Envoy Friedman to "Jerusalem, Our Eternal Capital"', *Times of Israel*, 16 May 2017, https://www.timesofisrael.com/netanyahu-welcomes-envoy-friedman-to-jerusalem-our-eternal-capital/, accessed 12 January 2018; Peter Beaumont, 'Israeli Minister's Jerusalem Dress Proves Controversial in Cannes', *Guardian*, 18 May 2017, https://www.theguardian.com/world/2017/may/18/israeli-minister-miri-regev-jerusalem-dress-controversial-cannes, accessed 12 January 2018; Lahav Harkov, 'New 80–Majority Jerusalem Bill Has Loophole Enabling City to Be Divided', *Jerusalem Post*, 2 January 2018, http://www.jpost.com/Israel-News/Right-wing-coalition-passes-law-allowing-Jerusalem-to-be-divided-522627, accessed 12 January 2018.
4. K.P.Schroder and Robert Connon Smith, 'Distant Future of the Sun and Earth Revisited', *Monthly Notices of the Royal Astronomical Society* 386:1 (2008), 155–63.
5. 参见：Roy A.Rappaport, *Ritual and Religion in the Making of Humanity* (Cambridge: Cambridge University Press, 1999); Graham Harvey, *Ritual and Religious Belief: A Reader* (New York: Routledge, 2005).
6. 这是最常见的一种说法，但也有其他版本，参见：Leslie K.Arnovick, *Written Reliquaries* (Amsterdam: John Benjamins Publishing Company, 2006), 250, n.30.
7. Joseph Campbell, *The Hero with a Thousand Faces* (London: Fontana Press,

1993), 235.
8. Xinzhong Yao, *An Introduction to Confucianism* (Cambridge: Cambridge University Press, 2000), 190–9.
9. 'Flag Code of India, 2002', Press Information Bureau, Government of India, http://pib.nic.in/feature/feyr2002/fapr2002/f030420021.html, accessed 13 August 2017.
10. http://pib.nic.in/feature/feyr2002/fapr2002/f030420021.html.
11. https://www.thenews.com.pk/latest/195493-Heres-why-Indias-tallest-flag-cannot-be-hoisted-at-Pakistan-border.
12. Stephen C.Poulson, *Social Movements in Twentieth-Century Iran: Culture, Ideology and Mobilizing Frameworks* (Lanham: Lexington Books, 2006), 44.
13. Houman Sharshar (ed.), *The Jews of Iran: The History, Religion and Culture of a Community in the Islamic World* (New York: Palgrave Macmillan, 2014), 52–5; Houman M.Sarshar, *Jewish Communities of Iran* (New York: Encyclopedia Iranica Foundation, 2011), 158–60.
14. Gersion Appel, *The Concise Code of Jewish Law*, 2nd edn (New York: KTAV Publishing House, 1991), 191.
15. 参见：Robert O.Paxton, *The Anatomy of Fascism* (New York: Vintage Books, 2005).
16. Richard Griffiths, *Fascism* (London, New York: Continuum, 2005), 33.
17. Christian Goeschel, *Suicide in the Third Reich* (Oxford: Oxford University Press, 2009).
18. 'Paris attacks: What happened on the night', BBC, 9 December 2015, http://www.bbc.com/news/world-europe-34818994, accessed 13 August 2017; Anna Cara, 'ISIS expresses fury over French airstrikes in Syria; France says they will continue', CTV News, 14 November 2015, http://www.ctvnews.ca/world/isis-expresses-fury-over-french-airstrikes-in-syria-france-says-they-will-continue-1.2658642, accessed 13 August 2017.
19. Jean de Joinville, *The Life of Saint Louis* in M.R.B.Shaw (ed.), *Chronicles of the Crusades* (London: Penguin, 1963), 243; Jean de Joinville, *Vie de saint Louis*, ed.Jacques Monfrin (Paris, 1995), ch.319, p.156.
20. Ray Williams, 'How Facebook Can Amplify Low Self-Esteem/Narcissism/Anxiety', *Psychology Today*, 20 May 2014, https://www.psychologytoday.com/blog/wired-success/201405/how-facebook-can-amplify-low-self-esteemnarcissismanxiety, accessed 17 August 2017.
21. *Mahasatipatthana Sutta*, ch.2, section 1, ed.Vipassana Research Institute (Igatpuri: Vipassana Research Institute, 2006), 12–13.
22. Ibid., 5.
23. G.E.Harvey, *History of Burma: From the Earliest Times to 10 March 1824* (London: Frank Cass & Co.Ltd, 1925), 252–60.

24. Brian Daizen Victoria, *Zen at War* (Lanham: Rowman & Littlefield, 2006); Buruma, *Inventing Japan*,op.cit.;Stephen S.Large, 'Nationalist Extremism in Early Showa Japan: Inoue Nissho and the "Blood-Pledge Corps Incident", 1932', *Modern Asian Studies* 35:3 (2001), 533–64; W.L.King, *Zen and the Way of the Sword: Arming the Samurai Psyche* (New York: Oxford University Press, 1993); Danny Orbach, 'A Japanese prophet: eschatology and epistemology in the thought of Kita Ikki', *Japan Forum* 23:3 (2011), 339–61.
25. 'Facebook removes Myanmar monk's page for "inflammatory posts" about Muslims', *Scroll.in*, 27 February 2018, https://amp.scroll.in/article/870245/facebook-removes-myanmar-monks-page-for-inflammatory-posts-about-muslims, accessed 4 March 2018; Marella Oppenheim, '"It only takes one terrorist": The Buddhist monk who reviles Myanmar's Muslims', *Guardian*, 12 May 2017, https://www.theguardian.com/global-development/2017/may/12/only-takes-one-terrorist-buddhist-monk-reviles-myanmar-muslims-rohingya-refugees-ashin-wirathu, accessed 4 March 2018.
26. Jerzy Lukowski and Hubert Zawadzki, *A Concise History of Poland* (Cambridge: Cambridge University Press, 2001), 163.

第 21 章

1. www.dhamma.org.
2. Britta K.Hölzel et al., 'How Does Mindfulness Meditation Work? Proposing Mechanisms of Action from a Conceptual and Neural Perspective', *Perspectives on Psychological Science* 6:6 (2011), 537–59; Adam Moore and Peter Malinowski, 'Meditation, Mindfulness and Cognitive Flexibility', *Consciousness and Cognition* 18:1 (2009), 176–86; Alberto Chiesa, Raffaella Calati and Alessandro Serretti, 'Does Mindfulness Training Improve Cognitive Abilities? A Systematic Review of Neuropsychological Findings', *Clinical Psychology Review* 31:3 (2011), 449–64; Antoine Lutz et al., 'Attention Regulation and Monitoring in Meditation', *Trends in Cognitive Sciences* 12:4 (2008), 163–9; Richard J.Davidson et al., 'Alterations in Brain and Immune Function Produced by Mindfulness Meditation', *Psychosomatic Medicine* 65:4 (2003), 564–70; Fadel Zeidan et al., 'Mindfulness Meditation Improves Cognition: Evidence of Brief Mental Training', *Consciousness and Cognition* 19:2 (2010), 597–605.